— 中国少数民族经济前沿丛书 —

滇西地区扶持政策效应研究

王　艳◎著

中国经济出版社
CHINA ECONOMIC PUBLISHING HOUSE
北　京

图书在版编目（CIP）数据

滇西地区扶持政策效应研究 . 王艳著 .-- 北京：中国经济出版社，2021.12

ISBN 978-7-5136-6502-5

Ⅰ . ①滇… Ⅱ . ①王… Ⅲ . ①区域经济发展 - 政策支持 - 研究 - 云南 Ⅳ . ① F127.74

中国版本图书馆 CIP 数据核字（2021）第 120404 号

责任编辑　李煜萍　陈宇慧
责任印制　巢新强
封面设计　华子设计

出版发行　中国经济出版社
印 刷 者　北京九州迅驰传媒文化有限公司
经 销 者　各地新华书店
开　　本　710mm × 1000mm　1/16
印　　张　15.75
字　　数　216 千字
版　　次　2021 年 12 月第 1 版
印　　次　2021 年 12 月第 1 次
定　　价　78.00 元
广告经营许可证　京西工商广字第 8179 号

中国经济出版社　**网址** www.economyph.com　**社址** 北京市东城区安定门外大街 58 号　**邮编** 100011
本版图书如存在印装质量问题，请与本社销售中心联系调换（联系电话：010-57512564）

总序 TOTAL ORDER

一

1949年以来，民族地区经历了几次大规模的跨越式发展，取得了举世瞩目的发展成绩，经济社会发展进入了新的更高的发展阶段。

从发展的外部环境来看，中国是位于亚洲大陆东部的陆海国家，邻国众多，包括俄罗斯、日本、印度等，一些国家之间历史与现实矛盾交织，近年来出现诸多领土、海洋权益争端。民族八省区主要位于边疆地区，既有漫长的陆路边境线，毗邻众多陆地国家，又有海上口岸。仅新疆就与8个国家接壤，边境线长达5600千米，地缘政治复杂。中国位于欧盟、北约及美国主导的跨太平洋伙伴关系协定（Trans－Pacific Partnership Agreement，TPP）等国际政治军事组织的中间区域，欧盟东扩、东欧向北约靠拢、国际上大国关系、美俄欧盟对华政策对中国国家安全影响很大，特别是日本军国主义死灰复燃，对我国东海的压力加大，对我国西部民族地区的渗透加深。民族地区经济社会发展会受到一定程度的地缘政治因素影响。此外，近年来，在国际恐怖活动呈反弹之势的大背景下，中国的恐怖势力活动升级，一些民族分裂势力通过制造暴力恐怖活动，企图破坏民族团结，可能影响“十三五”时期民族地区的社会稳定与发展。

从经济社会发展的国内民族关系来看，65年来的总体和谐局面在新阶段也出现了不和谐因素，“3·14”事件、“7·5”事件以及近年来连续出现的暴恐事件，表明两股势力对我西部边疆的图谋已经从舆论宣传转变为实际行动。为避免东西两面掣肘，“海防”与“塞防”关系这一历史课题再次浮现。尽管与晚清同光年间相比，我国国情和当今世情已经发生了根本性变化，但如何确保“塞防”稳定以发力于“海防”，却具有共同性。

各民族的发展也表现出了许多新的特点。例如，民族工作重点从边疆和农村牧区延伸到城市和东部，计划经济体制发展为社会主义市场经济体制，互联网影响着各少数民族的发展，民族工作与国际因素交织，等等。此外，少数民族人口老年化程度在加速提高。少数民族人口结构的这些变化必然带来民族经济方面的新特征。

（1）2010 年人口普查表明，少数民族人口的城镇化率为 32.84%，比 2000 年的 23.36% 提高了 9.48 个百分点。其中有 12 个少数民族人口城镇化率超过 50%（见表 1）。而且，少数民族人口城镇化进程正处于加速阶段。

表 1　中国各民族人口城镇化的变化 %

指标	1990 年			2000 年			2010 年		
	全国	汉族	少数民族	全国	汉族	少数民族	全国	汉族	少数民族
城市	18.68	19.47	9.70	23.55	24.64	11.81	30.29	31.62	15.84
镇	7.51	7.59	6.65	13.37	13.54	11.55	19.98	20.25	17.00
乡村	73.80	72.94	83.64	63.08	61.83	76.64	49.73	48.13	67.16
城镇化率	26.20	27.06	16.36	36.92	38.17	23.36	50.27	52.87	32.84

资料来源：笔者根据《中国 1990 年人口普查资料》《中国 2000 年人口普查资料》《中国 2010 年人口普查资料》计算得到。

（2）2010 年，少数民族在业人口中第一产业占比为 69.42%，第二产业占比为 12.15%，第三产业占比为 18.43%。虽然，总体上第一产业比重还很高，但非农就业占比从 2000 年的 21.15% 提高到了 30.58%，提高了近 10 个百分点（见表 2）。

表 2　中国人口产业结构的变化 %

指标	1990 年			2000 年			2010 年		
	第一产业	第二产业	第三产业	第一产业	第二产业	第三产业	第一产业	第二产业	第三产业
全国	72.24	15.30	12.46	64.38	16.81	18.81	48.36	24.15	27.49
汉族	71.34	15.99	12.67	62.99	17.70	19.31	46.42	25.26	28.32
少数民族	83.36	6.83	9.81	78.85	7.57	13.58	69.42	12.15	18.43

（3）2014 年 7 月 21 日，中国互联网络信息中心（CNNIC）在京发布的第 34 次《中国互联网络发展状况统计报告》显示，截至 2014 年 6 月，

中国网民规模达6.32亿人，其中，手机网民规模达5.27亿人，互联网普及率达46.9%。若按人口比例计算，少数民族网民规模在5000万人左右①。

（4）中国各少数民族人口与全国人口一起，共同进入了持续老龄化的状态，且表现为老年人口规模及其占总人口的比例增长快、75岁以上的高龄老年人增速快、老年人口规模大、老年负担系数大、老龄化族际差异大的"两快三大"的特征。各少数民族进入老龄化社会比预期早，与经济发展水平比较，人口呈现出典型的"未富先老"的特征（见表3）。

表3 中国人口年龄结构

%

指标	总人口			汉族人口			少数民族人口		
	1990年	2000年	2010年	1990年	2000年	2010年	1990年	2000年	2010年
0~14岁	27.69	22.9	16.61	27.13	22.46	16.07	34.03	27.66	22.43
15~64岁	66.74	70.00	74.47	67.20	70.30	74.83	61.54	66.77	70.58
65+岁	5.57	7.10	8.92	5.67	7.25	9.10	4.44	5.58	6.99
老龄化指数	20.12	31.00	53.70	20.90	32.28	56.63	13.05	20.17	31.16
年龄中位数	25.26	30.77	34.93	25.54	31.08	36.36	21.92	26.94	30.87

资料来源：笔者根据《中国1990年人口普查资料》《中国2000年人口普查资料》《中国2010年人口普查资料》计算所得。

（5）少数民族人口的国际化程度有了大幅度提高。从全国经济发展态势看，改革开放40多年来中国经济持续高速增长，创造了世界瞩目的增长奇迹。近年来，中国经济增速放缓，逐步从高速增长期转入中速增长期，进入增长新常态。在各级政府的大力支持和各族人民的努力下，民族地区"十二五"时期经济增速超过全国平均水平，但在"十三五"时期可能存在一定程度的经济下行压力。根据刘世锦等（2011）对世界成功追赶型经济体的历史经验的总结和理论研究，中国经济潜在增长率有很大可能性在2015年前后下一个台阶，时间窗口的分布是2013—2017年。增速下降的幅度大约为30%，如从

① 资料来源：《中国互联网络发展状况统计报告》。

10%降低到7%左右①。他们还对每个省级行政区下台阶时间进行了测算，对民族八省区的测算结果如表4所示。可以看出，大多数民族省区将在2015年前后进入增长减速期，进入增长新常态，这种增长率变动趋势对民族地区的后发赶超和转型提出了十分严峻的挑战。要维持过去30年的高速增长，必须主动转型，着力推进改革，实现发展方式的转变②。

表4　民族八省区增长下台阶的时间窗口

	内蒙古	广西	贵州	云南	西藏	青海	宁夏	新疆
下台阶时间(年)	2013	2019	2020*	2015	2015	2012	2018	2017
人均GDP（1990年国际元）（元）	14646	10279	5469	5884	6092	6281	10440	10638
1978—2008年平均增长率(%)	8.61	11.10	8.43	8.07	8.34	8.43	7.00	7.67
减速后的增长率（%）	6.03	7.77	5.90	5.65	5.84	5.90	4.90	5.37
综合评价	0.61	0.48	0.44	0.44	0.26	0.46	0.54	0.53

注：①下台阶年份为t，表示从t+1年开始经济增速明显下降；②2020*表示到2020年之前经济增速仍然按照过去30年的平均水平增长；③综合评价指标值是基于人均生产总值、产业结构、城市化水平、分工的专业化程度、资源禀赋以及外向型程度等因素计算得到。上海的综合评价指标值为1。④1978—2008年平均增长率和减速后的增长率为笔者计算。其中减速后的增长率按1978—2008年30年的平均增长率下降幅度为30%计算。

二

新实践呼唤新理论。民族地区经济发展新的阶段性特征和民族工作新任务，对中国少数民族经济研究提出了一系列新课题，主要有以下方面。

第一，文化多样性与规模报酬递增。2014年中央民族工作会议指出，“多民族是我国的一大特色，也是我国发展的一大有利因素”。会议着重从中华民族和各民族的关系的角度进行了分析，指出中华民族和各民族的关系是一个大

① 刘世锦．陷阱还是高墙？中国经济面临的真实挑战和战略选择[M]．北京：中信出版社，2011：19.

② 郑长德，罗布江村．中国少数民族地区经济发展方式转变研究[M]．北京：民族出版社，2010：283－290.

家庭和家庭成员的关系,各民族的关系,是一个大家庭里不同成员的关系。从经济发展角度看,多民族,不仅意味着文化的多样性,也意味着偏好的多样性和需求的多样性。经济理论研究表明,正是这种偏好和文化的多样性,带来了规模报酬递增,而经济持续发展的动力之一①,就是"规模报酬递增"。而关于文化多样性与经济发展的关系是民族经济研究的一项重要课题。

第二,经济一体化与"多元一体"。中央民族工作会议提出"四个认同",即"让各族人民增强对伟大祖国的认同、对中华民族的认同、对中华文化的认同、对中国特色社会主义道路的认同",把国家统一作为各民族最高利益。从区域经济视角看,"四个认同"的基础是实现经济一体化。过去几十年,我们特别注重区际一体化,通过大规模的交通骨干通道(高速公路、高速铁路)的建设,全国各省、自治区、直辖市间的经济联系得到了加强,区际一体化程度迅速提高,但对于区内各县、县域内通乡、通村组的道路建设滞后,结果区域内部的一体化程度提高甚微,个别地区甚至出现了区域内部的破碎化。为此,此次会议提出,"民族地区交通建设,既要打通对内对外联系的'大通道',也要畅通与'大通道'联系的'静脉''毛细血管'"。如何把大通道的活力与民族地区旗县、乡镇、村寨和农户牧户精准对接,为民族地区跨越式发展提供切实的带动作用。一是加强区内一体化与区际一体化的关系,经济一体化与文化一体化、政治一体化的关系等问题的研究;二是加强对大家庭与家庭成员经济关系的研究;三是加强各民族交往、交流、交融,"坚决反对大汉族主义和狭隘民族主义,让各民族在中华民族大家庭中手足相亲、守望相助",是今后中国少数民族经济和民族地区经济发展研究的重要问题。

第三,"增长新常态"下民族地区经济发展问题。研究表明,中国经济在经过 30 多年持续高增长后进入了新阶段,称之为"增长新常态"。此时,驱动经济增长的主要是结构的调整与升级、制度的变革、技术的创新。民族地区长期依靠要素(主要是资源和物质资本)高投入驱动实现的经济发展,不仅增长方式粗放,而且包容性程度低,对环境的影响大。在全国进入增速下降的"新常态"下,民族地区必须要加大发展方式的转变,提高发展质量和发展的

① 从经济发展角度看,驱动现代经济持续发展的三大动力机制是技术进步、制度创新和规模报酬递增。

包容性。需要深入研究的是在“增长新常态”下,民族地区经济发展的动力机制、持续性、包容性等问题。

第四,差别化区域政策。2014 年中央民族工作会议指出,“充分考虑民族地区的特殊性,在土地使用、金融服务、资本市场建设等方面给予差别化支持”。要“对边疆地区、贫困地区、生态保护区实行差别化的区域政策”。中国地域辽阔,各地区发展差异和差距大,但长期以来,中央根据全国平均水平制定的政策,包括财政政策、货币政策及区域规划方面的政策,基本上在制定时“一刀切”,执行时更是“一刀切”,不考虑偏离全国平均水平的地区的具体情况,既降低了政策的效率,同时也阻碍了地区的发展。因此,实行差别化的区域政策,不仅必要,而且切合实际。但是对民族地区实施差别化的区域政策,不是区域发展政策的“矮化”“低端化”和“施舍”,而要真正能够推进民族地区的跨越式发展。如何制定差别化的区域政策,如何有效实施这些政策,就是一些重大的问题。例如,在中国和世界各国实施的促进地区跨越式发展成效显著的特区政策、自由贸易区政策等,可否在民族地区、边疆地区实施?

第五,“三个积极性”的内在联系与体制机制。少数民族和民族地区建设全面小康社会,必须发挥中央、发达地区和民族地区三个积极性。长期以来,在中央与地方关系的框架下,民族地区经济发展研究注重发挥中央和民族自治地方两个积极性,特别关注如何加强中央对民族地区的转移支付、投资力度、项目建设和金融政策扶持等方面,关注发挥民族自治地方积极性方面;而在发达地区的对口支援,协调各发达地区的支援、协调中央和发达地区支援的关系,统筹外部支援与民族地区内生发展的关系方面,虽有一些研究成果,但不仅理论研究有待深入,而且实证研究要进一步加强。在理论研究层面上,亟待研究的有发挥三个积极性内在联系的体制和机制问题,对口支援与合作共赢发展问题等。目前实施的对口支援,确有重要的积极意义,但如何更好地发挥转移支付和对口支援的效应,“优化转移支付和对口支援体制机制”,提高自我发展能力,释放发展潜力等,均是需要深入研究的课题。

第六,资源开发与惠及当地问题。民族地区是我国重要(战略)资源的富集地,不仅石油、天然气、煤炭、有色金属等重要矿产资源丰裕,草原、森林、湿地、河流等重要生态资源,以及太阳能、生物能和风能等新型能源资源更是具有储量大、开放条件优越的特点。长期以来，由于对自然资源的经济金融属性认识不足①，加之资源产权体制上存在的问题，片面强调“全国一盘棋”，忽视了资源开发对所在地的惠及，结果出现西气东输，当地少数民族群众却用不到天然气，煤电并入全国电网，当地牧民却只能依靠风光互补的现象。资源所在地居民无法分享资源开发的红利。2014 年中央民族工作会议提出，民族地区发挥资源优势的重点是惠及当地，由此也带来了中央企业与当地关系以及资源开发如何惠及广大农牧户的新课题。

第七，精准扶贫与区域发展的关系问题。民族地区“群众困难多，困难群众多”。打好扶贫攻坚战，民族地区是主战场。“搞好扶贫开发，重点抓好特困地区和特困群体脱贫”，“要创新思路和机制，把整体推进与精准到户结合起来，加快推进集中连片特殊困难地区区域发展与扶贫攻坚，提高扶贫效能”。虽然精准扶贫已提出一段时间了，也写进了相关的扶贫规划，但在实践中，对于什么是精准扶贫，如何处理好精准扶贫与区域发展的关系，尚有许多问题需要研究。

第八，民族地区城镇化问题。相较于全国和发达地区，民族地区城镇化水平较低，工业化滞后，不过从发展阶段看，民族地区进入了城镇化快速推进的阶段。要加强民族地区的城镇化，“民族地区推进城镇化，要与我国经济支撑带、重要交通干线规划建设紧密结合，与推进农业现代化紧密结合，规划建设一批具有民族风情的特色村镇”。在民族地区城镇化过程中，有许多问题需要研究，如城镇化的动力机制、城镇化的路径选择、城乡一体化等。

《全国主体功能区规划》从建设富强民主文明和谐的社会主义现代化国家、确保中华民族永续发展出发，提出推进形成主体功能区要着力构建我国国土空间的“三大战略格局”。

其中的城市化战略格局是：构建“两横三纵”为主体的城市化战略格局。构建以陆桥通道②、沿长江通道为两条横轴，以沿海、京哈京广、包昆通道为

① 据郑长德（2014）的研究，从经济金融角度看，自然资源具有以下属性：生态上的整体性；产权综合体；经济—生态及私人—公共属性的复合型资产；短期缺乏弹性，长期有弹性；短期缺乏弹性，长期有弹性—内生的价格波动；产地—加工地—消费地分离还是合一。

② 陆桥通道为东起连云港、西至阿拉山口的运输大通道，是亚欧大陆桥的组成部分。

三条纵轴,以国家优化开发和重点开发的城市化地区为主要支撑,以轴线上其他城市化地区为重要组成的城市化战略格局。推进环渤海、长江三角洲、珠江三角洲地区的优化开发,形成3个特大城市群;推进哈长、江淮、海峡西岸、中原、长江中游、北部湾、成渝、关中—天水等地区的重点开发,形成若干新的大城市群和区域性的城市群。

其中涉及民族地区的经济支撑带和重要交通干线建设有:长江经济带、"丝绸之路经济带"、包昆通道、北部湾等。确立的民族地区的城市群有:呼包鄂榆地区、北部湾地区、黔中地区、滇中地区、藏中南地区、兰州—西宁地区、宁夏沿黄地区、天山北坡地区。这些都是民族地区推进城镇化的重点地区。同时,《国家新型城镇化规划》提出要"加快发展中小城市",要"把加快发展中小城市作为优化城镇规模结构的主攻方向,加强产业和公共服务资源布局引导,提升质量,增加数量","培育壮大陆路边境口岸城镇,完善边境贸易、金融服务、交通枢纽等功能,建设国际贸易物流节点和加工基地",并拟定了重点建设的陆路边境口岸城镇。

面向东北亚:丹东、集安、临江、长白、和龙、图们、珲春、黑河、绥芬河、抚远、同江、东宁、满洲里、二连浩特、甘其毛都、策克。

面向中亚、西亚:喀什、霍尔果斯、伊宁、博乐、阿拉山口、塔城。

面向东南亚:东兴、凭祥、宁明、龙州、大新、靖西、那坡、瑞丽、磨憨、畹町、河口。

面向南亚:樟木、吉隆、亚东、普兰、日屋。

第九,民族地区产业结构升级问题。民族地区城镇化的推进,传统产业的改造,都需要促进民族地区产业结构升级。"要大力发展民族地区特色优势产业,推动产业结构上水平,加快发展服务业。"民族地区的产业主要是资源型产业,即使是特色优势产业,也主要基于民族地区的自然禀赋特点,而资源型产业的发展面临陷入"资源诅咒"的可能,因此,如何实现民族地区产业结构的合理化和高级化(产业结构升级),既是一个重要的实践问题,又具有重要的理论价值。

第十,城市民族经济问题。改革开放以来,我国进入了各民族跨区域大流动的活跃期,各民族城镇化水平有了很大提高,其中,有本地城镇化,也有跨区域的城镇化。少数民族的跨区域大流动和城镇化,提出了城市民族经济新课题。对少数民族流动人口,既不能采取“关门主义”的态度,也不能采取放任自流的态度,关键是要抓住流入地和流出地的两头对接。把着力点放在社区,推动建立相互嵌入的社会结构和社区环境,注重保障各民族合法权益,坚决纠正和杜绝歧视或变相歧视少数民族群众、伤害民族感情的言行,让城市更好地接纳少数民族群众,让少数民族群众更好地融入城市。这些论述不仅抓住了城市民族经济研究的重点,也指明了处理城市民族经济关系的原则和方向。

第十一,民族文化与经济关系的研究。民族文化研究的重点是中华民族的文化认同和中华民族共同体意识的培养。经济发展是民族文化繁荣的基础,民族文化繁荣为民族经济发展提供动力支持和方向保证。中央民族工作会议在繁荣民族文化上,高度重视中华民族共同体的认同,提出了两个极为重要的命题:一是“国家统一是各民族的最高利益”,二是“民族团结是各族人民的生命线”。会议还提出,加强中华民族大团结,长远和根本的是增强文化认同,建设各民族共有精神家园,积极培养中华民族共同体意识。要把建设各民族共有精神家园作为战略任务来抓,抓好爱国主义教育这一课,把爱我中华的种子埋在每个孩子的心灵深处,让社会主义核心价值观在祖国下一代的心田生根发芽。在如何弘扬和保护各民族传统文化方面,中央民族工作会议提出要“努力实现创造性转化和创新性发展”,创造性转化和创新性发展在中华民族文化认同和中华民族共同体意识基础上才能实现。

第十二,民族地区的政府与市场的关系问题。民族地区加快发展,最终还是要向改革要动力、要活力。民族地区与全国一样,都要深化投资体制改革,搞好和周边地区的互联互通,通过市场机制与沿海地区连接起来,实现优势互补、合作共赢、共同发展。考虑到民族地区具体的发展阶段,既面临着发达市场经济都有的市场失灵,还面临着市场不完善和市场缺失,全面深化改革的关键是正确处理好政府与市场的关系。中共十八届三中全会明确指出,要“使市场在资源配置中起决定性作用,更好发挥政府作用”。但民族地区政府和市场的关系要比发达地区复杂,有许多问题需要深入研究。

第十三,包容性绿色发展视域下的绩效考核问题。民族地区集资源富集区、水系源头区、生态屏障区、文化特色区、边疆地区、贫困地区于一身，这既凸显民族工作在全局中的地位和作用，也显示出民族地区经济发展的复杂性。2014 年中央民族工作会议指出，民族地区要发展，而且要跨越式发展，但在发展方式上要“紧扣民生抓发展”“把生态保护放在重要位置”，即要求实现“包容性绿色发展”，这对民族地区地方政府的考核标准提出了新的更高的要求。我们曾提出要用地区居民收入逐渐取代地区生产总值，今后如能利用生态 GDP 进行考核，把地方生态环境的改进折算成 GDP，进一步把民生改善也折算成 GDP，对于民族地区转变发展方式，实现经济—社会—生态的“三赢”，有战略性的重要意义。

第十四，发展援助政策的指派问题。支持民族地区加快经济社会发展，是中央的一项基本方针。中央通过各种形式的发展援助政策，促进民族地区发展。这些援助政策，既有短期政策，又有长期政策；从政策的着力点看，不同的政策，着力点是不同的。在支持民族地区加快经济社会发展过程中，如何进行有效的政策指派，提高援助的效率，是一个被长期忽略的问题，需要进一步加强研究。

第十五，“一带一路”与民族地区的开发开放问题。目前，正在规划建设的由沿海向内陆、向民族地区延伸的几个经济支撑带，包括与“21 世纪海上丝绸之路”相联系的西南中南经济支撑带、以亚欧大陆桥为依托的涉及西北东北的“丝绸之路经济带”和以长江黄金水道为依托的长江经济带（两路一带），给民族地区的跨越式发展带来新的重大历史机遇。这些经济带的建设，对民族地区的开发开放、经济活动的集聚、发展的包容性等的影响，需要认真研究。

总之，民族地区发展的新阶段、民族工作的新形势，给民族工作者包括从事民族地区经济发展研究的学者，提出了许多新的课题，如何把握民族地区经济发展新阶段的特征，提炼和探索新课题，是当前和今后一个时期民族经济研究者的主要任务。

三

西南民族大学经济学科和中国少数民族经济学科充分体现学校“为少数民族服务，为民族地区服务，为国家发展战略服务”的办学宗旨和“一体两翼”的发展战略，把民族地区的经济社会发展问题作为核心研究领域，以马克思主义和科学发展观为指导，把普通的发展理论和少数民族地区的特殊区情结合起来，从综合、宏观的角度和战略的高度，综合运用多学科的理论与方法，对民族地区的经济社会发展面临的突出问题、矛盾和热点展开研究。近年来，更加强调对中国少数民族地区发展中的重大现实问题的探索和研究，先后承担了国家社会科学基金重大招标项目、国家社会科学基金项目、国家自然科学基金项目和国家软科学项目20余项，教育部、国家民委、四川省等省部级科研项目60余项，各级地方政府横向项目60多项。中国少数民族经济前沿丛书是在中国民族地区发展丛书的基础上，以我主持的四川省教育厅创新团队项目“民族地区经济发展问题研究”（项目编号：14TD0048）与西南民族大学应用经济学和中国少数民族经济学位点建设项目为依托，瞄准中国少数民族和民族地区经济社会发展中的重大现实问题和前沿问题，组织西南民族大学的相关专家学者编写的，反映了西南民族大学应用经济学和中国少数民族经济学科的最新研究成果。

这套丛书得到了中国经济出版社的大力支持，特别是经管分社李煜萍社长为丛书的顺利出版付出了很大努力。同时，创新团队项目的展开得到了四川省教育厅、西南民族大学校领导、科技处、研究生部的大力支持，以及国内外学界同仁的鼎力支持，在此我代表丛书编辑委员会表示衷心的感谢。

郑长德

2014年12月

摘要 ABSTRACT

我国有28个人口较少民族，这些民族人口数量少，但民族族别多，超过我国少数民族总数的1/2；所处地理位置重要，大部分人口较少民族分布在陆地边境线地区，这些区域已成为我国“一带一路”倡议中重要的前沿节点和枢纽，而且贫困程度深。近年来，虽然人口较少民族地区在经济、社会、文化方面发展较快，生活水平已有明显的改善，但是，这些地区自然环境脆弱，地理位置偏远，文化教育水平较低，社会经济发展十分落后，至今还有相当数量的人口较少民族地区处于整体性贫困状态。帮助人口较少民族加快发展，不仅等于解决了1/2以上少数民族的发展问题，而且能充分体现我国的民族政策和社会主义制度的优越性，对边疆地区的长治久安、团结稳定，以及“一带一路”倡议的实施和全面建成小康社会的战略目标具有重要现实意义。

从2005年开始，为加快人口较少民族地区的经济社会发展，使人口较少民族能够与全国一道进入小康社会，我国政府专门制定并实施了扶持人口较少民族发展的规划与政策。至今，人口较少民族扶持政策已实施十多年，扶持政策目标完成的程度如何？扶持政策在人口较少民族地区实施的实际效果与政策制定的目标是否相符合？符合的程度如何？其中是否存在差异？又该如何优化与完善这些政策？这些问题是本书研究的重点。

本次研究把研究范围确定为滇西边境山区，因为滇西边境山区是一个集民族、边境、山区、贫困为一体的具有典型性的区域。它是人口较少民族聚居地区，是藏彝走廊“三江流域”的核心地区，也是贫困程度最深的地区，在《中国农村扶贫开发纲要（2011—2020年）》中被确定为14个集中连片特困地区之一。

为此，笔者带领课题组成员于2014年7—8月和2015年7—8月到云南西部边境山区的3个州6个人口较少民族乡村进行实地调研，甚至进入与世隔绝的独龙江乡实地调查，收集了这些地区长达10年的政府报告、农村经济年报、地方志、县志、统计数据等各类资料数据，同时在每一个乡村做了入户调查与深度访谈，掌握了大量一手资料。

本书构建了人口较少民族扶持政策效应的评价标准与效应分析的理论构架，同时基于实际调研获得的滇西边境6个人口较少民族聚居乡村的统计数据和政府报告，对6个乡人口较少民族扶持政策效应进行了定量与定性分析。通过定量与定性分析，发现人口较少民族扶持政策的提升效应明显，但减贫效应不佳且出现区域性差异。在分析扶持政策减贫效应不佳的原因基础上，提出了优化人口较少民族扶持政策的对策与建议。

关键词：人口较少民族　扶持政策　效应　滇西边境

目录 CONTENTS

第1章

引言

1.1 研究背景与意义

1.1.1 研究背景

我国有 28 个人口较少民族，这些民族人口数量少，但民族族别多，超过我国少数民族总数的 1/2；所处地理位置重要，大部分人口较少民族分布在陆地边境线地区，这些区域已成为我国“一带一路”倡议中重要的前沿节点和枢纽，而且贫困程度深。近年来，虽然人口较少民族地区在经济、社会、文化方面发展较快，人民生活水平已有明显的改善。但是，这些地区自然环境脆弱，地理位置偏远，文化教育水平较低，社会经济发展十分落后，至今还有相当数量的人口较少民族地区处于整体性贫困状态。帮助人口较少民族加快发展，不仅等于解决了 1/2 以上少数民族的发展问题，而且能充分体现我国的民族政策和社会主义制度的优越性，对边疆地区的长治久安、团结稳定，以及“一带一路”倡议的实施和全面建成小康社会的战略目标具有重要现实意义。

近年来，我国政府高度重视人口较少民族的发展，针对人口较少民族及其聚居地区专门制定与实施扶持人口较少民族发展的规划与政策，为人口较少民族发展设定扶持目标，给予这些民族更多特别的照顾和扶持。2005年，国务院审议通过了《扶持人口较少民族发展规划（2005—2010年）》，提出了“四通五有三达标”的发展目标。2011年，国家进一步加大扶持人口较少民族发展力度，出台《扶持人口较少民族发展规划（2011—2015年）》，将扶持目标确定为：到2015年，人口较少民族聚居行政村基本实现“五通十有”，人口较少民族聚居区基本实现“一减少、二达到、三提升”。2016年，国务院出台的《“十三五”促进民族地区和人口较少民族发展规划》继续扶持人口较少民族聚居村，到2020年，人口较少民族聚居行政村在实现“一达到、二退出、三保障”的基础上，基本实现“四通八达”。除此之外，在国务院办公厅出台的《少数民族事业“十一五”规划》《少数民族事业“十二五”规划》中，都把“深入推进兴边富民行动，大力扶持人口较少民族发展，集中力量加快边境地区和人口较少民族地区经济社会全面发展”作为一项主要任务。

云南省是全国世居少数民族最多、民族自治地方最多的边疆省份，有26个世居少数民族，有16个少数民族与境外同一民族毗邻而居，有8个人口较少民族，在世居少数民族中有15个云南省独有的民族。云南省又有“8个民族自治州、29个民族自治县、175个民族乡”①，民族自治地方面积占全省总面积的70.2%，且民族自治地方与缅甸、越南、老挝3个国家接壤，陆路边境线长达4061千米。

云南省有8个人口较少民族，即独龙族、德昂族、基诺族、怒族、阿昌族、普米族、布朗族和景颇族，其总人口为42.1万人，主要聚居在保山、红河、普洱、西双版纳、大理、德宏、怒江、迪庆、丽江、临沧10个州（市）35个县（市、区）138个乡（镇）的395个建制村3520个自然村，

① 马毓彤．精准扶贫背景下云南边疆民族地区贫困治理研究［J］．农业与技术，2017（2）：250-251.

共涉及17.9万户、75.9万人，其中，人口较少民族为38.3万人，占全省人口较少民族总人口的91%。[①]

云南省人口较少民族具有不同于其他省（市、区）的特点：

第一，民族族别多，人口总量大。目前，云南省有8个人口较少民族，是人口较少民族族别最多的省份，约占全国28个人口较少民族的1/3。根据2010年人口普查数据，全国28个人口较少民族总人口为1891215人，云南省8个人口较少民族总人口为438035人，约为全国人口较少民族人口总量的23%。[②]

第二，跨境民族比较多。除普米族外，独龙族、德昂族、怒族、阿昌族、布朗族、基诺族、景颇族7个民族主要分布在德宏芒市、陇川，西双版纳景洪，怒江福贡、贡山等边境县市，与境外同一民族跨境而居，属于跨境民族。

第三，这些人口较少民族地区社会经济发展十分落后。除阿昌族、普米族外，其他6个人口较少民族属于“直接过渡民族”，即直接从原始社会末期过渡到社会主义社会的民族。因而，这些人口较少民族地区的社会经济发展水平偏低，劳动者科技文化水平较低，自我发展能力较弱，贫困面积大、程度深。

综上所述，云南省是全国人口较少民族族别最多、人口数量最多、行政村最多、贫困面积与程度最深、扶持发展任务最重的省份。

云南是全国人口较少民族族别和人口数最多的边疆省份，其人口较少民族的扶持工作历来受到党中央、国务院的重视。近年来，国家一些重要领导人先后到云南视察，深入云南人口较少民族村寨看望各民族群众，并

① 云南省民委，省发展改革委，省财政厅，人民银行昆明中心支行和省扶贫办．云南省扶持人口较少民族发展规划（2011—2015年）[Z].

② 根据中国第六次人口统计数据整理所得。

就做好云南扶持人口较少民族发展的工作作出重要指示。

云南省委、省政府也高度重视人口较少民族地区的社会经济发展问题：2000年，率先在西双版纳州的基诺山乡和布朗山乡进行“两山”综合扶贫开发；2002年，制定并发布了《关于采取特殊措施加快我省7个人口较少特有民族减贫发展步伐的通知》，积极探索扶持人口较少民族发展之路。

2005年，云南省委、省政府为贯彻落实国务院出台的《扶持人口较少民族发展规划（2005—2010年）》，加快人口较少民族脱贫致富的步伐，“不让一个兄弟民族掉队”，制定了一系列扶持人口较少民族发展的规划与政策，如《云南省扶持人口较少民族发展规划（2006—2010年）》《云南省扶持人口较少民族发展专项建设规划（2006—2010年）》《云南省扶持人口较少民族发展规划（2011—2015年）》《扶持人口较少民族发展专项建设实施工作方案》《云南省人民政府关于进一步加快人口较少民族发展的决定》《项目资金管理办法》等。

云南省人口较少民族聚居的各州、市、县也制定了扶持人口较少民族发展的规划和政策，如云南德宏傣族景颇族自治州人民政府在2006年制定了《德宏州扶持人口较少民族发展规划纲要（2006—2010年）》。

这些扶持规划、政策及其项目的实施，加快了人口较少民族聚居地区的基础设施建设，提升了人口较少民族地区社会发展水平，增强了人口较少民族脱贫致富的能力。同时，对在边境地区树立党和国家的良好形象，增进民族团结和谐、维护边疆安全稳定发挥了积极作用。

但是，笔者在云南省西部边境人口较少民族聚居地区调研的过程中发现，这些地区存在许多问题，如：基础设施不完善，抵御自然灾害能力还比较低，瓶颈制约仍然存在；社会事业扶持力度较小，社会事业发展缓慢；产业单一，自生能力偏弱，收入仍然较低；贫困问题仍然存在，发展不平衡问题也较为突出；等等。比如，扶持发展前，怒江州贡山县独龙江乡农民人均纯收入仅为908元，不足全国的1/5、全省的1/3，仍处于整体贫困状态。

在这些政策已实施10多年之际，本书以云南西部边境人口较少民族乡村为例，从理论与实证两个方面研究人口较少民族扶持发展政策对人口较少民族地区社会经济发展产生的影响，重点探讨的问题是：人口较少民族扶持政策目标完成的程度如何？扶持政策在人口较少民族地区实施的实际效果与政策制定的目标是否相符合？符合的程度如何？其中是否存在差异？又该如何优化与完善这些政策？

1.1.2 研究意义

1.1.2.1 理论意义

目前，随着我国人口较少民族扶持发展政策实践的深入推进，对政策实施效果的研究如火如荼，研究成果不断丰富，这为本次研究的进一步深入奠定了良好的理论基础，但总体上看关于人口较少民族扶持政策的理论研究还是过于单薄，不利于进一步用理论来指导实践。所以，本次研究综合运用民族理论、新结构经济学、区域经济政策、公共政策评价相关理论，对扶持人口较少民族发展政策的效应进行深入的思考与理论总结、提升，既可以为深入研究人口较少民族扶持发展政策积累理论知识，进一步深化民族经济学在区域政策上的理论体系，又可以为政府制定欠发达民族地区的援助政策提供一定的理论依据，还可以为我国解决其他民族地区的发展问题提供理论借鉴。从这个方面看，该课题具有一定的学术价值。

1.1.2.2 现实意义

（1）对实现全面建成小康社会的宏伟目标提供智力支持。到2020年全面建成小康社会，是我们党确定的奋斗目标。习近平总书记一再强调，“没有农村的小康，特别是没有贫困地区的小康，就没有全面建成小康社会”“一个民族都不能少”。

我国 28 个人口较少民族虽然人口绝对数量少，但其民族数量超过我国少数民族总数的 50%。大多数人口较少民族聚居于“老、少、边、穷”地区，社会发育程度低、自然生态环境脆弱、地理区位偏远、贫困面积大而深、因病因灾返贫多。促进人口较少民族地区全面实现小康，也就实现了我国 50% 以上少数民族的小康社会建设目标。

总之，没有贫困民族山区的小康，就不可能实现全面小康的宏伟目标。因此，研究扶持人口较少民族地区发展政策的效应，深入讨论与思考政策效应的好坏及其原因，提出有针对性的政策改进建议，能更好地为这些地区减贫致富，与全国同步实现全面小康提供智力支持。

（2）有利于维护边疆地区的长治久安、团结稳定。云南省人口较少民族人口数量虽少，但主要分布在边境地区，其中 6 个民族为跨境民族，所处的地理位置和对外影响非常重要。解决这些民族的发展问题，能充分体现中国的民族政策和社会主义制度的优越性，对边疆地区的长治久安具有重要现实意义。

（3）有利于进一步改进与完善人口较少民族扶持发展政策及其工作机制。人口较少民族扶持发展政策是我国民族政策的重要组成部分。政策实施的总体成效如何？政策对这些地区的经济社会发展产生了怎样的影响，有何价值？如何在工作实践中进一步完善这些政策？对这些问题的研究分析能为政府进一步改进政策提供决策参考，不断完善民族工作机制。

1.2 研究对象与关键概念的界定

1.2.1 研究范围界定

云南省共有 8 个人口较少民族，居住上呈大杂居、小聚居的格局。

滇西边境山区又是云南省最为贫困的地区，在《中国农村扶贫开发纲要（2011—2020年）》中被确定为14个集中连片特困地区之一，也是藏彝走廊“三江流域”的核心地区。滇西边境人口较少民族地区贫困问题与民族问题、边境问题交织在一起，是扶贫攻坚的主战场。

如图1-1所示，本书的研究对象是聚居于云南省西部的两个民族自治州，即德宏傣族景颇族自治州（以下简称“德宏州”）、怒江傈僳族自治州（以下简称“怒江州”）的6个人口较少民族：阿昌族、德昂族、景颇族、独龙族、怒族、普米族。在研究范围上，选择6个人口较少民族聚居乡作为典型研究区域。其中有3个民族乡：户撒阿昌族乡、三台山德昂族乡、匹河怒族乡。另外3个乡：独龙江乡、西山乡、河西乡，虽不是民族乡，但都是在全国范围内各人口较少民族人数最多的聚居乡。其中，独龙江乡的独龙族人数占全乡总人口数的99%，西山乡景颇族人数占全乡总人口数的83%，河西乡普米族人数占全乡总人口数的90%。因而，这6个乡既具有一定的代表性，也具有一定的典型性。

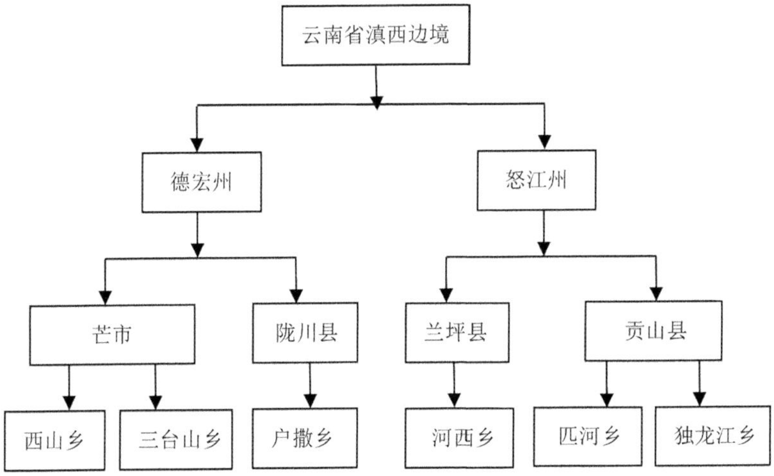

图1-1 典型调查乡的行政结构

1.2.2 研究对象概况

1.2.2.1 阿昌族概况

阿昌族是云南独有世居民族和跨境而居的民族，也是我国28个人口较少民族之一。阿昌族呈大聚居、小杂居分布，主要分布在云南省德宏州的梁河县和陇川县，少量分布在大理州与保山地区。

全国的阿昌族有39555人[①]。2013年末，云南的阿昌族有37000人，占全国阿昌族总人口的94%[②]。德宏州阿昌族有31200人，占云南省阿昌族人口的84%。全国仅有的3个阿昌族聚居乡都在德宏州，分别是陇川县户撒阿昌族乡、梁河县曩宋阿昌族乡与九保阿昌族乡。3个阿昌族乡的阿昌族有22414人，占云南省阿昌族总人口的61%[③]。

阿昌族多定居于依山傍水的平坝或半山区，其居住地区地形的特点是山脉和河流相间，山地高原和山间盆地交错。历史上，阿昌族不仅精于水稻种植，而且刀剑打造技艺高超，如户撒阿昌族乡的“户撒刀”在国内曾闻名遐迩。

1.2.2.2 德昂族概况

德昂族原称崩龙族，1985年根据民族要求与意愿，改称德昂族，意为居住在崖洞里的有道德的人。德昂族是云南省独有的少数民族、“直过民族”、跨境民族，主要分布在云南省德宏州的芒市、保山市、临沧市3个地州9个县市。

全国德昂族有20556人[④]。云南省德昂族有19000人，占全国德昂族人

---

① 第六次全国人口普查数据。

② 数据来源：云南省民族事务委员会．民族经济工作手册［Z］. 2014.

③ 数据来源：德宏年鉴［M］. 德宏：德宏民族出版社，2014：29.

④ 第六次全国人口普查数据。

口的92%[①]。德宏州德昂族有14800人，占云南省德昂族人口的78%[②]。德昂族具有人口不多而分布较广的特点。

德昂族大多居住在山区或半山区，主要从事农业生产，种植水稻、旱稻、玉米、薯类、橡胶、咖啡等。素有“古老茶农”之称的德昂族还擅长种茶，茶文化在德昂族生活中源远流长。

1.2.2.3 景颇族概况

景颇族于2010年被确定为人口较少民族。景颇族是云南特有世居民族，也是跨境民族，在我国称景颇，在缅甸称“克钦族”，主要聚居于云南省德宏州的陇川、盈江、潞西、瑞丽、梁河等三县两市。

全国景颇族人口数为147828人[③]，云南省景颇族有14.5万人，占全国德昂族人口的98%[④]。德宏州景颇族有137700人，占云南省景颇族人口的95%。[⑤]

景颇族居住分散，与其他民族杂居于半山区，主要从事农业生产，辅以畜牧养殖。景颇族能歌善舞，传统节日“目瑙纵歌”于每年农历正月十五日举行，这一节日也是展示景颇历史、音乐、舞蹈、服饰等民族文化的盛会。

1.2.2.4 普米族概况

普米族自称“普日米”或“普美米”，即白人之意。云南的普米族主要分布在云南省西北部高原的怒江州兰坪白族普米族自治县和宁蒗彝族自治县。普米族地区森林资源十分丰富，是云南重要的林区，也有着极为丰富的矿产资源。

① 数据来源：云南省民族事务委员会.2014年民族经济工作手册［Z］.2014.
② 数据来源：德宏年鉴［M］.德宏：德宏民族出版社，2014：29.
③ 第六次全国人口普查数据。
④ 数据来源：云南省民族事务委员会.2014年民族经济工作手册［Z］.2014.
⑤ 数据来源：德宏年鉴［M］.德宏：德宏民族出版社，2014：29.

全国普米族人口数为42861人[①]。云南省普米族有42000人[②]，占全国德昂族人口的98%。兰坪普米族有24000人，主要分布在通甸、河西、金顶、拉井、石登、营盘和青龙镇等地。普米族居住在半山缓坡地带，按血缘的亲属关系各自聚族而居，往往同一个氏族结成一个村落，形成大分散、小聚居的特点。普米族是山地耕牧民族，不仅从事农耕，还擅长饲养和放牧。

1.2.2.5 独龙族概况

独龙族是一个历史悠久的古老民族，历史上称独龙族为“俅”“俅人”。新中国成立后，根据本民族的意愿与要求，定名为独龙族。

独龙族发源于怒江，是怒江地区的独有世居民族，是中缅两国跨境而居的少数民族，也是我国56个民族中人口最少的民族之一。独龙族现有总人口约6930人[③]，主要聚居在云南西北怒江州贡山独龙族怒族自治县（以下简称“贡山县”）最西端的独龙江乡。

独龙族唯一的传统节日是过年——独龙年，独龙语为“卡雀哇”，以农历十二月二十九日为除夕，三十日为新年之首。独龙族有着丰富多彩而又独具特色的传统民族文化，其中，“文面习俗”是独龙族传统民俗文化中的“活化石”，独龙毯也是集独龙族人民的审美观念和独特的服饰文化内涵为一体的服饰。

1.2.2.6 怒族概况

怒族是怒江大峡谷和澜沧江两岸的古老土著民族，也是云南特有民族与跨境而居的民族。我国怒族总人口约为37523人[④]，云南省怒族大约

① 第六次全国人口普查数据。
② 数据来源：云南省民族事务委员会．2014年民族经济工作手册［Z］．2014.
③ 第六次全国人口普查数据。
④ 第六次全国人口普查数据。

有33000人，占总人口数的88%。① 云南的怒族主要分布在怒江州福贡县、贡山县、兰坪县、泸水市四县（市），少量分布在迪庆藏族自治州的维西县、察隅县。

怒族主要聚居在怒江大峡谷山区地带，有着极为丰富的资源，包括矿产资源、水能资源、生物资源、动物资源、森林资源。怒族主要从事农业生产，善于栽培漆树、油桐，生产漆蜡和生漆。怒族传统节日有过年、仙女节和祭谷神、祭山林节等，其中以过年的节日气氛最浓。

1.2.3 各民族典型聚居乡概况

1.2.3.1 阿昌族聚居乡——户撒阿昌族乡

户撒阿昌族乡（以下简称“户撒乡”）被称为“佛祖的花园”，位于云南省西部，德宏州盈江县西南、陇川县西北部，是陇川县唯一的民族乡，也是全国阿昌族聚居最集中的乡。户撒乡处于狭长形东西向山间盆地，全乡总面积为251.9平方千米，距陇川县城章凤46千米，与缅甸接壤，国境线长4.35千米。

2013年末，户撒乡辖11个村委会，124个自然村，126个村民小组，村寨依周边山角环坝而居。全乡总户数为6648户，总人口为24515人，其中农业人口数为23973人。阿昌族有14041人，占全乡人口的57%。全乡年末实有耕地面积61333亩，其中水田有51106亩，旱地有10277亩，人均耕地为2.55亩②。

户撒乡属南亚热带季风气候，年平均气温为16.1℃，年日照总量为1965小时，年均无霜期为278天，年降雨量为2053毫米，森林覆盖率为48.9%。户撒乡山林、土地和非耕地资源及矿产资源相对丰富，有硅石、

① 数据来源：云南省民族事务委员会．2014年民族经济工作手册［Z］．2014．

② 数据来源：德宏年鉴［M］．德宏：德宏民族出版社，2014：123.

煤炭、高岭土、铁矿等矿产，其中，已探明储量的煤炭为315.5万吨，高岭土为50万吨。

户撒乡民族风情独特。阿昌族的服饰和“布董嘎”的服饰全国独一无二，极具艺术欣赏和研究价值。阿昌族每年农历三月二十日举行传统节日——“阿露窝罗节”。

1.2.3.2 德昂族聚居乡——三台山德昂族乡

德宏州芒市三台山德昂族乡（以下简称“三台山乡”）地处芒市西南面，距市府芒市22千米，是通往瑞丽、畹町等国家级口岸的交通要道。三台山乡是全国唯一的德昂族民族乡，也是全国最大的德昂族聚居地。

2013年末，三台山乡总面积为158平方千米，辖4个村民委员会，33个自然村，36个村民小组，居住着德昂族、汉族、景颇族3种民族。全乡总人口数为7193人，其中农业人口数为6999人，德昂族人口数为4172人，占总人口数的58%。全乡年末实有耕地面积37566亩，其中水田3433亩，旱地34133亩，人均5.14亩，林地38978亩，人均5.39亩①，地处丘陵平缓地带，土地资源丰富。

三台山乡属南亚热带低热丘陵气候，年平均温度为16.9℃，年日照总量为2000～4000小时，年降雨量为1300～1700毫米，森林覆盖率为59.1%。

1.2.3.3 景颇族聚居乡——西山乡

西山乡位于芒市西南部，是我国景颇族聚居人口最多和比例最高的乡镇，也是我国民族“直过区”政策的发源地之一，被称为“中国景颇第一乡”。

2013年末，西山乡总面积为257平方千米，辖6个村委会，40个自然村，49个村民小组。全乡总户数为3181户，总人口数为12203人。其

① 数据来源：德宏年鉴［M］. 德宏：德宏民族出版社，2014：93.

中，农业人口数为11687人，景颇族为10125人，景颇族人口占全乡总人口的83%。全乡年末实有耕地面积为61454亩，其中水田10299亩，旱地51155亩，人均耕地为5.13亩，林地为30147亩，人均2.57亩[①]。

西山乡是景颇族民间传统文化保存最为完整的地区之一，具有深厚的景颇民族文化底蕴：先后收集整理并出版了文邦圣亚系列丛书，发行了文邦圣亚系列光碟《情缘景颇山》与《目瑙纵歌音乐专辑》，选定歌曲《文邦圣亚》为西山乡乡歌。

1.2.3.4 普米族聚居乡——河西乡

河西乡是普米族聚居乡，位于兰坪县东北部河西河（又称“通甸河”）两岸。2013年末，河西乡总面积为578平方千米，辖13个村民委员会，101个村民小组。全乡总人口数为17509人，4359户，其中农业人口数为17224人。乡境内主要居住有白族、普米族、傈僳族等民族。普米族主要聚居于箐花村、大羊村、三界村、联合村、玉狮村，5个村普米族共有5394人，占总人数的90%。全乡年末实有耕地面积为48081亩，人均耕地为2.75亩，林地为525753亩，人均30.27亩。河西乡年平均气温为12.6℃，年降雨量为850毫升，年霜期为150天，森林覆盖率为74%[②]。

河西乡是多民族聚居乡，保存了各民族传统的特有文化。河西乡民族文化经过历史的积淀，形成了以普米族、那马人（白族支系）为主的特有民族文化：一是保存了传统的衣着服饰和纯正的民族语言；二是保存了原始的祭祀习俗；三是民族歌、舞、乐等传承良好；四是保存了传统的生产生活方式。普米族的“火塘”文化、木楞房、手工编毯、羊皮坎肩制作等生产生活技艺在一些村寨仍代代相传。

① 数据来源：德宏年鉴［M］. 德宏：德宏民族出版社，2014：93.
② 数据来源：《2014年河西乡党委、政府工作总结》。

1.2.3.5 独龙族聚居乡——独龙江乡

被称为“秘境天堂”的独龙江乡位于我国云南、西藏和缅甸联邦共和国北部的接合部，也是我国独龙族唯一的聚居地。独龙江乡地处我国著名的横断山脉的高山峡谷地带，是“三江并流”世界自然遗产的核心区。峡谷内山高谷深，最高海拔为 4969 米，最低海拔为 1200 米，年均气温为 16℃，年降水量在 2932 ～ 4000 毫米，为全国最高。

独龙江乡总面积为 1994 平方千米，与缅甸的国境线长 97.3 千米，是贡山县面积最大的一个乡，占全县总面积的 44.25%。全乡辖 6 个村委会，26 个自然村落，41 个村民小组。村寨大多分布在江边和山腰的台地上，较为分散。全乡总人口数为 4418 人，独龙族人数占总人口数的 99%，全乡农业人口数为 4165 人。全乡耕地面积为 2539 亩，人均耕地面积为 0.62 亩，人口密度为 2.18 人 / 平方千米[①]。

独龙江乡是高黎贡山国家级自然保护区，完好地保留着原始生态环境，被誉为“动植物的基因库”。据统计，独龙江流域内森林覆盖率高达 93%，国家重点保护的珍稀濒危动植物有 30 种。此外，独龙江乡还蕴藏着丰富的矿产资源与水能资源。

1.2.3.6 怒族聚居乡——匹河怒族乡

匹河怒族乡（以下简称“匹河乡”）是一个集边疆、民族、宗教、贫困、高山、峡谷为一体的特色少数民族乡，也是全国唯一的怒族乡。

匹河怒族乡位于福贡县南部，总面积为 389 平方千米，国境线长 16 千米，全乡村寨多分布于碧罗雪山、高黎贡山海拔 1500 ～ 2000 米的陡坡地带。全乡辖 9 个村委会，47 个自然村落，95 个村民小组，3106 户，总人口数为 11875 人，其中农业人口数为 10591 人，怒族人口数为 9975 人，

① 数据来源：独龙江乡政府 . 2014 年独龙江乡基本乡情［Z］.

占总人口的84%。全乡耕地面积为12915亩，人均耕地面积为1.08亩，其中水田1706亩，旱地11209亩，坡度在25°以上的占耕地总面积的86%[①]。匹河乡境内有陡坡、缓坡、山峰、河谷、台地等5种地型，水力水能资源与森林资源丰富。

1.2.3.7 典型调查乡的共性分析

第一，从地理位置来看，这6个人口较少民族聚居乡所隶属的州市都位于云南省西部，而且属于边境州市。户撒乡、三台山乡、西山乡隶属德宏州，独龙江乡、河西乡、匹河乡隶属怒江州。这两个州都有国境线。德宏州的南、西和西北三面与缅甸联邦共和国接壤，全州除梁河县外其他县市都有国境线，国境线长达503.8千米。怒江州处于中缅滇藏的接合部，有长达449.5千米的国境线。

第二，德宏州与怒江州都是民族自治州，都具有浓厚的民族特色。怒江州是我国唯一的傈僳族自治州，也是我国民族族别成分最多和人口较少民族最多的自治州，其中独龙族和怒族是怒江州所特有的少数民族。德宏州内居住着傣族、景颇族、阿昌族、傈僳族、德昂族等少数民族，是全国景颇族、德昂族和阿昌族的主要聚居地。

第三，6个乡都是各人口较少民族最集中的典型乡。户撒阿昌族乡、三台山德昂族乡、匹河怒族乡都是以人口较少民族命名的民族乡，河西乡、独龙江乡与西山乡虽然不是民族乡，但是其中人口较少民族所占的人口比例相当高。在独龙江乡独龙族占总人口数的99%，西山乡景颇族占总人口数的83%，河西乡普米族虽然只占总人口的30%，但是普米族在主要聚居的5个村人口比例高达90%。

第四，从基本乡情来看，6个乡大部分是由中华人民共和国成立前的原

① 福贡县地方志办公室．福贡年鉴［M］．2014：29.

始社会末期直接过渡到社会主义社会的直过区，是典型的集边疆、少数、分散、贫困、山区特色为一体的典型农业乡（如表1-1所示）。

表1-1　6个人口较少民族聚居乡基本情况

聚居乡	地形	是否处于边境	是否是“直过区”	人口密度/（人/平方千米）	农业人口比例/%
户撒乡	半山区	是	否	129.8	98
三台山乡	山区	是	是	47.8	97
西山乡	山区	是	是	46.6	96
河西乡	山区	否	否	28	98
独龙江乡	山区	是	是	2.18	94
匹河乡	山区	是	是	30.5	89

资料来源：根据德宏州与怒江州年鉴计算所得。

1.2.4　关键概念的界定

（1）人口较少民族与云南人口较少民族。

我国是一个有56个民族的大家庭，第六次全国人口普查数据显示，55个少数民族人口占全国人口的8.49%。在55个少数民族中，有些少数民族相比其他民族来说人口又特别少，我们称之为人口较少民族。所以，这里的人口较少主要是指人口数量少。

早在2005年国务院公布的《扶持人口较少民族发展规划（2005—2010年）》中正式指出：“在我国55个少数民族中，有22个少数民族的人口在10万人以下，统称人口较少民族。”在2011年国务院颁布的《扶持人口较少民族发展规划（2011—2015年）》中又将人口较少民族定义为全国总人口在30万人以下的28个民族。其中，云南省有8个人口较少民族，分别是布朗族、阿昌族、普米族、怒族、基诺族、德昂族、独龙族、景颇族。

（2）公共政策。

随着国家与公共权力机构的产生，公共政策应运而生。如今，公共政策体现着国家统治阶级的意志，是当今世界各国政府机构运用公共权力行使公共职权的重要工具。各国专家学者根据研究侧重点的不同对公共政策进行界定。行政管理学创造人、美国总统伍德罗·威尔逊明确了公共政策制定的主体是具有立法权的政治家，公共政策实施主体是行政人员，政策最终表现为法律与法规。美国学者戴伊主要从政府的行为包括作为和不作为来界定公共政策的定义："凡是政府决定做的或决定不做的事情就是公共政策。"① 戴维·伊斯顿指出，公共政策的实质是一种分配全社会价值的活动，这种活动最终是政治系统决定的输出，且这种活动与决定都具有权威性与公共性。

《辞海》中"政策"的定义是："国家、政党为实现一定历史时期的路线和任务而制定的行动准则。"我国学者陈振明认为，公共政策是在特定时期内，为实现特定的政治、经济、文化目标，国家政府机关、政党及其他政治团体制定的行为准则，包括法令、措施、办法、方针、条例等，及其所采取的政治行为过程。有些学者认为，公共政策是公共机构通过制定法律法规、行政规章等规范来传达、指导其他机构、集团与公民的行为，以实现治理目标。

关于公共政策的含义，学者们仁者见仁，智者见智，不一而足，但公共政策概念应包含四个关键点：

第一，公共政策制定的主体是国家机关、政党或其他政治团体。

第二，公共政策都包含一定的目标，并且以公共利益为最终目的。

第三，公共政策的表现形式是法规、规章、办法、方案、条例等。

第四，公共政策因体现统治阶级意志而具有权威性。

（3）民族政策与人口较少民族扶持政策。

关于民族政策的含义，不同的学者从不同的角度进行界定。从政治

① 托马斯·戴伊．理解公共政策［M］．台北：韦伯文化事业出版社，1999：2.

学的角度来界定的有：我国学者金炳镐指出，民族政策是执政党、国家机关及其他政治团体为促进民族发展、协调民族关系，实现特定的政治、经济、文化、社会目标所采取的政治行为或制定的行为准则。沈桂萍、石亚洲指出，“民族政策是政治主体为规范国家范围内的民族事务而采取的策略、准则和措施”[①]。宁骚认为，“民族政策是国家为了维护和增进统治阶级的利益而对一定的民族采取的措施、办法和制度”[②]。有些学者基于民族理论来界定民族政策，如周平提出，“民族政策就是国家处理国内民族关系的手段和方式”[③]。也有的学者从系统论的角度来界定民族政策，认为它是一种处理民族问题的公共政策，既具有一般政策的特征，又具有民族性、区域性的特点，所以，它的制定、实施、评价、完善或终止对于少数民族与少数民族地区的经济社会发展影响重大。结合以上分析，可以这样定义人口较少民族扶持政策：它是一种民族政策，属于公共政策中的一种，以支持和帮助人口较少民族加快社会与经济发展为目标，由国家各级政府机关制定并实施的一系规划、措施、办法、方案、条例等的总称。

（4）政策效应。

效应或效果是指在有限环境下由一些因素和一些结果构成的一种因果现象。[④]政策是指政府、机构、组织或个人为实现目标而订立的计划。[⑤]从字面理解，政策效应就是政策实施效果或政策实施后产生的影响。其中，政策总效应就是政策效果与影响的综合反映，包括正效应与负效应，正效

① 沈桂萍，石亚洲.民族政策科学导论［M］.北京：中央民族大学出版社，1998：20.
② 宁骚.民族与国家［M］.北京：北京大学出版社，1995：318.
③ 周平.民族政治学［M］.北京：高等教育出版社，2007：85.
④ 维基百科：http://wc. yooooo. us/w/index. php ？ search= 效果 &title=Special：搜索 &fulltext= 搜索。
⑤ 维基百科：http://wc. yooooo. us/w/index. php ？ title=Special：搜索 &profile=default&search= 政策 &fulltext=Search。

应是政策产生的积极影响，负效应是政策产生的消极影响。我国学者郝云宏、吕志胜等建立了区域经济政策效应体系，他们认为总效应包括总体效应与结构效应。总体效应包括直接预期效应、后顾效应、旁侧效应和反向效应。“经济政策的结构效应，是指经济政策的具体措施、手段由于分解和结构性组合而对社会经济活动产生的一些结构性影响。”①

我国学者张可云认为，“区域政策效应是指区域政策项目所产生的产出、结果和影响的总称”。产出，是指特定区域政策直接生产的产品或劳务；结果，是指特定政策对政策受益人的影响，这些影响表现在受益人的观念、行为、能力等方面的变化；影响，是指除结果以外的所有其他的效应，包括具体影响与总体影响。具体影响又称为中期效应，是指在一定时期内区域政策实施后产生的直接影响；总体影响也称长期效应，是指在较长时期内区域政策对相关地区及政策受益人产生的影响（见图 1-2）。②

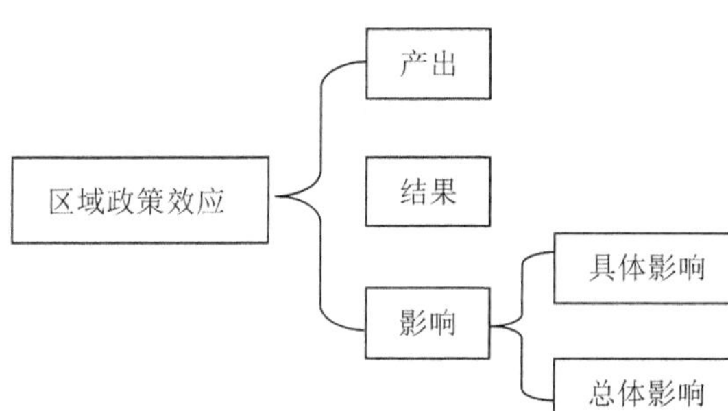

图 1-2 区域政策效应结构

综合以上观点，笔者认为，政策效应是指某一政策在实施后直接的产出、结果及其对某一地区社会经济及人民生活的中期与长期影响。

① 郝云宏，吕志胜，等．经济政策学［M］．西安：陕西人民出版社，1989：53.

② 张可云．区域政策项目评价的基本问题与分析框架［J］．地域研究与开发，2006（2）.

1.3 研究思路、内容与方法

1.3.1 研究思路

本研究以滇西边境人口较少民族聚居地区为研究对象，以评价政策效应为主要内容展开研究，基本思路如图 1–3 所示。

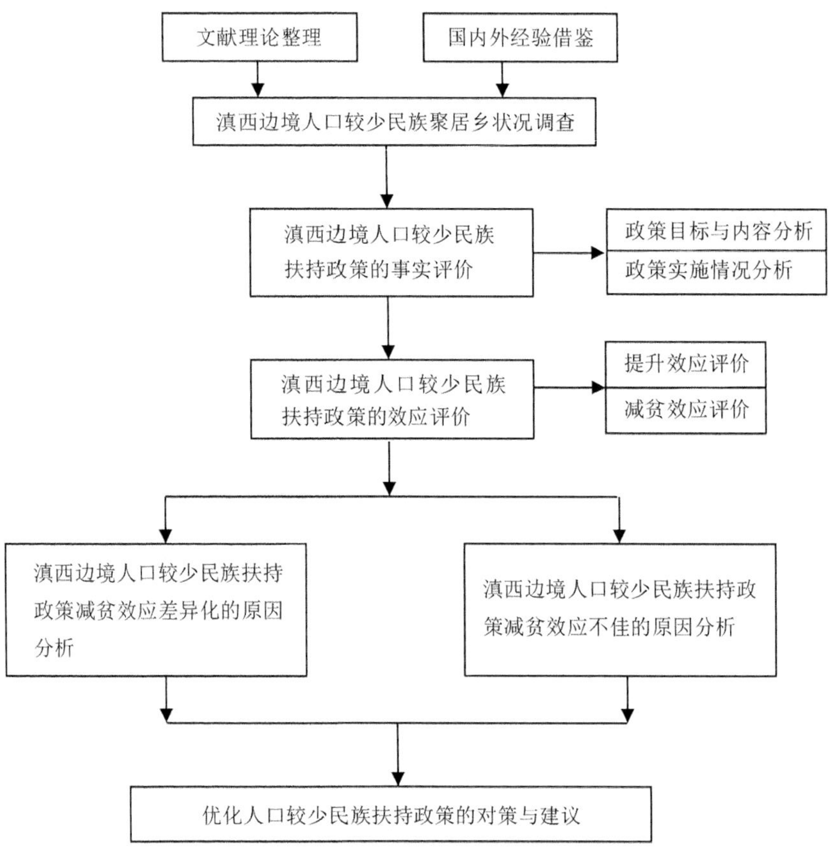

图 1–3 研究思路

1.3.2 研究内容

本研究基于图 1–3 所示的研究思路，以民族政策理论、新结构经济学、公共政策评价为理论基础，以滇西边境人口较少民族聚居地区为例，对扶持政策效应进行评价，并对政策效应不佳和差异化进行深入分析，最后有针对性地提出优化人口较少民族扶持政策的建议对策，为政府进一步完善人口较少民族扶持政策提供理论借鉴。

第 1 章　引言。本章首先提出研究的中心问题，即人口较少民族扶持政策目标完成的程度如何？政策对人口较少民族聚居乡经济社会发展的影响如何？如何优化人口较少民族扶持政策？接着介绍了本次研究的研究背景、意义和对象，界定了研究范围与关键概念，阐述了研究思路、框架内容、方法与研究存在的创新与不足等。

第 2 章　人口较少民族发展问题：综述与评论。本章主要对人口较少民族发展问题的国内外研究进行了详细的梳理，并且对当前研究文献的不足之处进行了总结。

第 3 章　相关理论与分析框架。本章首先运用民族政策理论、区域经济政策理论、公共政策理论论述了人口较少民族扶持政策制定与实施的必要性与依据，然后运用公共政策评价与民族政策理论分析了人口较少民族扶持政策的评价标准，最后，在新结构经济学理论与运用的基础上建立起人口较少民族扶持政策效应的理论分析框架。这些相关的理论和分析构成了本次研究的理论分析框架。

第 4 章　人口较少民族扶持政策的目标与内容分析。本章主要是从宏观上梳理人口较少民族扶持政策的产生过程、目标、主要内容及其实施机制。

第 5 章　滇西边境人口较少民族扶持政策的实践分析。本章基于对滇西边境 6 个人口较少民族聚居乡进行实际调研而获得的统计数据、政府验收报告，从基础设施建设、产业发展扶持与社会事业建设三个方面详细地分析了 6 个乡政策运行的实际情况，并从横向上对比分析了 6 个乡政策实施的情况。

第6章　滇西边境人口较少民族扶持政策的效应评价。本章首先围绕政策制定的目标，基于政策评价理论构建了政策效应的评价指标体系，进而对6个乡的提升效应与减贫效应进行了定量评价。结果发现，2个州6个乡的提升效应都比较明显，但是减贫效应都不佳且出现区域性差异，即德宏州3个乡的减贫效应好于怒江州3个乡。

第7章　滇西边境人口较少民族扶持政策减贫效应差异化的原因分析。本章基于新结构经济学理论，从要素禀赋、比较优势、产业结构及其变化、产业结构与比较优势符合度方面，分析6个典型乡从扶持政策实施开始至今10年的变化，详细剖析典型乡扶持政策减贫效应产生差异性的症结所在。

第8章　滇西边境人口较少民族扶持政策减贫效应不佳的原因分析。首先是6个典型乡各自要素禀赋的异质性与政策的同一性之间的矛盾。这一矛盾使政策在“落地”时，往往出现“水土不服”情况，部分扶持资金打了“水漂”，使扶持的最终效果大打折扣。其次，扶持政策促进产业结构调整与升级的作用较小。从政策实施机制来看，扶持资金投入比例与要素禀赋提升需要的错位，产业扶持项目零星化导致主导优势产业尚未形成，政策项目瞄准机制不健全导致项目偏离现象，这些都使扶持政策对产业发展的推动力减半。最后，经济发展水平和社会发育程度较低都会抵消部分政策效应，同时也对产业升级与转型带来诸多困难。

第9章　优化人口较少民族扶持政策的对策与建议。首先，人口较少民族扶持发展政策力求精准化，才能实现因地施策，也只有精准化的政策才遵循了与要素禀赋相匹配的原则，才能产生实际的绩效；其次，加大产业扶持力度，促进产业结构升级；再次，重点培育有效市场加速区域经济发展；最后，加快社会资本积累，提升社会资源禀赋。

1.3.3 研究方法

在具体的研究过程中，本书综合运用了以下研究方法：

（1）文献研究法。各学科研究的基础就是通过文献检索和阅读获得对研究对象的历史和现状的深入了解与认知，这不仅能全面、准确地掌握所要研究问题的全貌，而且通过对国内外已有相关研究文献的研究，充分了解前人的相关研究成果、存在的问题以及需改进提升的内容等。所以，笔者首先围绕研究的中心论题，广泛地检索收集国内外相关研究文献与资料，通过文献研究法获得有关本研究的基础理论，并以此构建本次研究的理论分析框架，为具体的研究工作提供研究思路与理论指导。

（2）实地调查研究法。笔者先后于 2014 年、2015 年两次到德宏州、怒江州相关县市以及这 6 个人口较少民族聚居乡进行实地调研，调研过程中收集了大量的各州、县地方志与年鉴，还有各乡村 5 ～ 10 年的农村统计年报，获得了一手的统计数据。另外，还通过以下两种方法收集数据：

第一，问卷调查法。笔者采用了问卷调查的方法，对 6 个人口较少民族聚居乡进行了抽样调查，其主要内容涉及人口较少民族地区的基本情况、政策类型、政策内容及实施情况、政策实施后的经济社会发展情况以及群众对政策的满意度评价等多个方面。调查方式主要是笔者带领调查队成员深入到人口较少民族聚居乡农户进行面对面的问卷填写。

第二，访谈法。笔者不仅通过问卷调查了解研究对象的实际情况，而且通过与当地州、县、乡镇及村的相关工作人员进行面对面访谈、座谈深入全面地了解扶持政策的实施进展情况。

（3）统计分析法。笔者对涉及人口较少民族聚居乡经济发展的调查数据、资料（如《中国统计年鉴》、《云南统计年鉴》、《中国民族统计年鉴》、我国与云南省扶持人口较少民族的发展政策等资料）进行分类整理，在对这些数据进行分析处理时，使用的统计软件是SPSS或Excel，对研究课题所涉及的诸多方面进行统计分析研究。

（4）跨学科综合研究法。综合运用民族政策理论、新结构经济学、区域经济政策理论、农业经济学、公共政策学等相关理论，采用定性和定量分析相结合、规范分析和实证分析相结合、统计数据与案例分析相结合等方法，在构建跨学科理论分析框架的基础上，分析人口较少民族扶持政策的效应。

（5）对比分析法。对比分析法是统计分析的基本方法，通常是对有联系的社会经济现象的相关指标进行对比，以分析它们之间的数量、规模的关系及其形成原因，主要包括横向对比分析法与纵向对比分析法两种。本书对滇西边境人口较少民族扶持政策效应进行评价不仅采用横向对比分析法，对6个人口较少民族聚居乡在政策实施后的相同指标进行对比分析，找出各地区的差距，分析差距产生的原因，也采用纵向对比分析法，对各个聚居乡在政策实施前后的情况进行纵向对比，找出事物发展变化的根据与解决的根本办法与措施。

1.4 可能的创新与研究的不足

1.4.1 可能的创新

（1）有一定的理论创新。本研究将政策扶持着力点与民族经济要素禀赋和结构相连接，建立扶持政策效应评价标准。将新结构经济学内生发展理论实证化，是本次研究的主要创新点所在。这有助于拓宽新结构经济学的运用范围，具有一定的理论创新。

（2）研究视角创新。政策减贫效应的研究多是分析政策对贫困人口数量与规模减小的作用与影响，而本次研究是从新结构经济学的视角出发，重在分析政策对人口较少民族地区的要素禀赋、比较优势、产业结构及其变化的作用与影响。

（3）提出新的观点。主要有：基于新结构经济学理论提出最优的政府干预政策的特征；在分析减贫效应时发现扶持政策的减贫效应产生了区域性差异；在分析扶持政策减贫效应不佳的原因时也提出了新观点，即各地要素禀赋的异质性与政策同一性的矛盾是减贫效应不佳的主要原因。

1.4.2 研究的不足

本次研究较为翔实、深入地调查与研究了滇西边境人口较少民族聚居乡的政策效应问题，但仍存在以下不足：

（1）因为本研究以乡为基本研究单位，乡一级的数据资料较难收集，本研究的调研工作在2014年与2015年暑假已完成，所以，数据资料大部分为2005—2014年的，时效性稍差。

（2）由于数据资料的欠缺，以及笔者能力的局限，本研究在对滇西边境人口较少民族聚居乡政策效应的量化分析上略显薄弱。

（3）本研究力求运用新结构经济学理论对人口较少民族扶持政策效应进行全面深入的理论分析与实证研究，但因此前相关可借鉴的研究成果较少，加上笔者才疏学浅，所以，这个方向的研究仍有许多方面需要进一步深化。

第一，如何运用新结构经济学中的最优政府干预政策理论分析人口较少民族扶持政策，并对该理论在现实情况中的运用进行深入有效的总结与完善。

第二，如何运用内生经济发展原理解决政策效应不佳与差异化问题。

第 2 章

人口较少民族发展问题：综述与评论

2.1 国内研究综述

国内早期对人口较少民族的研究主要采用描述或调查的形式对人口较少民族地区的经济社会生活进行梳理，形成研究资料或报告类的著作，这些研究散见在各类少数民族研究的报告、资料、简史中，如《中国少数民族简史》《中国少数民族自治地方概况》《中国少数民族简志》《民族问题五种丛书》等。虽然这些文献不是专门以人口较少民族为研究对象的，但全面系统地反映了人口较少民族发展进步的历史风貌。

特别是《民族问题五种丛书》修订再版，包括《中国少数民族》《中国少数民族简史丛书》《中国少数民族社会历史调查资料丛刊》《中国少数民族自治地方概况丛书》《中国少数民族语言简志丛书》五套，共 364 本，从人口较少民族的地区、人口、经济、政治、社会、历史、宗教、语言、习俗、体育、舞蹈等方面对人口较少民族的发展历程、发展现状、发展中面临的主要问题进行了研究和调查。

近年来，随着党和国家的高度重视，学术界对“人口较少民族”或

"小民族"给予了密切关注，对它们的历史、文化、经济社会发展和法律保护等方面做了研究探讨，涌现了一批学术专著，主要有《中国少数民族经济研究导论》[①]《民族理论通论》[②]《莽林中的崛起——景颇族发展探索》[③]《民族发展与社会变迁》[④]《2003—2004 云南民族地区发展报告——云南蓝皮书》[⑤]《土著民族与小民族生存发展问题研究》[⑥]等。

除此之外，一些专门性的研究著作也陆续出现。由《中国人口较少民族发展研究丛书》编委会编写的《中国人口较少民族经济和社会发展调查报告》[⑦]介绍了我国人口较少民族的人口现状和特点、人口较少民族研究工作的过程和意义、我国政府开展扶持人口较少民族发展工作和对各人口较少民族的调查报告等内容。《北方人口较少民族全面建设小康社会实证研究》[⑧]在对北方人口较少民族全面调研的基础上，总结和研究了我国人口较少民族扶持发展政策的实施效果。

与此同时，学术界对人口较少民族发展的意义进行了探讨，如《扶持人口较少民族的意义》[⑨]《人口较少民族建设全面小康社会研究》[⑩]《中国人口较

① 龙远蔚．中国少数民族经济研究导论［M］．北京：民族出版社，2004.

② 金炳镐．民族理论通论［M］．北京：中央民族大学出版社，2007.

③ 赵学先．莽林中的崛起——景颇族发展探索［M］．昆明：云南人民出版社，1993.

④ 赵嘉文，马戎．民族发展与社会变迁［M］．北京：人民出版社，2001.

⑤ 格桑顿珠，纳麒．2003—2004 云南民族地区发展报告——云南蓝皮书［M］．昆明：云南大学出版社，2004.

⑥ 何群．土著民族与小民族生存发展问题研究［M］．北京：中央民族大学出版社，2006.

⑦《中国人口较少民族发展研究丛书》编委会．中国人口较少民族经济和社会发展调查报告［M］．北京：民族出版社，2007.

⑧ 刘兴全．北方人口较少民族全面建设小康社会实证研究［M］．北京：经济科学出版社，2012.

⑨ 朱玉福．扶持人口较少民族的意义［J］．广西民族研究，2007（1）：6-11.

⑩ 朱玉福．人口较少民族建设全面小康社会研究［J］．青海民族学院学报（社会科学版），2009（1）：62-64.

少民族的发展与全面小康社会建设》[①]，由此肯定了加快人口较少民族地区的社会经济发展对我国实现全面建设小康社会的宏伟目标具有举足轻重的作用。因而，对人口较少民族地区社会经济发展问题的研究成果也日渐丰富起来。

2.1.1　关于人口较少民族经济发展问题的研究综述

我国人口较少民族大部分分散分布在山区或沿边地区，自然环境条件恶劣，社会发育程度较低，贫困面积大、贫困程度深，教育发展落后造成人口素质低、文盲半文盲多，所以，对这些民族的研究首先集中在经济发展问题上且研究成果较多，主要归纳为以下五个方面：

第一，对某一个人口较少民族经济进行专门研究，主要有：李志平（2011）认为景颇族山区经济发展既有与其他山区经济发展的共性问题，又有自己的特性问题，提出发展现代农业、产业多元化、加强族群建设等发展景颇族山区经济的路径。[②] 徐乾坤等（2009）分析了独龙族在经济发展过程中存在的问题，并提出相应的发展措施。[③] 李晓斌等（2010）指出，德昂族的民族关系随着经济条件的改善逐渐从封闭走向开放，但经济发展不平衡与结构性差异却影响了民族关系的良性发展。[④] 崔亚虹（2008）分析了黑龙江省赫哲族聚居地区加快全面建设小康社会步伐的有利条件与现实基础以及奋斗目标和思路。[⑤] 王铁志（2006）以德昂族为例，从经济发

---

① 张立辉．中国人口较少民族的发展与全面小康社会建设［J］．西南民族大学学报（人文社会科学版），2004（10）：41–44.

② 李志平．景颇族山区经济发展存在的问题及对策［J］．产业与科技论坛，2011（17）：45–46.

③ 徐乾坤，李永勤，马翡玉．浅析加快怒江州贡山县独龙江乡独龙族经济的发展［J］．云南农业大学学报，2009（4）：37–54.

④ 李晓斌，杨晓兰．人口较少民族的经济发展与民族关系调适——以德昂族为例［J］．贵州民族研究，2010（5）：91–98.

⑤ 崔亚虹．发展人口较少民族经济加快全面建设小康社会步伐——黑龙江省赫哲族经济发展现状、目标与思路［J］．满族研究，2008（1）：11–16.

展的差异、教育发展的差异、社会发展阶段的影响等方面，论述了人口较少民族发展的结构性差异。[①]起建凌等（2009）以云南省阿昌族地区为例，分析人口较少民族地区具有的后发优势以及相应的发展措施。[②]侯丹等（2014）以阿昌族、景颇族、德昂族聚居的陇川县为例，分析人口较少民族经济社会发展中存在的问题。如基础设施建设滞后影响产业发展；自我发展能力较弱，缺乏产业支撑，人民群众增收依然困难；人口较少民族优秀文化面临流失；毒品、艾滋病的防范任务较重；社会事业发展滞后。[③]李澜（2007）分析了京族从传统经济发展模式逐步转变为现代沿边开放经济发展模式的过程，深入探讨了实现民族整体富裕的原因，并指出这个转型过程对于弱小民族的进步与发展具有重要意义。[④]

第二，对人口较少民族特色经济的研究，主要有：刘璐琳等（2007）认为，由于人口较少民族经济生产力水平低下、生产方式落后，经济结构单一、劳动力素质较差，经济封闭和文化信息封闭，所以路径依赖成为经济发展与转型中的关键因素。因此，加快人口较少民族地区的经济转型与升级，关键是有效地将本民族传统的积极因素与现代经济的科学因素、自身的特色优势与区位优势结合起来。[⑤]朱玉福（2008）认为，人口较少民族聚居地区的地理、自然环境、资源禀赋、民族传统文化等因素是加快这些地区经济发展的特殊优势，基于此发展与这些优势相匹配的特色经济，

---

① 王铁志．人口较少民族发展的结构性差异——以德昂族经济和社会发展为例［J］．黑龙江民族丛刊（双月刊），2006（1）：24-34.

② 起建凌，李永勤，李永前，等．人口较少民族地区发展优势分析——以云南省阿昌族地区为例［J］．云南农业大学学报，2009（2）：32-36.

③ 侯丹，起建凌，金憬．人口较少民族地区经济社会发展调研报告——以云南省德宏州陇川县为例［J］．云南农业大学学报，2014（8）：60-64.

④ 李澜．人口较少民族经济发展模式转型研究——以广西壮族自治区京族经济发展模式为例［J］．学术论坛，2007（5）：91-96.

⑤ 刘璐琳，舒驰．人口较少民族经济向现代经济转变的路径分析［J］．黑龙江民族丛刊（双月刊），2007（6）：51-56.

能够整合特色经济优势，形成有特色的专业化经济体系，加快人口较少民族全面建设小康社会的进程。[①②] 刘苏荣等（2015）分析了贡山县人口较少民族聚居地区开发与发展特色农业面临的问题，并提出了人口较少民族聚居地区要实现特色农业的现代化应该采取的措施。[③] 马秀萍（2009）基于对人口较少民族发展特色经济的现实情况的分析，不仅深入探讨了人口较少民族地区发展特色经济存在的挑战与问题，而且提出了相应的对策。[④]

第三，关于人口较少民族经济发展与制度的研究，主要有：李岚（2004）认为，在人口较少民族长期的生产和社会经济生活中形成的经济制度具有促进分工与合作，为实现合作创造条件，提供激励与约束机制，控制个人行为的作用，[⑤] 并且探讨了人口较少民族经济发展过程中制度变迁的机制、路径等问题。[⑥] 此外，李岚（2004）认为，人口较少民族发展中的制度创新只要实现政府推动的制度与民间自发性的制度相一致，就能促进人口较少民族的经济发展。[⑦] 马丽雅（2014）分析了非正式制度对撒拉族经济发展的促进作用，并基于新制度经济学理论提出人口较少民族发展

① 朱玉福.人口较少民族特色经济研究［J］.广西民族研究，2008（2）：139-145.

② 朱玉福.人口较少民族特色经济初探——以西藏门巴、珞巴族为例［J］.黑龙江民族丛刊（双月刊），2008（2）：69-74.

③ 刘苏荣，孙丽萍.人口较少民族聚居地区特色农业发展现状分析——以云南省贡山县为例［J］.中国农业资源与区划，2015（11）：136-138，168.

④ 马秀萍.人口较少民族与特色经济发展［J］.黑龙江民族丛刊（双月刊），2009（4）：62-65.

⑤ 李岚.人口较少民族经济发展中制度的功能［J］.大连民族学院学报，2004（2）：62-66.

⑥ 李岚.人口较少民族经济发展中的制度变迁［J］.中南民族大学学报（人文社会科学版），2004（5）：68-71.

⑦ 李岚.当代中国人口较少民族经济发展中的制度创新［J］.西南民族大学学报（人文社会科学版），2004（2）：242-244.

经济的对策。[①]

第四，关于人口较少民族自我发展能力的研究，主要有：青觉等（2009）分析了人口较少民族发展中自主发展与自主发展动力不足的矛盾，提出人口较少民族的发展应选择以发展为要义、以主体为核心、以和谐为本质、以生态为基点、以多样为特点的道路，才能实现人口较少民族向内源型发展的转型。[②]韩斌（2014）在深入分析人口较少民族自我发展能力弱的表现、原因的基础上，提出了提升人口较少民族自我发展能力的路径，如大力培养和选拔少数民族干部、加强教育培训提升发展内力等。[③]杜琼（2013）指出，云南人口较少民族的自我发展能力较弱，主要表现在自我认知能力与学习能力较弱、缺乏改善自身经济利益的能力、缺乏对外沟通的能力、缺乏对环境变化的适应力等方面，进而深入剖析了自我发展能力较弱的具体原因，并就提升人口较少民族自我发展能力的路径进行了探讨。[④]

第五，从其他角度来研究人口较少民族经济发展问题，主要有：黄娟（2010）从民族文化的角度研究经济发展，通过分析人口较少民族研究中两种范式——现实生存与文化生存，认为人口较少民族的主体意识只有通过文化自觉才能得以加强，才能使其自我发展能力得以提高，才能促进人口较少民族地区社会经济的持续、良性、协调发展。因而，在加快人口较

① 马丽雅．基于非正式制度的人口较少民族经济发展研究——以撒拉族经济为例［J］．前沿，2014（7）：116–118.

② 青觉，严庆．论中国人口较少民族的发展——基于科学发展观的思考［J］．中央民族大学学报（哲学社会科学版），2009（5）：11–17.

③ 韩斌．人口较少民族自我发展能力现状与提升路径［J］．学术探索，2014（3）：45–48.

④ 杜琼．云南人口较少民族自我发展能力提升问题研究［J］．云南行政学院学报，2013（5）：155–158.

少民族经济发展的同时，不能忽视文化保护与发展。[①] 李晶（2007）以鄂温克族为例，认为在人口较少民族发展过程中，政治上的平等、经济的发展、尊重民族发展规律与人口较少民族自身的意见和愿望是非常重要的经验。[②] 王立（2013）提出促进我国人口较少民族经济平稳快速发展的措施。[③] 李学华（2006）探讨了我国人口较少民族地区经济发展中政府的决定性作用。[④] 李岚（2004）从资本流动与劳工流动两个维度的分析得出，发展人口较少民族经济，缩小民族之间和地区之间的经济差距应该主要依靠政府的干预。[⑤] 耿新等（2015）结合人口较少民族发展的主要目标和任务，采用层次分析法构建了人口较少民族聚居区发展水平的评价指标体系，选取人口较少民族 4 个不同类型的聚居地区进行实证研究，并根据评价结果，提出了支持人口较少民族聚居区发展的差别化政策。[⑥] 喻国华（2006）重点研究了我国人口较少民族民营经济的发展问题，他在分析我国人口较少民族民营经济发展滞缓的重要因素的基础上，提出要进一步加快人口较少民族民营经济发展的措施——完善基础设施建设，加大人才培训力度与提高人口素质，以发展旅游业为契机大力发展多元经济和外向型经济。[⑦] 普

① 黄娟 . 从现实生存到文化生存——试论人口较少民族现代化问题的研究范式［J］. 西南民族大学学报（人文社会科学版），2010（11）：12-16.

② 李晶 . 人口较少民族发展道路探析——以鄂温克民族为例［J］. 青海民族研究，2007（1）：37-39.

③ 王立 . 扶持人口较少民族经济发展问题论析［J］. 前沿，2013（13）：172-174.

④ 李学华 . 政府在人口较少民族经济发展中的作用初探［J］. 科技情报开发与经济，2006（14）：113-115.

⑤ 李岚 . 人口较少民族经济发展与西方区域经济理论［J］. 西北第二民族学院学报，2004（1）：78-83.

⑥ 耿新，李俊杰 . 人口较少民族聚居区发展水平评价指标体系研究——以赫哲族、佤佬族、塔塔尔族和阿昌族为例［J］. 西南民族大学学报（人文社会科学版），2015（10）：131-135.

⑦ 喻国华 . 我国人口较少民族民营经济发展初探［J］. 黑龙江民族丛刊（双月刊），2006（2）：38-42.

永生（2004）全面研究了我国22个人口较少民族的历史与现状，以此为基础深入分析了经济因素、非经济因素及其对经济发展滞后的影响，认为只有政府的强力介入和帮扶才能改变人口较少民族发展中的路径依赖，走上自我发展之路。[①] 王德强等（2015）通过对田野调查数据进行统计分析，客观分析云南人口较少民族的现实发展状况，揭示云南人口较少民族发展中面临的深层矛盾与制约因素，并且提出以培养人口较少民族自主发展能力为核心的发展策略。[②]

2.1.2 关于人口较少民族贫困问题的研究综述

吴海鹰等（2005）描述了我国人口较少民族贫困的状况与类型，根据对贫困原因的分析提出了人口较少民族地区扶贫开发应坚持的原则与措施，如：立足村寨社区，突出参与式扶贫开发；加快基础设施建设；提供基本的社会服务；等等。[③] 方明（2012）认为，在人口较少民族扶贫发展中需做到四个结合，即政府主导与莽人参与相结合、文化教育与科技培训相结合、扶贫和开发相结合、传统文化的保护与革新相结合。[④] 刘苏荣（2012）详细剖析了云南人口较少民族聚居区贫困问题的根源：交通通信基础设施建设落后、教育和医疗卫生公共服务水平较差。[⑤] 韩彦东（2005）基于对人口较少民族聚居区致贫原因的详细分析，提出了要结合人口较

① 普永生．当代中国人口较少民族经济发展研究［D］．北京：中央民族大学博士学位论文，2004.

② 王德强，王峰．云南人口较少民族发展转型研究：特征、影响因素及实证分析［J］．西南民族大学学报，2015（9）：1-11.

③ 吴海鹰，马夫．我国人口较少民族的贫困与扶贫开发［J］．云南社会科学，2005（1）：80-85，123.

④ 方明．人口较少民族的扶贫与发展——以布朗族（莽人）为个案［J］．黑龙江民族丛刊（双月刊），2012（1）：106-111.

⑤ 刘苏荣．云南人口较少民族聚居区的主要致贫原因分析［J］．黑龙江史志，2012（19）：49-50，54.

少民族自身的特点制定与实施相应的扶贫开发方案的思路。[①] 麻三山等（2005）在分析我国人口较少民族扶贫开发中的特殊性基础上，提出新时期我国人口较少民族扶贫开发的原则与对策。[②]

韩斌（2014）详细分析了7种云南扶贫开发模式的优劣，提出了加强扶贫模式的有效性与可持续性的政策措施，如制定与实施多维度政策、重点发展特色优势产业、加大人力资本投入以提升贫困人口发展能力等。[③] 刘文光（2012）对云南人口较少民族反贫困的基础、条件与主要问题进行了深入分析，提出人口较少民族反贫困必须因地制宜、因族举措、分类指导，强化具体对策措施，不断增强人口较少民族减贫致富能力。[④] 茶洪旺（2012）从生存贫困和发展贫困两个方面分析了云南少数民族地区存在的发展中的贫困现状，并从思想、教育、政策、优势产业、基础设施等方面提出全方位的解决对策。[⑤]

2.1.3　关于人口较少民族扶持政策的研究综述

我国扶持人口较少民族发展的政策从2005年开始实施至今已有10多年，政策成效早已显现。近年来，学术界对扶持人口较少民族发展政策的研究成果也日渐丰富。从研究主题上可将其归纳为以下几个方面：

第一，对人口较少民族扶持发展政策的实践成效进行调查研究，如朱

---

① 韩彦东．人口较少民族贫困原因及扶贫开发对策研究［J］．贵州民族研究，2005（6）：55–62.

② 麻三山，余玲．浅析新时期我国人口较少民族的扶贫开发对策［J］．昆明理工大学学报（社会科学版），2005（12）：26–30.

③ 韩斌．云南省扶贫开发模式的实践及完善［J］．中共云南省委党校学报，2014（1）：110–112，23.

④ 刘文光．我国人口较少民族反贫困面临的问题及对策——以云南边境地区人口较少民族为例［J］．黑龙江民族丛刊（双月刊），2012（1）：64–69.

⑤ 茶洪旺．发展中的贫困问题研究——基于云南少数民族地区案例分析［J］．云南民族大学学报（哲学社会科学版），2012（1）：104–110.

玉福等（2011）[①]、朱玉福（2011）[②]、朱玉福（2012）[③]的三篇文章都从人口较少民族扶持工作的实践出发，分析我国国家层面与地方层面的扶持人口较少民族发展的政策，在此基础上总结扶持人口较少民族工作的主要成效与经验，并提出深入实施扶持人口较少民族发展政策的对策。以某个具体的人口较少民族或者某一人口较少民族聚居区域为研究对象来分析扶持发展政策成效的文献较多，主要有：李晓斌等（2010）[④]、魏后凯等（2012）认为扶持人口较少民族发展政策是中央扶贫政策的一种，并且论述了中央扶贫政策的问题，提出解决对策。[⑤] 潘红祥（2010）通过对云南贡山县扶持人口较少民族发展情况的调查，指出在以后的扶持工作中应该统筹经济发展与生态环境保护、经济发展与民族文化保护、经济发展与农村民主政治建设。[⑥]

以云南人口较少民族之一——德昂族为例，赵新国等（2012）[⑦] 以云南景洪市基诺山乡为例，刘苏荣（2015）[⑧] 基于对我国 4 个人口较少民族自治

① 朱玉福，伍淑花. 中国扶持人口较少民族发展的政策及其实践研究［J］. 贵州民族研究，2011（3）：22-28.

② 朱玉福. 中国扶持人口较少民族政策实践程度评价及思考［J］. 广西民族研究，2011（4）：18-27.

③ 朱玉福. 中国扶持人口较少民族的成就、经验及对策［J］. 黑龙江民族丛刊（双月刊），2012（5）：37-45.

④ 李晓斌，杨晓兰. 扶持人口较少民族政策实践的效果及存在的问题——以云南德昂族为例［J］. 中南民族大学学报（人文社会科学版），2010（6）：12-16.

⑤ 魏后凯，成艾华，张冬梅. 中央扶持民族地区发展政策研究［J］. 中南民族大学学报（人文社会科学版），2012（1）：103-110.

⑥ 潘红祥. 统筹发展：扶持人口较少民族工作的核心理念：云南省贡山独龙族怒族自治县扶持人口较少民族发展调查［J］. 中南民族大学学报（人文社会科学版），2010（4）：141-145.

⑦ 赵新国，刘洁婷. 人口较少民族扶持政策实施效果调查——以云南景洪市基诺山乡为例［J］. 黑龙江民族丛刊（双月刊），2012（2）：38-42.

⑧ 刘苏荣. 论扶持人口较少民族政策在实施中面临的问题——基于对我国 4 个人口较少民族自治县的调查［J］. 西南民族大学学报（人文社会科学版），2015（1）：49-52.

县的调查，张银花等（2010）[①]、闫沙庆等（2013）[②]以内蒙古自治区的人口较少民族为例，何晓清（2011）[③]以内蒙古鄂伦春自治旗的鄂伦春族为例，蔡红燕（2012）[④]以云南省保山市布朗族、阿昌族与德昂族为例，李若青（2011）[⑤]以云南人口较少民族为例，对人口较少民族扶持发展政策的实践成效进行分析，研究政策执行过程中出现的问题，提出改进与完善扶持政策的措施与建议。

第二，从不同理论视角来分析人口较少民族扶持发展政策效果，如李若青（2008）通过对人口较少民族的发展基础和人口较少民族发展政策及其实施成效来分析，论证了经济因素对人口较少民族及其地区发展的重要影响。[⑥]何志鹏（2013）[⑦]、何志鹏等（2013）[⑧]从行政管理、人力资源、政策执行及其程序的角度分析人口较少民族发展中存在的问题，建议通过构建管理机制、人力资源政策及配套制度，进一步完善扶持人口较少民族发展的政策体系。李晶（2010）将我国人口较少民族政策与美国、澳大利亚、

① 张银花，阿娜尔．扶持人口较少民族发展政策的持续及完善——内蒙古自治区扶持人口较少民族发展政策的实践成效调研［J］．内蒙古农业大学学报（社会科学版），2010（4）：19–21，24.

② 闫沙庆，隋宪忠，张利国．内蒙古扶持人口较少民族发展政策研究［J］．黑龙江民族丛刊（双月刊），2013（6）：37–42.

③ 何晓清．国家扶持人口较少民族的政策导向研究——以内蒙古鄂伦春自治旗鄂伦春族为例［J］．新西部，2011（9）：22–23.

④ 蔡红燕．论人口较少民族地区政策扶持实效中出现的新问题——以云南省保山市布朗族、阿昌族与德昂族为例［J］．保山学院学报，2012（1）：80–89.

⑤ 李若青．云南扶持人口较少民族发展政策的实践启示［J］．云南行政学院学报，2011（3）：85–88.

⑥ 李若青．人口较少民族发展政策及其经济因素［J］．经济问题探索，2008（11）：179–183.

⑦ 何志鹏．我国人口较少民族发展问题研究［J］．西北民族大学学报（哲学社会科学版），2013（4）：61–66.

⑧ 何志鹏，孟凡生．人口较少民族发展政策与管理机制研究［J］．贵州民族研究，2013（2）：35–38.

新西兰帮扶土著民族的政策进行比较研究，从政策比较的视角，认为我国政府扶持人口较少民族发展工作取得显著成效的原因是，政策制定的扶持政策与实施机制体制符合人口较少民族实际。① 韩彦东（2008）应用可持续发展相关理论就人口较少民族地区的贫困原因进行了深入剖析，进而对人口较少民族扶贫规划、模式、制度安排展开详细研究，最终形成有益于人口较少民族地区扶贫开发实践的政策建议。②

第三，对与人口较少民族扶持发展政策相关的内容进行研究，如石亚洲（2008）从政策决策科学的角度，以扶持人口较少民族发展政策为例，分析了专家参与民族政策制定的特点，认为在政策决策的过程中专家参与并成为决策主体标志着政府政策决策的科学化、民主化，并提出完善民族政策制定专家参与制度的路径。③ 高志英等（2004）回顾了 20 世纪 50 年代以来独龙族的社会、经济、文化、生态等各方面的调查研究。④ 刘苏荣（2014）根据对云南省兰坪县的调查，主要研究了扶持人口较少民族发展政策专项项目中存在的问题，如管理不够规范、实施过程不科学、对教育和医疗卫生事业不够重视、增收依然困难等，并提出了相应的改进措施。⑤ 沈素平等（2013）调查了独龙江乡的中蜂养殖项目，认为项目推广难主要原因在于销售、蜂农、养蜂成本、自然灾害和技术，所以，提出在项目推广中应重视产品销售渠道的建设；考虑农户成本承受力；做好项目

① 李晶．对扶持人口较少民族发展政策的比较研究［J］．内蒙古财经学院学报（综合版），2010（4）：68-72.

② 韩彦东．基于可持续发展的人口较少民族地区扶贫开发政策研究［D］．北京：中国人民大学博士学位论文，2008.

③ 石亚洲．论民族政策制定专家参与制度的完善——以扶持人口较少民族发展政策为例［J］．中央民族大学学报（哲学社会科学版），2008（2）：12-16.

④ 高志英，闵红云．20 世纪 50 年代以来独龙族调查研究回顾与前瞻［J］．思想战线，2004（3）：131-136.

⑤ 刘苏荣．扶持人口较少民族专项项目评析——基于对云南省兰坪县的调查［J］．贵州民族研究，2014（2）：126-130.

宣传、加强技术培训；充分考虑项目实施地的生态安全，充分利用和改进当地现有的物种资源。①

2.2 国外研究综述

国外一般将人口较少的民族称为土著民族，所以国外文献对土著民族发展问题的研究类似于对人口较少民族发展问题的研究，因而，这类研究对我国人口较少民族发展具有一定的借鉴意义。

雷蒙·弗斯（R. Firth）是英国著名社会人类学家，也是经济人类学的开山鼻祖之一。1929年雷蒙·弗斯的著作《新西兰毛利人的原始经济》出版，成为经典的经济人类学著作。他首次在著作中把人类学与经济学相结合，从毛利人的内部等级结构、交换与分配机制、土地分配与使用制度以及社会文化心理特征方面，系统考察了毛利民族面对外来经济与原生经济形态冲突时的经济社会发展。②

克里斯·罗宾逊（Chris Robinson）、莱昂内尔·巴姆（Lionel Bamblett）合著的《澳大利亚土著教育与培训政策的影响》主要对AEP政策的具体内容和其中的21项目标进行了介绍与具体分析，同时具体研究了AEP政策的实施对土著居民教育状况的影响与作用。③

澳大利亚官方政府于2009年发布的《CDEP方案评估报告》，从CDEP方案的参与者、CDEP方案与社区、主流劳动力市场的就业三个方面，

---

① 沈素平，杨栋会．贫困山区中蜂扶持项目研究——以云南怒江独龙江乡独龙族中蜂饲养扶持项目为例［J］．中国蜂业中旬刊（学术）2013（3）：69-72.

② FIRTH R. Primitive conomics of the New Zealand Maori. new edition［M］. Oxon. UK：Routledge，2011.

③ ROBINSON C，BAMBLETT L. The impact of Australia's indigenous education and training policy［EB/OL］. http://www. ncver. edu. au/publications/190. html，2013-11-12.

评估了2004—2008年CDEP方案在边远土著地区的实施成效。该报告重点分析了CDEP方案存在的问题：方案的参与者本身欠缺就业能力、土著传统文化的不利影响、社区硬件环境的制约、土著在劳动力市场缺乏就业机会等。①

尼古拉斯·比德尔博士（Dr. Nicholas Biddle）首先构建了衡量土著居民的社会经济指标，主要包括收入与财富、就业、教育、健康等。然后，主要从地理和人口的角度，对土著社会经济发展情况进行介绍，同时，对2006—2011年不同区域的土著居民以及土著社会与非土著社会的社会经济结果进行深入的对比分析，形成了鲜明的观点：土著居民的社会经济地位与居住的地理区位相关，居住偏远地区的土著居民与其他土著居民相比，社会经济地位始终处于劣势；土著社会与非土著社会的社会经济发展仍然存在明显的差距。②

乔恩·安特曼（Jon Altman）的文章《偏远土著社区的经济发展与劳动力参与：实践、问题、解决策略》以他于1979—2003年25年间对土著社区的亲身观察和工作经历为基础，以偏远土著社区为研究对象，首先分析了土著社区经济与主流经济的关系，认为政府的发展政策要以土著社区当地的经济社会实际情况为出发点，开发适合土著社区社会经济发展的路径，推进土著社区传统产业向主流的现代产业转型与提升，而不是不顾当地的特殊情况，完全抛弃传统产业。接着提出建议，一方面，政府应该

① AUSTRALIAN GOVERMENT. Evaluation of the Community Development Employment Projects（CDEP）Program［EB/OL］. http://www. anao. gov. au/～/media/Uploads/Documents/evaluation of the community development employment projects_（cdep）program. pdf，2014-02-11.

② DR. NICHOLAS BIDDLE. Socioeconomic outcomes［EB/OL］. http://caepr. anu. edu. au/sites/default/files/cck_indigenous_outcomes/2013/10/2011CensusPaper13-Socioeconomic%20Outcomes. pdf，2013-06-18.

协调指导偏远土著社区实现传统产业与主流经济的融合，同时又要鼓励与扶持社区开发与发展优势产业，如农副产品、旅游业等；另一方面，政府还应对限制土著社区发展的约束条件进行改善，如对土著居民进行语言教育，因为当地土著语言已成为土著社区经济发展的限制因素之一。①

David Williams 主要讨论官方政策对毛利人的知识体系和文化习俗的影响，重点考察了关于毛利人的健康与教育的官方政策，因为这两种政策对毛利人产生了重要影响。20 世纪 40 年代后期到 20 世纪 70 年代早期，政府政策的焦点集中在民族整合上，毛利人的语言与文化知识体系方面下降十分明显。作者认为，毛利人的文化习俗无论是被禁止还是被破坏，它们都是毛利人社会的重要特征。政府应该实施保护性的、多元化的政策，更容易获得成功。②

Merata Kawharu 主要关注毛利人发展政策中民族身份特征与历史的相关性，研究了以部落为基础的毛利人的社会经济发展，认为要使毛利人的社会经济得到发展重点在于找准“差距”，这些差距是以历史为基础的，如教育、医疗、住房、公平性和就业方面的差距可以通过跨文化的方式测量。历史和特征是部落发展政策的基本特性，为了缩小差距，重要的是在分析、政策和实践中找到清晰的关系。③

Dena Ringold 指出，对多样性的理解对政策制定来说至关重要。毛利人的语言呈现出相当大的多样性与异质性。每一部落的毛利人都有他们自

① ALTMAN J. Economic Development and Participation for Remote Indigenous Communities: Best Practice, Evident Barriers, and Innovative Solutions in the Hybrid Economy [EB/OL]. http://caepr. anu. edu. au/site s/default/files/Publications/topical/altman mcatsia. pdf, 2013-06-18.

② WILLIAMS D. Crown policy affecting Maori knowledge systems and cultural practices [J]. *Waitangi Tribunal Publication*, 2001.

③ KAWHARU M. Local Maori development and government policies [J]. *Social Policy Journal of New Zealand*. 2001 (16).

己特殊的历史、传统与文化特征。在政策设计与服务提供这一层面，新西兰寻求调整政策的程度是使政策成为通用的、主流化的、适用于整个社会的，以及在多大程度上他们应该把特定的人群作为目标。这就需要政策来应对毛利人所面对的日益多元化的情况。①

2.3 简要评述

综上所述，关于人口较少民族发展及其政策的研究成果越来越丰富，从国内外的研究来看，对人口较少民族扶持政策的研究大多是从实际效果进行考察评估，对政策实施后的问题与改进措施的研究比较深入和丰富，这对改善扶持政策、增强政策实施成效具有重要意义。但是目前的研究大部分都局限于实践操作层面的研究分析，研究的视角也几乎统一地聚焦在政策及实施层面，从理论层面进行研究的文献相对较少，对政策实施产生的问题缺乏具有理论深度的分析与探讨，使得改进措施过于片面、视野狭隘、建设性差。基于此，建立理论分析框架，运用理论框架对如何进一步扶持人口较少民族发展，进一步完善人口较少民族扶持发展政策进行理论研究与提升，正是本研究的意义所在。

① RINGOLD D. Accounting for diversity: policy design and Maori development in New Zealand.[R/OL]. Conference Paper, http://www. fulbright. org. nz/voices/axford/ringoldd. html.

第3章

相关理论与分析框架

本章首先从民族政策理论、区域经济政策理论、公共政策理论来分析制定与实施人口较少民族扶持政策的原因及理论支撑，为分析我国制定实施人口较少民族扶持政策奠定理论依据。其次，运用政策评价理论、区域经济政策评价理论为人口较少民族扶持政策效应评价构建评价标准。最后，基于新结构经济学理论的视角构建人口较少民族扶持政策效应分析的理论框架。

3.1 人口较少民族扶持政策制定与实施的理论基础

3.1.1 制定人口较少民族扶持政策的依据

3.1.1.1 现实依据

改革开放以后，我国各级各类专家学者对民族政策展开了研究，现已取得了丰富成果，并且形成了具有特色的民族政策理论。民族政策理论是对民族政策进行的理论升华与系统归纳，是我国民族理论中的主要内容之一。民族政策理论体系包括民族政策的内涵与实质、制定与运行过程、作用与任务、特点等研究内容。

“民族政策是协调民族关系，调控民族发展方面采取的措施、规定等的总和。”① 王鉴（2014）指出，我国的民族政策包括两种类型，一种是优惠政策，即对某少数民族地区采取优先发展的政策；另一种是特殊政策，是指根据少数民族特殊的语言、文化、经济社会发展情况而采取的独有的政策。② 人口较少民族扶持政策就是一项为解决人口较少民族发展问题而制定的特殊的民族政策。

“民族政策的制定是指对某一民族政策问题提出解决方案，进行论证，实行决策并形成民族政策文本的过程。”③ 有的学者认为制定民族政策首先是由我国复杂的少数民族状况决定的。王鉴（2014）认为，制定与落实民族政策时要遵循少数民族历史发展规律，同时要体现时代性、科学性、现实性、民族性的要求。④ 这说明，民族政策主要依据其产生的现实条件制定与实施，主要包括国内外世界各国的政治经济形势、民族地区的历史与文化、社会经济发展水平、民族关系等。

人口较少民族复杂的民族历史状况与社会发展现实是制定人口较少民族扶持政策的现实依据。人口较少民族是少数民族中的少数，其基本状况十分特殊与复杂：第一，各人口较少民族虽然人口少，但是族别多，到目前我国有 28 个人口较少民族，超过我国少数民族数量的一半。第二，大部分人口较少民族居住在边境地区、偏远山区。虽然地理位置偏远，但这些地区却是我国边疆稳定的重要保障。第三，人口较少民族居住分散，大

① 金炳镐．民族理论通论［M］．北京：中央民族大学出版社，1994.

② 王鉴．我国民族政策制定和落实中存在的问题与建议［J］．当代教育与文化，2014（11）：25-32.

③ 石亚洲．我国民族政策制定的特点与优化路径［J］．西南民族大学学报（人文社会科学版），2008（5）：12-15.

④ 王鉴．我国民族政策制定和落实中存在的问题与建议［J］．当代教育与文化，2014（11）：25-32.

多呈散居与杂居状态，但又有小范围聚居区域。有的民族只有几千人或几万人，却分布在两三个省区，如仅有15393人[①]的俄罗斯族分布在三个省区——新疆、内蒙古、黑龙江。有的民族虽然分布在一个省区，却分散地居住于多个地州、县市、乡。如只有约1.7万人的德昂族，却分布在云南省4个地州10个县市28个乡镇。第四，出于历史、自然条件等原因，人口较少民族地区总体上经济社会发展相对落后，有的仍然处于整体贫困状况。2003年底，我国22个人口较少民族聚居的640个行政村人均收入为884元，人均口粮为308公斤，145个村子没有通公路，90个村子没有通电，229个村子没有通电话，345个村子尚未解决温饱，284个村初步解决温饱但不稳固。[②]第五，人口较少民族地区社会事业发展滞后，人口素质普遍较低。教育落后，适龄儿童入学率普遍较低，平均文盲率为42.3%，有9个民族文盲率超过50%；医疗卫生条件差，355个村没有卫生室，地方病、传染病防控形势仍较严峻。[③]人口较少民族特殊的历史、自然与社会发展状况使他们无法依靠自己的力量快速发展起来，而迫切需要党和国家制定专门政策来帮助其快速发展，因为“民族政策是党为实现其解决民族问题总任务而制定的行动准则”[④]。

3.1.1.2　理论依据

无论世界上哪个国家，当经济与社会发展到一定阶段，总会出现相对贫困落后的地区或经济萧条的区域。这些特定的区域被称为问题区域。可见，区域经济政策产生的原因是，通过制定与实施特殊的区域扶持政策来

① 第六次人口普查数据。
② 林昊．人口较少民族现代化建设问题［J］．瞭望东方周刊，2005（26）．
③ 国家民委，国家发展改革委，等．扶持人口较少民族发展规划（2005—2010年）［Z］．2006．
④ 王勋铭．论党在社会主义初级阶段民族政策的实质［J］．内蒙古社会科学，1996（1）：6．

帮助问题区域改变落后状况，缩小这些区域与其他区域之间经济社会发展的差距。区域经济政策或称区域政策，或称区域协调政策，虽然称谓不同，但基本内涵包括以下几个方面：

第一，政策制定的主体是中央政府，因而具有高度集中化的特点。政策的制定、实施、监督与评价都是由中央政府自上而下进行的。

第二，区域经济政策通过公共干预的方法，实现加快“问题区域”的社会经济发展，缩小区域间经济发展差距的目标。

第三，区域经济政策的实质是实现区域间共同协调发展的手段，具有工具属性。如蒋海清从工具属性角度来界定区域经济政策，认为区域经济政策是在特定时期内针对问题区域的社会经济发展中存在的难题，以实现区域经济协调发展为目标而采取的一系列政策手段。阿姆斯特朗与泰勒也是从工具属性的角度解释区域政策，他们认为区域经济政策是一组政策工具集，其目的在于实现某些政策目标。

所以，我国学者张可云综合各类观点，为区域经济政策归纳了一个较规范的定义：“区域经济政策是政府（主要指中央政府）干预区域经济的重要工具之一，它通过政府的集中安排，有目的地对某些类型的问题区域实行倾斜，以改变市场机制作用所形成的一些空间结果，促使区域经济发展与区域格局协调并保持区域分配合理。”

区域经济政策产生的理论依据也是制定人口较少民族扶持政策的理论依据。人口较少民族扶持政策制定主体是我国中央政府，要实现的总目标是扶持人口较少民族加快发展，实现共同富裕。可见，这一政策是一种区域经济政策，它是为了解决人口较少民族聚居地区发展问题而制定和实施的干预政策。

3.1.2 制定人口较少民族扶持政策的必要性

3.1.2.1 民族政策理论

从我国民族政策理论的基本原则来看，帮助各民族加速发展经济是实现各民族共同富裕的重要途径。民族经济扶持政策制定的必要性体现在：第一，少数民族经济是我国国民经济的重要组成部分。我国少数民族地区各种资源富集，如矿产资源、森林资源、水资源、生物资源，这使少数民族地区具有较好的资源禀赋优势。另外，少数民族地区的畜牧业与林业具有经济发展的优势，是我国国民经济发展不可或缺的重要组成部分。所以，我国的经济发展离不开少数民族地区的发展，只有充分利用与开发少数民族地区的资源优势，我国经济才能持续地高速发展。第二，少数民族地区对我国边疆稳固具有重要战略意义。我国少数民族大多居住在边疆地区，且大部分居住在陆地边境线附近的区域。帮助边疆少数民族发展经济文化建设，实现少数民族地区的团结稳定、繁荣富强，不仅能体现我国社会主义制度的优越性，也能夯实我国巩固边防的重要物质基础与坚实的群众基础。从以上两点来看，我国人口较少民族地区占据了少数民族地区的大部分，不仅大多分布于边境线上，地理位置相当重要，而且大多是水系源头区、资源富集区、生态屏障区和文化特色区。从这些方面来看，制定专门的扶持人口较少民族发展政策是十分必要的。

3.1.2.2 区域经济政策理论

对于是否有必要制定区域经济政策的问题已出现众多的理论观点，大致可归纳为自由主义与干预主义理论流派的争论。

自由主义理论认为，市场的自由机制可以使劳动力、资本等生产要素在区域间流动，这就会自动地消除区域发展中的不平衡，中心观点就是区域经济在市场作用下会自动达到平衡。但干预主义理论认为，自由主义理论所认为的区域收入与就业自平衡过程和现实不符。通常情况下，欠发达地区的资本与劳动力会流向较发达地区，这些资本与劳动力促使较发达地区不断进行新投资，不断创新技术，进而提高生产率，最终不断提高投资回报率。这样就会出现缪尔达尔所论证的回流效应：较发达地区不断吸引其他地区的劳动力流入，从而引起投资增加、技术创新与经济增长，并不断循环。缪尔达尔认为，如果仅仅依靠市场作用，发达地区对欠发达地区的正面影响总是弱于其负面影响，即扩散效应弱于回流效应，也就是市场作用倾向于增加地区间的不平等。因此，由政府制定区域政策进行干预，对于区域间资源优化配置、生产力合理布局、促进地区间经济平衡是非常必要的。

从国际上看，许多国家都充分利用区域经济政策解决区域经济发展差距的问题。谢蓉研究了美国、英国、德国的区域经济政策，认为这几个国家的区域经济政策之所以能成功，是因为这些政策具有以下的共性：第一，落后地区的产业导向政策的确定与当地的基础条件相适应。第二，不仅大力建设这些地区的基础设施，而且加大力度开发这些地区的人力资源与提升人力资本。第三，打破行政区域的界线来划分经济区域等。[①] 这些特点对我国制定民族地区的区域经济政策具有借鉴意义。

基于干预主义理论，作为一种区域政策的民族政策，通过调节资源配置、产业布局，来缩小民族地区与非民族地区的发展差距，促使区域经济协调发展，是十分必要的措施。我国学者陆志东认为，为保障地区之间社会经济利益关系的协调，体现效率优先基础上的社会公平，国家区域经济政策有必要向民族地区倾斜，这也是社会主义制度和政治稳定的必然

① 谢蓉．国外区域经济政策的特点及其启示［J］．外国经济与管理，1997（7）：35-37.

要求。[①]

我国大多数人口较少民族地区由于社会发育程度较低、地理区位偏远、人力资本质量不高等，在经济发展过程中一直落后于非民族地区。由于这些地区以农业与畜牧业为主，其本身的发展滞后就使得民族地区发展滞后于非民族地区，这就需要我国政府制定特殊的区域政策，专门扶持这些地区的经济发展，这不仅是我国协调发展社会经济的内在要求，也是实现全面建设小康社会目标的必要措施。

3.1.3 人口较少民族扶持政策制定与实施遵循的理论原则

3.1.3.1 民族政策制定的原则

分类指导原则是马列主义毛泽东思想中一切从实际出发、实事求是、具体问题具体分析的理论延伸，是我国在民族工作中获得的宝贵经验的理论总结。我国是一个多民族国家，各民族社会经济发展水平不一，民族文化各具特色。不同民族地区的发展具有差异性，这就需要我们党与国家在开展民族工作时，坚持分类指导原则。人口较少民族地区由于社会发展起点低，社会发育程度低，人口又少，地理位置偏僻但十分重要，人口素质普遍较低，发展内生动力不够，发展缓慢。为了不让一个民族兄弟掉队，为了实现我国全面建成小康社会的战略目标，对于这一类地区，我们党和国家制定与实施专门的人口较少民族扶持政策，正是分类指导原则的实际运用与具体体现。

民族平等、共同发展原则是我国民族政策的根本出发点和最终归宿点。“民族平等团结、共同发展繁荣是我国制定民族政策的总原则与总

① 陆志东 . 论国家区域经济政策向民族地区倾斜［J］. 西北第二民族学院学报（哲学社会科学版），1996（3）：87–90.

政策。”[①]“民族的平等、自治、发展，是民族政策的根本立场、根本宗旨。”“民族发展是民族政策的主题、主旨。”[②]民族平等是指各民族处在同等的地位、具有同样的权利。民族平等不仅体现在法律、政治上的平等，还体现在经济、文化上的平等。这就必然要求消除各民族间经济文化上、事实上的不平等。马克思的民族平等价值理念认为，在社会经济发展过程中存在着各民族形式上的平等与事实上的不平等之间的矛盾，多民族的社会主义国家应该制定与实施对少数民族的特殊保护政策来实现全面民族平等。人口较少民族不仅总体发展水平较低，而且各民族间经济发展极不平衡，在一定程度上表现出经济上的不平等。这显然与我国社会主义的本质——实现各民族共同富裕相违背。因此，制定专门的扶持发展政策帮助人口较少民族较快脱贫致富，实现经济平等与各民族共同富裕，是我们党与国家民族理论与政策根本宗旨的具体体现。

3.1.3.2　公共政策制定的原则

公共政策制定的基本原则是政策制定者在制定公共政策时必须遵守的价值信念与标准，它是政策制定者在政策选择、决策、评估过程中的一种价值取向，只有体现这些价值取向的公共政策才具有合法、合理的价值基础。公共政策制定的基本原则也是制定人口较少民族扶持政策要遵守的基本原则，主要有：

第一，劣势者利益最大化原则。公共政策的本质是现代国家与政府实现国家管理、履行行政职能、完成社会公共服务的工具与手段。公共性是公共行政的基本宗旨，也是公共政策与其他政策相区别的根本属性，因而维护公共利益是公共政策制定的首要原则。维护人口较少民族的整体公共

① 石亚洲．我国民族政策制定的特点与优化路径［J］．西南民族大学学报（人文社会科学版），2008（5）：12-15.

② 金炳镐．民族理论通论［M］．北京：中央民族大学出版社，1994：378.

利益是制定这一政策的首要原则，同时在以公共利益至上为首要原则时需要正确地对待与处理少数人与多数人之间的利益关系问题。

从字面来理解，公共利益即大多数人的利益。公共利益代表一个政体的大多数人的共同利益，所以，公共政策应该提高大多数人的福利，而不只是少数人的福利。[①]这种观点容易使政策制定者在制定公共政策时忽略少数人的利益，使公共政策的公共性陷入困境。刘伟忠认为，如果公共政策忽略了那些作为社会弱势群体的少数人的利益，公共政策公平与正义的价值目标就难以实现，这样的公共政策从形成之时就有失公正，公共利益的实现也就很难达到真实与完整。[②]公共利益的“公共”代表社会的全体成员，即在维护多数人利益的同时也不能损害少数人的利益，或者说，对弱势群体维护的程度恰恰是社会进步与民主的真实反映。美国学者卡普兰提出公共政策制定的劣势者利益最大化原则，即制定公共政策时应考虑使社会上居于劣势的群体及个人，能够得到最大的照顾，享受最大的利益。[③]这说明保护少数弱势群体的利益是公共政策制定与实施的应有之义。

公共利益最大化原则与劣势者利益最大化原则正是我国政府制定人口较少民族扶持发展政策的理论基础，因为对人口较少民族这一弱势群体进行帮扶，使他们能够与全国各民族一同脱贫致富，恰好是公共政策制定与实施的根本宗旨。

第二，有差别的公平公正原则。“正义是社会体制的首要价值，正像真理是思想体系的首要价值一样。”[④]公共政策是社会正义实现的重要方式。罗尔斯提出的正义论运用在公共政策制定上，就是要求公共政策制定的价

---

① 克鲁斯克，杰克逊 . 公共政策词典［M］. 上海：上海远东出版社，1992：30.

② 刘伟忠 . 论公共政策之公共利益实现的困境［J］. 中国行政管理，2007（8）：26–29.

③ 张成福，党秀云 . 公共管理学［M］. 北京：中国人民大学出版社，2001：108.

④ 何怀宏 . 契约伦理与社会正义——罗尔斯正义论中的历史与理性［M］. 北京：中国人民大学出版社，1993.

值指向以公平公正为核心。

公平、公正都有不偏袒、不偏私的意思。公平强调人人平等，对不同事或人要一视同仁。公正强调给每一个人所应得的。公正是社会正义的核心价值理念，公平是实现公正的工具。两者互为形式与内容。现代政府存在的合理性与合法性也在于保证给予所有社会成员在权利、义务或者机会、途径、结果上的平等权利。

著名的美国学者戴维·伊斯顿（David Easton）认为，“公共政策是对全社会的价值作权威性分配”[①]。公共政策最重要的作用是对社会价值进行分配，分配的核心要素是利益。分配、协调社会利益，引导、调控、规范社会利益分配过程是制定、实施、调整公共政策的主要功能。公共政策要有效与权威地实现这一功能，就必须在分配的过程中贯彻公平公正的原则，这既是维护公共利益宗旨的必然要求，也是协调多元利益主体，维护社会稳定的重要原则。

我国改革开放后，在社会经济快速发展的同时，出现了社会贫富两极分化、弱势群体贫困化的社会问题，社会利益结构呈现出多元化的格局。

罗尔斯在政治哲学的经典名著《正义论》中提出了差别原则。根据正义论的原则，要求社会平等公正地为所有人提供实质上而不是形式上的同等机会与权利。但由于出身、机会与天赋的不平等，某些人处于弱势地位与状态。为了公平公正地对待所有人，社会在分配资源时应该制定最有利于弱势人群的政策，以弥补起点不平等所造成的结果不平等。杨宏山认为，公共政策的公平公正原则体现在积极回应特殊社会群体的特殊利益要求，对那些特殊人群给予额外的物质帮助和利益补偿，这样才能维护社会和谐运行与有序发展。[②]

① EASTON D. The Political System［M］. New York：Kropf，1953：129.

② 杨宏山 . 公共政策的价值目标与公正原则［J］. 中国行政管理，2004（8）：87-90.

据此可见，有差别的公平公正原则是一种提供实质公平公正的社会分配机制，因为这一机制能弥补某一类处于天然弱势地位与状态的群体所形成的不平等，最终指向为所有社会成员提供结果上的公平公正。制定与实施人口较少民族扶持政策就是为了帮助处于弱势边缘地位的人口较少民族实现快速发展、脱贫致富，从而有效保护人口较少民族能享有平等的基本权利与发展机会。因此，这一政策的制定与实施正是有差别的公平公正原则的具体体现与运用。

3.2　人口较少民族扶持政策效应评价的理论基础

20 世纪 70 年代以后，作为政策分析过程中重要环节的政策评价在西方国家兴起。随着现代科学技术特别是计算机的普及、社会科学研究方法的成熟，政策评价理论快速发展起来，并且在政治学、经济学、社会学等各个领域得到广泛运用。在我国这个多民族国家里，人口较少民族政策既是一项民族政策，也是国家公共政策的重要组成部分。政策评价理论也就成为研究人口较少民族扶持政策效应的理论基础。

3.2.1　分析政策目标是政策效应评价的前提

“政策效应就是达到政策目标的程度。”[①] 政策目标是政策制定主体为解决政策问题所设定的要达到的目的。也就是说，政策目标是针对政策所要解决的问题而提出的。王春福（1993）认为，明确而有价值的目标是政策效果评价的前提条件，因为政策效果评价就是对政策结果实现政策目标的

① 袁国敏．经济政策评价［M］．北京：中国经济出版社，2006.

程度所做的判断。[①]通过政策评价，检验一项政策执行效果的好坏，首先肯定是对政策是否达到了政策设定的目标进行定量或定性的判定。因为检查政策目标的实现情况，既是政策制定的基础，又是评估一项政策效果、效益的基本标准，也是政策调整、修改、完善的重要依据。

同理，民族政策的制定也必须设定合理、科学与准确的政策目标。因为，政策目标为民族政策的有效实施指明了方向，是民族政策效果最直接的体现。只有对政策目标的实施成效进行科学、合理的评估，才能判断某一项民族政策的价值，从而决定民族政策的修改、完善或终结，同时，对政策目标的评价过程也有利于人们总结经验，吸取教训，为以后的民族政策实践提供有益的借鉴。所以，明确地界定、分析政策目标是评价一项政策是否科学、合理、可行的基础，也是进行政策评估的前提。

政策目标应该有明确而具体的内容。政策目标的内容一般包括目标项与目标值。目标项是指针对政策问题所期望解决的程度，或者是希望达到的效果。“目标值就是政策制定和实施后所要达到的理想状态的具体指标水平。”[②]目标项与目标值是紧密联系的，目标项直接来源于要解决的政策问题，目标值是对目标项的具体明确的界定，这两个方面构成了一个完整的政策目标内容。而明确具体的政策目标内容就成为分析政策目标的基础。

此外，政策目标还具有多样化的特点。美国著名经济学家胡佛把区域政策目标界定为保障个人的机会与公平、增进个人福利、促进社会和谐。张可云提出政策目标一般可分为成果目标与管理目标。成果目标是指区域政策需要实现的具体结果。管理目标是从政策制定与管理的角度来界定的，如政策的效率与公平。效率目标就是用有限的资源获得最大的经济回

① 王春福．试论政策评价及其标准［J］．学术交流，1993（3）：1–4.
② 顾建光，王树文．公共政策分析概论［M］．上海：上海人民出版社，2007：146.

报；公平目标是社会管理的基本价值追求，体现在政策目标上就是指不断缩小区域间的经济社会发展的差距。有的学者将政策目标分为总目标、阶段性目标和子目标三种。总目标就是贯穿区域发展的全过程，对区域经济社会发展具有根本性、全局性影响的目标。阶段性目标就是总目标的再分解，形成多个在不同时期完成的次级目标。子目标是指把总目标分解到二级区或进一步分解到三级区的目标，也称为二级或三级目标。尽管政策目标有不同的层次，而且不同时期不同国家不同区域有不同的目标，但一般情况下，政策目标应是长远目标与短期目标、总目标与分目标、效率目标与公平目标等综合目标的矛盾统一体。可见，政策目标包括民族政策目标的多样化与多层次，有时是难以量化的，如政治目标，而且有些目标具有多重性与复杂性，因为其在执行过程中容易发生变更。所以，要对民族政策进行全面准确的评估，就有必要先认真分析某项民族政策要达到的目标或目标体系，唯有于此基础上的民族政策评估才能准确、科学与全面。综上所述，将民族政策目标明确化和具体化是分析如何制定民族政策的前提与基础。

3.2.2　人口较少民族扶持政策效应的评价标准

在政策分析理论中，对某一政策进行评价，意指政策评价主体按照事先设定的标准，对政策的实施成效、进展情况进行客观、公正与科学的分析判断活动。政策评价活动必须以明确具体的标准或指标体系为基础。可见，评价标准或指标体系是进行政策评价的基本依据，也是使政策评价客观、科学、有效、公正的必然要求。

设计科学合理的政策评价标准或指标体系的依据，首先是政策目标，其次是评价的目的、价值和意义。从不同的角度，基于不同的政策目标和不同的评价方法，评价标准也是不同的。最著名的评价标准有邓恩的“六个标准”，卡尔·帕顿和大卫·沙维奇的“四类标准”，还有“3E”“4E”标准等。

但归纳起来，评价一项政策的标准基本有两个，一个是事实标准，另一个是价值标准。如胡伍德和奎恩认为，对政策实施后的价值和效果好坏进行评判的过程，包含两方面内容：一是对政策目标完成程度进行事实描述，二是对政策目标对社会产生的价值进行研判。赫·西蒙指出：“每一项决策都包含两类要素，分别称为事实要素与价值要素。”事实标准是以数量、比率的统计结果对政策产生的结果进行评估。价值标准是对政策实施后对经济发展、社会发展、人类发展产生的影响进行评估。

以事实标准开展的事实评价是对政策效果的基本事实的测量，是对政策目标项所要达到的目标值的测评，这是政策评价的基本内容与必然要求。以价值标准开展的价值评价是以政策目标的价值追求为基础，对政策产生的预期影响进行的评估。一项完整的政策评价应该既包括对政策运行的事实进行的判断，又包括对政策的价值目标进行的判断。对政策评价标准的界定与选择为人口较少民族扶持政策的评价提供基本框架。

据此，本研究对云南两个州的人口较少民族扶持发展政策效果进行两方面的评价：一是事实评价，即对政策目标实现程度的客观事实进行对比分析。人口较少民族扶持发展政策由三大内容组成，即基础设施建设、产业扶持、社会事业扶持。这三大内容又各有其政策目标。所以，本书的事实评价将围绕这三大内容，对两个州六个人口较少民族聚居乡进行对比分析。二是价值评价。人口较少民族扶持发展政策的价值来源于政策的根本目标。扶持人口较少民族加快发展是国家实施人口较少民族扶持政策的根本目标，根据这一目标，人口较少民族扶持发展政策的价值必然表现在通过政策的实施，提高人口较少民族聚居地区的农牧民收入与减贫方面。减贫效应即实施政策的价值追求。对扶持政策的减贫效应进行评价，并对之进行深入分析，将是本书研究的重点。

3.3　人口较少民族扶持政策效应分析的理论框架

3.3.1　新结构经济学理论内涵

作为新结构经济学的开创者，林毅夫等明确指出，“新结构经济学是用新古典的方法来研究在经济发展过程中的结构与结构演变的决定因素”[①]。林毅夫（2010）提出了新结构经济学的理论分析框架，其要点可归纳为：

第一，任何经济体的经济发展都是一个连续变化的过程，其发展水平的变化缘于产业多样化、产业结构升级和基础设置的相应改进。

第二，每一个经济体在某一时点上的禀赋及其结构是分析其经济发展的起点。经济体的禀赋虽然会随着时间的推移发生变化，但在任何给定时间其又是既定的。经济体的禀赋由要素禀赋与基础设置构成。要素禀赋主要指土地、劳动力和物质资本、人力资本。要素禀赋结构表示土地、劳动力、人力资本和物质资本之间的相对丰裕程度。基础设置既指有形的硬性基础设置，如交通、通信、能源等公共基础设施，又包括无形的软性基础设置，如规制、制度、价值观体系等社会和经济安排。

第三，在任何给定时点，每个经济体的产业发展内生于该经济体的禀赋结构及其基础设置。因为一个经济体的劳动、资本和自然资源的相对丰裕程度即要素禀赋结构决定了经济体的比较优势，进而决定了该时点上的最优产业结构。因此，一个经济体应该根据此时给定的禀赋结构所决定的比较优势发展其产业。而且，产业升级和发展的速度取决于要素禀赋结构提升的速度与程度。这种产业结构的升级又要求新的基础设置，以降低

① 林毅夫，付才辉，王勇 . 新结构经济学新在何处［M］. 北京：北京大学出版社，2016：349.

交易成本，从而通过产业结构和基础设置的提升最终促进经济体的持续发展。

第四，新结构经济学强调，在经济发展过程中，必须发挥有为政府的作用。因为“一个有为的政府要根据比较优势的变化来引导企业选择新的技术、产业并完善相应的软硬基础设施”[①]。所以，政府的政策和各种制度安排必须考虑每一经济体在不同发展阶段由要素禀赋结构内生决定的结构性特征。根据这一特征制定的产业政策才符合比较优势，才能成为最优的产业结构，最终成为经济持续发展的动力源。新结构经济学认为，在产业结构升级过程中，政府应发挥因势利导的作用，具体表现在三个方面：其一，根据地区要素禀赋结构确定哪些产业是具有比较优势的产业；其二，识别这些产业发展中存在的紧约束条件；其三，制定消除紧约束条件的产业扶持发展政策，帮助这些具有潜在比较优势的产业发展壮大。

新结构经济学解决了政府、市场与私人部门的关系问题，旨在构造一个既发挥市场基本的资源配置作用，又发挥政府弥补市场失灵的作用，同时还能发挥私人部门自生能力的分析框架。只有当这三方同时发挥各自作用时，才能推动产业结构的不断升级，提高人均收入，实现经济可持续增长。

3.3.2 新结构经济学理论运用的研究综述

第一，以研究要素禀赋为基础，分析要素禀赋与经济发展的关系。李跃等[②]（2014）构建出要素禀赋结构指标体系，据此分析要素禀赋、基础设

① 林毅夫，付才辉，王勇．新结构经济学新在何处［M］．北京：北京大学出版社，2016：47.

② 李跃，蒙永胜．要素禀赋、基础设施、发展战略与地区经济增长［J］．贵州财经大学学报，2014（2）：19–28.

施、地区发展战略选择对地区人均生产总值的影响。张力小等[①](2010) 通过统计模型验证得出资源禀赋与资源利用效率之间存在显著的逆向影响，即资源越丰富的地区，对该种资源的利用效率却越低。辛翔飞等[②]（2007）利用生产弹性系数，分析要素禀赋的差异对地区差异的具体影响与影响的程度，进而分析影响农业劳动生产率地区差异的因素。吴丽丽等[③]（2015）认为，我国农业要素禀赋结构的变化使农业生产体现出节约劳动倾向和“资本深化”，并促使农业生产转向以提高劳动生产率为主的现代农业生产。里昕[④](2013) 运用新结构经济学理论分析西藏的资源禀赋特点，提出西藏的产业升级应依据当地资源禀赋循势而进的观点。全炯振[⑤](2010) 运用部分要素生产率指标对中国农业的增长路径进行分析，指出中国农业增长路径以土地生产率为导向，土地生产率的增长速度明显快于劳动生产率，这是由中国农业面临的土地供给相对短缺、劳动力供给相对丰富的资源状况决定的。林政[⑥]（2009）通过分析现代农业生产力的两种演进路径，认为农业发展应该走一条以生产要素禀赋为基础，以技术创新为先导，以丰裕要素替代稀缺要素为特征的路径。

第二，通过分析比较优势与构建比较优势指标来分析农业产业结构调

---

① 张力小，梁竞．区域资源禀赋对资源利用效率影响研究［J］．自然资源学报，2010（8）：1237-1247.

② 辛翔飞，刘晓昀．要素禀赋及农业劳动生产率的地区差异［J］．世界经济文汇，2007（5）：1-18.

③ 吴丽丽，李谷成，周晓时．要素禀赋变化与中国农业增长路径选择［J］．中国人口·资源与环境，2015（8）：144-152.

④ 里昕．西藏产业升级与政府作用：基于新结构经济学的分析［J］．西藏研究，2013（4）：72-79.

⑤ 全炯振．中国农业的增长路径：1952—2008 年［J］．农业经济问题，2010（9）：10-16.

⑥ 林政．现代农业生产力演进路径的经济分析——基于生产要素禀赋的农业实践［J］．重庆工商大学学报（社会科学版），2009（8）：28-33.

整。尹昌斌等[①]（1998）运用比较优势测度，分析红黄壤地区粮食生产比较优势的变化与影响因素，并提出发展粮食生产比较优势的对策。蓝庆新[②]（2004）运用PANT分析模型，对我国主要农产品的政策保护效果与比较优势进行实证分析，认为我国近年来的农业政策在一定程度上违背了农产品比较优势，存在缺乏效率的问题。田文勇等[③]（2015）运用比较优势指数法测算了贵州主要农作物生产的比较优势，并对农作物生产结构调整是否符合其比较优势进行了检验。李益敏等[④]（2014）通过分析怒江农产品的比较优势指数，结合怒江资源情况，认为怒江应该大力发展林下经济，实现生态保护与经济发展的统一。张慧君[⑤]（2013）运用新结构经济学理论分析赣南苏区产业扶贫的路径，认为产业扶贫中政府应立足于当地的资源禀赋条件，消除产业发展的“紧约束”，促进形成经济发展的内生机制。

3.3.3 人口较少民族扶持政策效应分析的理论框架——基于新结构经济学视角

按照新结构经济学理论，可以总结出经济内生发展原理：一个经济体内在的要素禀赋及其结构以及基础设置决定了经济体该时点上的比较优势，发展符合比较优势的产业能以最低的成本获得最高的收益，进而使经

① 尹昌斌，陈印军，毕于运．红黄壤地区粮食生产的区域比较优势测度［J］．农业技术经济，1998（5）：4.

② 蓝庆新．我国农业比较优势及政策效果的实证分析［J］．经济学研究，2004（5）：18-23.

③ 田文勇，等．贵州省种植业生产结构调整与比较优势匹配检验［J］．贵州农业科学，2015（6）：245-250.

④ 李益敏，和春庭，包雪梅．基于比较优势理论的怒江州农业产业结构调整研究［J］．安徽农业科学，2014（16）：5264-5267.

⑤ 张慧君．赣南苏区产业扶贫的“新结构经济学”思考［J］．经济研究参考，2013（33）：65-72.

济体的要素禀赋及其结构以及基础设置得到升级，这又能促使新的比较优势产生，这时发展符合新的比较优势的产业能实现产业的升级转型，以此循环持续地推动经济的发展。

基于这一原理，对政府干预政策的最优原理可以归纳为：政策选择与设计的基础应该是给定时点上该区域的要素禀赋及其结构以及基础设置，当政策选择了符合当地要素禀赋及其结构决定的比较优势的产业时，扶持发展这些优势产业能实现资本的快速累积，这样，产业结构不断升级到新的具有比较优势的产业，人均收入不断增长，资本的回报越来越高，要素禀赋及其结构以及基础设置进一步升级，经济发展将获得持续动力。

以上理论为人口较少民族扶持政策效应分析提供了新的思路：

第一，分析政策作用对象的要素禀赋及其结构。不同的经济体由于要素禀赋及结构不同，就内生决定了政策在不同经济体的具体效应。同理，人口较少民族扶持政策在各个人口较少民族聚居地区的实施效应同样要由当地的要素禀赋及其结构来内生决定。所以，政策效应分析的基点应该是政策作用对象的要素禀赋及其结构。

第二，分析政策作用对象的比较优势及其变化。政府对当地内生于要素禀赋及其结构的比较优势的识别与把握，是政府扶持政策有效实施的必要条件，因为只有当政府的干预政策选择了符合当地要素禀赋及其结构决定的比较优势的产业时，扶持发展优势产业才能实现资本的快速累积，才能对当地经济的持续发展产生作用。

第三，分析政策作用对象的产业结构及其变化情况。当政府扶持当地具有比较优势的产业后，资本能得到积累，要素禀赋及其结构得到改变，进而其决定的比较优势也发生改变，这时，产业结构就应该有所调整。所以，分析产业结构及其变化情况是分析政策有效性的必然内容。

第四，分析政策作用对象的产业结构与比较优势的符合度。分析政策扶持的产业的结构与比较优势是否相符合，可以判断政策扶持项目的准确性。

以此为依据构建人口较少民族扶持政策效应的分析框架（如图 3-1 所示）。

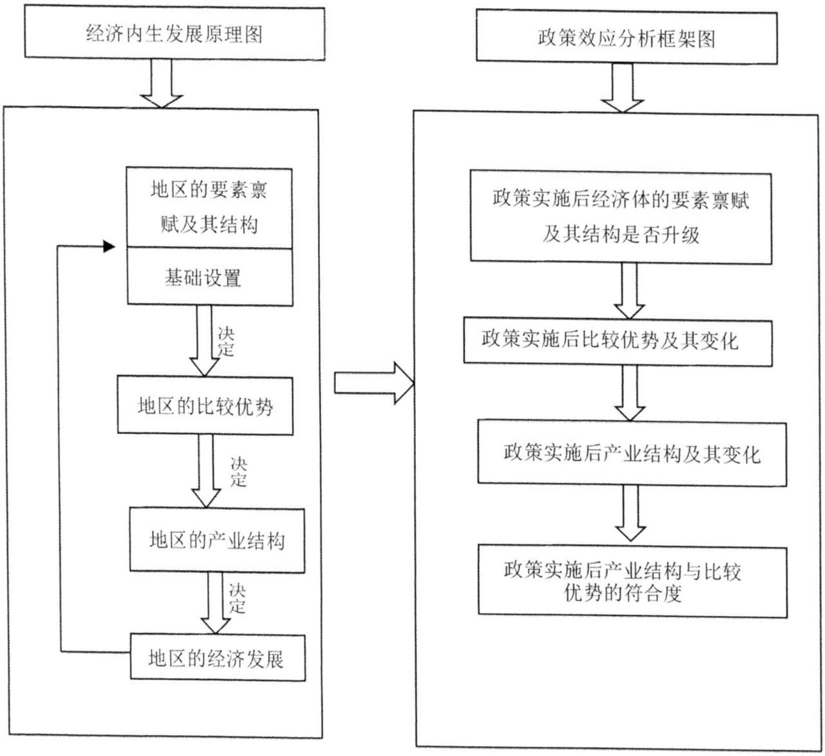

图 3-1　政策效应的分析框架

第 4 章

人口较少民族扶持政策的目标与内容分析

本章主要是从宏观上梳理人口较少民族扶持政策的产生过程、目标、主要内容及其实施机制，为后文的具体分析奠定基础。

4.1 人口较少民族扶持政策的产生过程

新中国成立后，少数民族和民族贫困地区的发展问题一直受到中央和各级政府的高度关注。早在 20 世纪 80 年代，我国有关部门已开始关注这些人口较少民族。这个时期，以我国著名人类学家、社会学家费孝通教授为代表的一批专家学者特别关注人口较少民族的发展问题。费孝通把人口不到 10 万人的 22 个少数民族称为“少小民族”“小民族”。他曾多次赴赫哲、鄂伦春、鄂温克等人口较少民族聚居地区进行实地调查，发现这些民族人口少，经济社会发育程度较低，文化相对简单，大部分呈整体贫困状态，贫困问题比较严重。1999 年底，费孝通建议国家民委将这 22 个“少小民族”纳入“十五”计划进行扶持。因为这些民族人口少，总人口只有 60 多万人，投入不多，易出效果。2000 年，在国家民委的组织下，由费孝通担任学术指导组成“中国人口较少民族经济和社会发展研究课题组”，分别到人口较少民族聚居地区进行实地调查，形成了题为《中国人口较少民族经济和社会发展调查报告》一书。这份报告用充分的数据、翔实的内容呈现了人口较少民族地区的基础状况，分析了这些地区社会经济发展中面临的现实难题，论证了帮助支持人口较少民族发展的必要性与可行性，为我国政府探索扶持人口较少民族发展之路奠定了坚实的基础，也为我国学术界深入研究人口较少民族发展理论做好了充足的理论准备。

2001 年，国家民委向国务院建议，将重点扶持 22 个人口较少民族的发展列入国家“十一五”规划，争取用两个五年规划时间，从根本上解决这些民族整体发展面临的问题。同年 8 月，国务院办公厅在《关于扶持人口较少民族发展问题的复函》的批复中指出，“原则同意国家民委提出的关于扶持人口在十万以下的 22 个民族发展的具体建议，并请有关部门、单位和地方负责落实”。这标志着扶持人口较少民族发展问题正式提上中央议事日程。

在党中央、国务院对人口较少民族发展问题的高度重视下，2005 年，国务院制定并通过的《扶持人口较少民族发展规划（2005—2010 年）》指出，“根据党中央、国务院的要求，制定扶持人口较少民族发展规划，采取特殊政策措施，集中力量帮助这些民族加快发展步伐，走上共同富裕道路”。这标志着在全国范围内扶持人口较少民族加快发展政策的正式形成与全面实施。

4.2 涉及 6 个人口较少民族聚居乡的扶持政策体系梳理

本研究涉及的 6 个乡分别属于云南的 2 个民族自治州 5 个县市：普米族、怒族、独龙族分别属于怒江州的兰坪县、福贡县、贡山县；德宏州的 3 个民族中德昂族、景颇族属于芒市，阿昌族属于陇川县。2005 年至今，涉及这 6 个人口较少民族聚居乡的扶持政策已形成了国家级、省级、州级、县市级 4 个层面的政策体系。为了一目了然地呈现这一政策体系，笔者按时间顺序绘制成政策体系表（见表 4–1）。

表 4–1 关于 6 个人口较少民族的扶持政策体系表

层次	序号	政策名称	制定单位	制定时间
国家级	1	《扶持人口较少民族发展规划（2005—2010 年）》	国家民委、国家发展改革委、财政部、中国人民银行、国务院扶贫办	2005 年
	2	《少数民族发展资金管理办法》	财政部、国家民委	2006 年
	3	《少数民族事业“十一五”规划》	国务院办公厅	2007 年
	4	《扶持人口较少民族发展规划（2011—2015 年）》	国家民委、国家发展改革委、财政部、中国人民银行、国务院扶贫办	2011 年
	5	《少数民族事业“十二五”规划》	国务院办公厅	2012 年
云南省	1	《中共云南省委　云南省人民政府关于进一步加强民族工作加快少数民族和民族地区经济社会发展的决定》	中共云南省委、云南省人民政府	2005 年
	2	《云南省扶持人口较少民族发展规划（2006—2010 年）》	云南省民委、云南省发展改革委、云南省财政厅、人民银行昆明中心支行和云南省扶贫办	2006 年
	3	《云南省扶持人口较少民族发展专项建设规划（2006—2010 年）》	云南省发展和改革委员会委托云南省城乡规划设计研究院	2006 年
	4	《扶持人口较少民族发展专项建设实施工作方案》	云南省发展改革委	2006 年
	5	《项目资金管理办法》	云南省民委与财政厅	2006 年
	6	《实施云南省扶持人口较少民族发展规划考核验收办法》	中共云南省委、云南省政府	2008 年
	7	《人口较少民族示范村建设》	云南省民族事务委员会	2009 年
	8	《云南省扶持人口较少民族发展规划（2011—2015 年）》	云南省委、省政府	2011 年

续表

层次		序号	政策名称	制定单位	制定时间
云南省		9	《云南省人民政府关于进一步加快人口较少民族发展的决定》	云南省人民政府	2011 年
云南省		10	《云南省加快少数民族和民族地区经济社会发展“十二五”规划》	云南省人民政府	2011 年
云南省		11	《关于做好人口较少民族聚居建制村特色产业发展项目的意见》	云南省民族事务委员会、云南省财政厅	2011 年
州级	德宏州	1	《德宏州扶持人口较少民族发展专项建设规划（2006—2010 年）》	德宏州委、州人民政府	2006 年
州级	德宏州	2	《德宏州扶持人口较少民族发展规划纲要（2006—2010 年）》	德宏州民族宗教事务局	2006 年
州级	德宏州	3	《上海市对口帮扶德昂族发展项目五年规划纲要（2006—2010 年）》	德宏州民族宗教事务局	2006 年
州级	德宏州	4	《德宏州扶持人口较少民族阿昌族发展规划纲要（2007—2010 年）》	德宏州民族宗教事务局	2007 年
州级	德宏州	5	《德宏州人口较少民族德昂族经济社会发展“十一五”规划纲要（2007—2010 年）》	德宏州民族宗教事务局	2007 年
州级	德宏州	6	《德宏州扶持人口较少民族发展规划（2011—2015 年）》	德宏州委、州人民政府	2011 年
州级	德宏州	7	《德宏州人民政府关于进一步加快人口较少民族发展的实施意见》	德宏州人民政府办公室	2014 年
州级	怒江州	1	《怒江州扶持人口较少民族发展基础设施建设项目规划（2006—2010 年）》	中共怒江州委、怒江州人民政府	2006 年
州级	怒江州	2	《怒江州扶持人口较少民族发展规划（2006—2010 年）》	中共怒江州委、怒江州人民政府	2006 年
州级	怒江州	3	《独龙江整乡推进独龙族整族帮扶三年行动计划》	中共怒江州委、怒江州人民政府	2010 年
州级	怒江州	4	《怒江州扶持人口较少民族发展“十二五”专项建设规划（2011—2015 年）》	怒江州发展和改革委员会	2011 年
州级	怒江州	5	《关于怒江州“十二五”期间扶持人口较少民族发展的实施意见》	怒江州人民政府	2011 年

续表

层次		序号	政策名称	制定单位	制定时间
州级	怒江州	6	《云南省贡山县独龙江乡整乡推进整族帮扶综合发展规划》	中共怒江州委、怒江州人民政府	2012 年
		7	《怒江州扶持人口较少民族发展规划（2011—2015 年）》	怒江州民宗委、怒江州发改委、怒江州财政局、人民银行怒江州中心支行、怒江州扶贫办	2012 年
县市级	陇川县	1	《陇川县扶持人口较少民族发展“十一五”专项建设规划》	陇川县发展和改革局	2006 年
		2	《陇川县扶持人口较少民族发展项目建设管理暂行办法》	陇川县人民政府	2008 年
		3	《陇川县扶持人口较少民族发展“十二五”专项建设规划》	陇川县发展和改革局	2011 年
		4	《陇川县 2012 年扶持人口较少民族发展村庄整治建设项目实施方案》	陇川县发展和改革局	2012 年
	芒市	1	《潞西市人口较少民族德昂族、阿昌族减贫发展规划（2003—2010）》	芒市民族宗教事务局	2004 年
		2	《潞西市扶持人口较少民族聚居村考核验收方案》	潞西市扶持人口较少民族发展工作领导小组	2008 年
		3	《芒市扶持人口较少民族发展“十二五”专项建设规划》（景颇族、德昂族、阿昌族）	芒市民族宗教事务局	2011 年
	兰坪县	1	《兰坪白族普米族自治县人口较少民族聚居村发展项目规划》	兰坪县人民政府	2006 年
		2	《兰坪县扶持人口较少民族发展规划（2006—2010）》	兰坪县人民政府	2006 年
	福贡县	1	《福贡县特有较少民族（怒族）的十年发展减贫规划》	福贡县民族宗教事务局	2004 年
		2	《福贡县扶持人口较少民族发展规划（2011—2015 年）》	福贡县民族宗教事务局	2011 年
	贡山县	1	《贡山独龙族怒族自治县扶持人口较少民族发展建设规划（2006—2010）》	中共贡山县委、县政府	2006 年
		2	《贡山县扶持人口较少民族发展基础设施专项建设规划》	中共贡山县委、县政府	2006 年

注：本表材料通过调研所得，难免有缺漏。

4.3 人口较少民族扶持政策的目标与内容

4.3.1 人口较少民族扶持政策的目标分析

到“十二五”时期，国家发布的《扶持人口较少民族发展规划（2005—2010年）》与《扶持人口较少民族发展规划（2011—2015年）》是人口较少民族扶持政策的纲领性文件。这两个文件所制定的发展目标就是各级各类人口较少民族扶持政策的实施目标；确定的政策总目标是扶持人口较少民族加快发展，实现共同富裕。围绕这个总目标，各级各类政策分别制定了5年发展的具体目标，使政策目标明确、清楚，针对性、可操作性强（见表4–2）。

表4–2 人口较少民族扶持政策目标体系

时期	具体目标	目标内容
2005—2010年	“四通”	通路、通电、通广播电视、通电话
	“五有”	有学校、有卫生室（所）、有安全的人畜饮用水、有安居房、有稳定解决温饱的基本农田地
	“三达到”	人均粮食占有量、人均纯收入、九年制义务教育普及率达到国家扶贫开发纲要和“两基”攻坚计划提出的要求
2011—2015年	“五通”	通油路、通电、通广播电视、通信息（电话、宽带）、通沼气（清洁能源）
	“十有”	有安全饮用水，有安居房，有卫生厕所，有高产稳产基本农田（草场、经济林地、养殖水面）或增收产业，有学前教育，有卫生室，有文化室和农家书屋，有体育健身和民族文化活动场地，有办公场所，有农家超市（便利店）和农资放心店
	“一减少”	人口较少民族聚居区贫困人口数量减少一半或以上
	“二达到”	农牧民人均纯收入达到当地平均或以上水平，1/2左右的民族的农牧民人均纯收入达到全国平均或以上水平
	“三提升”	基础设施保障水平、民生保障水平、自我发展能力大幅提升

4.3.2　人口较少民族扶持政策的内容分析

人口较少民族扶持政策根据扶持目标制定了主要任务与措施，构成了政策的主要内容。

人口较少民族扶持政策的主要任务有：

第一，加强与完善基础设施建设，不断改善生产生活条件，提升发展保障能力。基础设施建设主要包括交通、农田、能源、安居房建设。

第二，通过开展种养业项目、农产品加工项目、扶持第三产业和旅游业发展，调整经济结构，发展特色优势产业，促进群众增收。

第三，保障和改善教育事业、卫生医疗事业、就业和社会保障、社会服务体系，促进人口较少民族聚居地区基本公共服务均等化。

第四，在文化事业上，要加强公共文化基础设施建设，加强公共文化服务能力建设，繁荣民族文化，扶持发展民族文化产业。

第五，在人力资源上，加强干部教育培训，培养专业技术人才、技能人才、农村实用人才，提高劳动者综合素质，以增强群众自我发展能力。

第六，促进民族团结，建设和谐家园。

人口较少民族扶持的政策措施主要有：

一是从资金投入上，加大中央财政资金、地方财政（特别是省级财政）、少数民族发展资金、专项建设资金的投入力度，发展人口较少民族聚居地区的特色优势产业，大力改善当地的生产生活条件，促进群众增收致富。

二是加大金融服务力度。如：积极鼓励和引导金融机构加大对人口较少民族聚居区的有效信贷投放，实行扶贫贴息贷款政策与贴息资金等金融优惠措施，大力发展适合人口较少民族聚居区人群需求特点的小额信贷业务，等等。

三是扩大对口帮扶的参与主体。一方面，继续鼓励和支持东部经济较发达地区、其他大中城市、大中型企事业单位等地区、组织、单位对口帮扶人口较少民族；另一方面，积极开展形式多样的公益活动，如志愿服务、慈善捐助等，引导社会各界关心、支持和参与到人口较少民族扶持发展工作中来。

四是加大人才队伍建设力度。比如：组织开展人口较少民族实用技能人才与产业发展骨干人才的培养工作；注重培养与选拔一批人口较少民族干部。

4.4 人口较少民族扶持政策的实施机制分析

人口较少民族扶持政策的实施机制首先体现在“国家扶持、省负总责、县抓落实、整村推进”四个方面。“国家扶持”是指人口较少民族扶持的纲领性政策由国家民委、国家发展和改革委员会、财政部、中国人民银行、国务院扶贫办等有关部门共同制定并组织实施。“省负总责”是指有关的省、自治区各级党委政府要加强领导，制定有关配套政策措施，落实好有关配套资金，结合各自的职责范围，切实做好扶持人口较少民族发展的组织实施工作。“县抓落实”是指作为第一责任人，人口较少民族所在县的县长必须亲力亲为，高度重视，组织实施扶持政策的主要内容，确保政策措施落到实处。“整村推进”是指对人口较少民族人口占20%以上的村实行整村扶持的政策。

其次，在组织机构上，形成了省、州、市县垂直领导工作小组，为人口较少民族地区扶持发展政策的有效实施提供了有力的组织保障。云南省为加强领导，健全组织机构，成立了扶持人口较少民族发展工作领导小组，组长由分管副省长担任，小组成员来自省级15个部门。省领导小组每年定期召开一次联席会议，研究、协调、部署工作。德宏州、怒江州与相关的县市也相应成立扶持人口较少民族发展工作的领导小组。

最后，在资金管理上，为确保资金的有效、合理、规范使用，云南省民委与财政厅参照国家出台的《少数民族发展资金管理办法》制定了项目资金管理办法，对管理责任、项目申报、管理和验收考核方式作了规定。各州、市县也严格按照财政资金专项管理办法，实行财政报账制管理；加强财政扶贫资金项目库管理、公示公告制管理、民宗部门台账制管理；实行严格的项目管理与资金跟踪监督检查制度；建立信息化扶贫资金监管系统，逐步实现对资金管理使用情况的动态监测与全程监管。

4.5　人口较少民族扶持政策的特点分析

第一，从表 4-1 可以看出，扶持人口较少民族发展政策在体系上呈现出如下特点：一是纵向上形成了自上而下的政策体系。人口较少民族扶持发展政策构成了国家、省、州、县市 4 级的政策体系。国家制定规划，进行最高的顶层设计与制度安排；省级政府负总责，制定本省规划、相关管理制度，以明确本省扶持目标、扶持对象、内容等细目；地州根据国家与省级的政策，结合本地州情况，制定本地州的规划，进一步细化、分解目标与责任；市县级也相应地制定扶持发展规划，但突出抓落实的特点，确保扶持目标落在实处。二是横向上形成了各级责任主体齐抓共管的执行机制。各级政府机构积极整合资源，有力保障扶持人口较少民族发展政策从项目规划的制定、实施、监督、经费管理、验收等多方面得以有效地落实。

第二，政策目标清晰明确。从两个五年规划提出的“四通、五有、三达到”与“五通、十有、一减少、二达到、三提升”的发展目标来看，人口较少民族扶持政策确定了清晰明确的扶持目标。根据这些明确具体的目标，扶持项目的验收工作也具有可操作性与可量化性。

第三，组织机构专门化、职责明确化。从中央、省到州、县市都构建起扶持人口较少民族的专门领导机构，各层级政府部门责任明确，确保扶持政策的层层落实。

第四，资金管理的规范化。中央政府与省级政府部门都出台了规范资金管理的规章制度，确保扶持资金管理的规范化，并实行信息化系统监测，实现动态监测与全程监督。

第五，扶持项目内容多样化。扶持项目涵盖了农村基础设施（交通、农田水利、通信）、产业、社会事业（教育、医疗、养老保险）、人力资源等方方面面，内容广泛。

第5章

滇西边境人口较少民族扶持政策的实践分析

滇西边境人口较少民族大多聚居在山区或半山区，自然条件较差。特殊的地理位置与地形地貌加大了乡村基础设施建设的成本与难度，在扶持发展前人口较少民族聚居乡村的道路交通、农田水利、网络通信等基础设施建设严重滞后。在社会发育程度上，滇西边境6个人口较少民族大部分是“直过民族”，社会发育程度较低，文盲半文盲比较多，贫困规模大、程度深。2005年开始，云南省德宏州与怒江州党委政府就认真执行人口较少民族扶持发展规划所确定的政策目标，以整村推进的方式围绕规划确定的建设任务，从基础设施建设、产业发展扶持与社会事业建设三个方面落实扶持政策。其中：基础设施建设项目主要包括道路交通、农田水利、能源与生态、人畜饮水、安居房建设；产业发展扶持项目主要包括种植业、养殖业等项目；社会事业建设项目主要包括教育、卫生医疗、文化、科技推广与人才培训、村容村貌等扶持项目。

5.1 滇西边境人口较少民族扶持范围

5.1.1 德宏州人口较少民族扶持范围

“十一五”时期，德宏州2个人口较少民族——阿昌族与德昂族被列入扶持范围，包括“德宏州2个人口较少民族聚居的28个村委会256个村民小组，其中，阿昌族聚居的19个村委会174个村民小组，德昂族聚居的9个村委会82个村民小组，同时，州内55个德昂族聚居自然村列入上海对口帮扶范围”[①]。2011年，景颇族被纳入人口较少民族“十二五”规划扶持范围，使德宏州人口较少民族由2个增加到3个，扶持范围进一步扩大到5个县市42个乡镇161个村委会，扶持人口由4.48万人增加到17.92万人，规划地区总人口达31.74万人。[②]阿昌族聚居的户撒乡一共有10个行政村纳入扶持范围，德昂族聚居的三台山乡一共有4个行政村纳入扶持范围，景颇族聚居的西山乡有6个行政村纳入扶持范围。

5.1.2 怒江州人口较少民族扶持范围

“十一五”时期，怒江州被列入扶持范围的人口较少民族有3个，即独龙族、怒族、普米族，具体范围涉及怒江州的3个县15个乡（镇）46个村委会，其中6个独龙族聚居的村委会，23个怒族聚居的村委会，17个普米族聚居的村委会。“十二五”时期，怒江州扶持对象仍然是怒族、普米族与独龙族，但是扶持范围进一步扩大到全州3个县16个乡镇的61个建制村469个自然村，涉及2.17万户8.36万人。[③]怒族聚居的匹河乡一

① 陈绍昌．围绕目标稳步推进——德宏州扶持人口较少民族发展工作综述［J］．今日民族，2009（4）：12-19.

② 数据来源：《德宏州民族宗教事务局2012年工作总结及2013年工作计划》。

③ 数据来源：《怒江州扶持人口较少民族发展规划（2011—2015年）》。

共有9个行政村纳入扶持范围，独龙族聚居的独龙江乡一共有6个行政村纳入扶持范围，普米族聚居的河西乡一共有5个行政村纳入扶持范围。

5.2 户撒乡人口较少民族扶持政策实施情况

2005年《扶持人口较少民族发展规划（2005—2010年）》启动实施以来，陇川县扶持人口较少民族发展工作始终坚持以科学发展观为指导，围绕“打基础、调结构、兴科教、强素质”的任务，按照“国家扶持、省负总责、县抓落实、整村推进”的方针，以规划确定的目标任务为重点，精心组织实施了户撒乡的扶持发展项目。

5.2.1 基础设施建设项目实施情况

据不完全统计，2005—2014年户撒乡在基础设施建设项目上得到国家扶持资金共9289.46万元。其中：“十一五”时期实施交通建设项目113个，对村内道路进行硬化建设、新修通村弹石路、新建村内石拱桥等；实施农村能源及生态建设项目70个，新建沼气池801口；实施基本农田及水利建设项目9个，新建取水坝一座，修复拦沙坝一座，建石坝、沟渠等；实施人畜饮水建设项目16个，建蓄水池、架设管道；实施安居房建设项目2个，改造安居房10户[①]。“十二五”时期，实施隆光村芒弄至下户昔等14条道路建设；完成了项姐村委会办公楼建设，完善了腊撒、明社、隆光、朗光等村委会的基础设施建设；实施了保平、芒炳等烟水工程项目9个，新建沟渠27条，总长10190米，机耕路11条，总长3993米，改造水田1000亩；实施了芒东大寨等山区五小水利工程项目4个；实施芒弄

① 数据来源：《陇川县扶少验收报告》。

河堤段水毁工程修复项目；实施了1万亩高标准农田建设项目；实施了保平、芒炳、明社等村委会的中低产田改造项目、科技增粮千亿斤项目和烟水工程项目7个；实施了隆光村人畜饮水工程37件。[①]

5.2.2 社会事业建设项目实施情况

据不完全统计，2005—2014年户撒乡在社会事业建设项目上得到国家与地方的扶持资金共2352.73万元。其中："十一五"时期，实施了卫生基建项目，建村委会卫生室业务用房10幢，总建筑面积为846.36平方米；建村委会文化活动室用房4幢，总建筑面积为483.9平方米；架设有线电视光纤及安装设备1207户；实施了教育基建项目，建教学楼2幢共828平方米、学生食堂1幢共982.7平方米、厕所3个、篮球场一个、围墙260米、乒乓球台2个；开展种养殖业、沼气使用、农村家庭理财等农村实用技术培训154期共17100人次。[②]"十二五"时期，实施了保平、新洪等21个村小组活动室建设；建了陇五中学生餐厅、学生住宿楼，建了中心小学学生住宿楼、餐厅，实施了芒回小学校舍改扩建工程，新建了潘乐、隆光、明社三所学校共360平方米的学生餐厅；完成了中心、芒东、朗光3所小学的教师周转宿舍的建设工作。[③]

5.2.3 产业发展扶持项目实施情况

据不完全统计，2005—2014年户撒乡在产业发展扶持项目上得到国家与地方投入的资金共2067.7万元。其中："十一五"时期，种植高产优质油菜共6956亩，种植优质稻共2270亩，种植核桃、板栗、甜柿

---

① 数据来源：《户撒阿昌族乡十二五工作总结暨十三五展望》。

② 数据来源：《户撒乡扶少验收报告》。

③ 数据来源：《户撒阿昌族乡十二五工作总结暨十三五展望》。

子、桑树、猕猴桃、草果等经济林果、经济作物共14738亩；养猪5003头、水牛188头、家禽2000只；实施农畜产品加工项目1个，扶持农产品加工；实施第三产业项目3个，建竹器加工厂1个、开发刀具加工25种。[①]“十二五”时期，扶持养猪户，建成了1207平方米规模化生猪养殖场；扶持种植油茶3500亩、猕猴桃500亩、烤烟约62270亩。[②]

5.3 三台山乡人口较少民族扶持政策实施情况

自开展扶持人口较少民族发展工作以来，三台山乡党委、政府认真落实国家、省、州扶持规划，按照“农业稳乡、科教兴乡、产业富乡、生态立乡”的发展思路，按照整村推进方式，全面实施扶持发展项目。三台山乡在“十一五”时期不仅得到扶持人口较少民族发展项目的扶持，还在2006年获得了上海对口帮扶的项目扶持。“十二五”期间，三台山乡继续得到国家与地方政府的大力扶持。具体内容如下：

5.3.1 基础设施建设项目实施情况

据不完全统计，2005—2014年三台山乡在基础设施建设项目上得到国家和地方扶持资金共5697.18万元。全乡先后修建通村油路、弹石路、村内水泥路和砂石路115.85千米；完成大岗坝、帕当坝低产农田改造1100亩；完成人畜饮水管道架设122.55千米，修建蓄水池11个，塘坝1个；架设电力设施13.8千米；建安居房425户、完成危房改造347户；建设沼气池852口、安装2247台太阳能热水器；建五小水利工程18件；实施旱

① 数据来源：《户撒乡扶少验收报告》。
② 数据来源：《户撒乡2011年至2015年政府工作报告》。

内、广纳易地搬迁建设[①]。

5.3.2 社会事业建设项目实施情况

据不完全统计，2005—2014 年三台山乡在社会事业建设项目上得到国家与地方的扶持资金共 1011.28 万元。其中：建村小组文化活动室 33 个；建德昂族博物馆 1 个；建设卫生室 3 个共 200 平方米，修缮三台山乡出冬瓜老寨卫生室、勐丹村卫生室及购买器械、药品等；建公共卫生厕所 25 个；完善三台山乡农家书屋，购置书架、阅览桌、阅览凳、电脑、书籍若干；建成景颇族文化传习所 1 座共 350 平方米，场地平整 300 平方米；德昂族文化传承点 1 个；新建 10 个村小组篮球场，配备 11 套篮球架等文体设施；举办农村实用技术培训 194 期，共 39678 人次受训；民族文化传承人培训 28 期共 1050 人次；还有发放寄宿生生活补助。[②]

5.3.3 产业发展扶持项目实施情况

据不完全统计，2005—2014 年三台山乡在产业发展扶持项目上得到国家与地方投入的资金共 536 万元。其中："十一五"时期发展茶叶 6800 亩、香蕉 950 亩、核桃 800 亩、八果 100 亩、板栗 125 亩、澳洲坚果 1980 亩、竹子 12680 亩和其他种植业 1250 亩；发展优良母猪 848 头、仔猪 1275 头，本地黄牛 172 头、水牛 20 头；发展庭院经济 110 亩。"十二五"时期，新建卢姐萨、出冬瓜、勐莫肉牛养殖场 3 个；农民专业合作组织建设：扶持建立三台山乡瓜乡村文化旅游发展协会、卢姐萨养牛合作社和允欠坚果合作社；实施 3121 示范乡产业发展澳洲坚果种植 2800 亩[③]。

---

① 数据来源：《三台山乡扶少验收报告》。
② 数据来源：《三台山乡扶少验收报告》。
③ 数据来源：《三台山乡扶少验收报告》。

5.4　西山乡人口较少民族扶持政策实施情况

景颇族是在 2010 年国家出台的《扶持人口较少民族发展规划（2010—2015 年）》中纳入人口较少民族扶持对象的。西山乡是景颇族聚居的典型乡。从 2010 年起西山乡获得国家与地方的扶持人口较少民族发展项目的扶持，具体情况如下：

5.4.1　基础设施建设项目实施情况

据不完全统计，2010—2015 年西山乡在基础设施建设项目上得到国家扶持资金共 7683.08 万元。其中：实施建制村通沥青路建设，共计修路 70 余千米，铺设村内弹石路 7 千米，村内道路硬化 140270 平方米；实施农村能源及生态建设，新建沼气池 170 口，架设太阳能 762 台；实施农村安全饮水建设，重建引水管线 53.82 千米，蓄水池 8 处，新修堤坝 7 处；实施安居房建设，改造危房 500 余间①。

5.4.2　社会事业建设项目实施情况

据不完全统计，2010—2015 年西山乡在社会事业建设项目上得到国家与地方的扶持资金共 1219.8 万元。其中：实施了卫生基建与村容村貌整治项目，建设村小组内公厕和垃圾池，共建成公厕 39 座，垃圾池 7 个，村容村貌整治 1400 平方米；实施了教育基建项目，建设中小学，如学生食堂、浴室、公厕、围墙、道路、门卫室等，还发放寄宿生生活补助；组织科技人才实用技术培训 70 余次，培训约 9200 人次，还组织民族手工编

① 数据来源：《芒市扶少验收报告》。

织技艺、董萨培训[①]。

5.4.3 产业发展扶持项目实施情况

据不完全统计，2010—2015 年西山乡在种植业、养殖业扶持项目上得到国家与地方投入的资金共 518.4 万元。其中：扶持发展咖啡、坚果、橡胶、核桃等特色产业种植 3590 余亩，扶持农户大牲畜养殖 1000 余户 3000 余头[②]。

5.5 独龙江乡人口较少民族扶持政策实施情况

改革开放以来，党中央、国务院高度重视独龙族社会经济发展状况，通过国家、省、州、县的大力扶持，独龙族聚居地区社会经济各项事业飞速发展。独龙江乡的地理位置偏远，整乡长期处于高度封闭状态，而且其直接过渡后社会发育程度较低，这些自然与历史的多重限制性因素交织在一起使得独龙江乡经济社会发展严重滞后。独龙江乡是我国最后一个通路、通电、通移动电话的地区。在扶持发展前，独龙江乡是一个集边疆、民族、山区、贫困为一体的封闭半封闭的整体贫困区域，是全国最贫困的区域之一。

2005 年国家发布《扶持人口较少民族发展规划》以来，独龙江乡就作为独龙族唯一聚居的地区纳入扶持范围。“十一五”期间，按照扶持规划的要求全面开展扶持工作。“十二五”时期，独龙江得到国家与省政府的大力扶持，上海市与云南省共同制定《云南贡山县独龙江乡整乡推进独龙

① 数据来源：《西山乡政府实施〈扶持人口较少民族“十二五”规划〉工作的报告》。
② 数据来源：《西山乡政府实施〈扶持人口较少民族“十二五”规划〉工作的报告》。

族整族帮扶发展规划》，成立了独龙江乡整乡推进整族帮扶综合开发统筹协调小组，按照“省级统筹补助、上海支持、州负总责、县乡落实、项目到村、扶持到户”的要求，以整乡推进为抓手，以整族减贫致富为目标，对独龙江乡实施 5 年的整乡整族帮扶，以实现整乡整族减贫和跨越式、可持续发展目标。

5.5.1　基础设施建设项目实施情况

1999 年，独龙江乡建成了到县城的简易公路，结束了最后一个民族不通公路的历史。在 2005 年扶持前，独龙江乡只有唯一一条通往县城的环山路，每年雨季时间较长，泥石流、滑坡等自然灾害时有发生，还有每年 10 月至次年 3 月大雪封山，公路根本无法正常通行。又因为这条乡村公路等级低、缺少养护、通畅能力弱，独龙江乡的通达情况非常差，交通已然成为独龙江乡建设发展的瓶颈。针对这一情况，独龙江乡帮扶综合开发统筹协调小组为了从根本上解决大雪封山、交通通达差问题，促进独龙江乡旅游业的开发与发展，向中央申请补助和云南省本级专项资金共 77900 万元[①]，改造县城至独龙江（边防）公路。公路全长共 79.6 千米，其中新建隧道 5.2 千米穿越高黎贡山（较原有公路缩短 16 千米，最高海拔由原来的 3390 米降至 3025 米，一年四季都能通达）。

据不完全统计，2005—2014 年在基础设施建设项目上独龙江乡还得到国家和地方的扶持资金共 35139.09 万元。其中：通村砂石公路 124 千米，铺筑沥青路面和水泥路面 150 千米，建成人马吊桥 11 座、三级客运站 1 个，建设完成山洪沟治理工程 9 项，架设 20 千伏输电线路 112 千米、改扩建电站 1 座，电力装机累计达到 1600 千瓦，开通了程控电话、宽带网络、

① 数据来源:《贡山县独龙江乡整乡推进独龙族整族帮扶“三年行动计划”资金到位情况表》。

移动4G通信，建成农村金融服务营业网点1个；建设完成防洪堤、道路、农贸市场、净水处理厂及配套管网、旅游公厕等集镇基础设施配套工程和特色旅游小镇风貌改造工程；实施安居房工程，建设1015户农户安居房，户均建设60平方米以上；完成封山育林3万亩，新建薪炭林1.1万亩、节柴灶1015眼、沼气池58口。①

5.5.2 社会事业建设项目实施情况

据不完全统计，2005—2014年在社会事业建设项目上独龙江乡得到国家和地方的扶持资金共4235.06万元。其中：建成了乡九年一贯制学校综合楼、教师流转房等教育教学基础设施3栋、国门小学1所、幼儿园1所，卫生院医技楼1栋、医生流转房2栋、广播电视发射塔1座、独龙族博物馆1座、敬老院1座；建成文化活动室6个，并提升文化配备设施，建成标准水泥篮球场；村卫生公厕及洗澡室100座；垃圾处理池42个；累计完成农村实用技术、本土旅游人才、文明生活、乡村干部、教师、医生、农技人员培训等共计28864人次，培训驾驶员100名。②

5.5.3 产业发展扶持项目实施情况

据不完全统计，2005—2014年在社会事业建设项目上独龙江乡得到国家和地方的扶持资金共5758.55万元。其中：建设完成5个民族文化旅游特色村，建成观景台15个；种植草果40000多亩、花椒8700多亩、核桃5000多亩、重楼1400多亩，招养蜜蜂3000多箱，投放独龙牛835头，

---

① 数据来源:《“十一五”贡山验收报告》与《2010—2014年度云南省怒江州贡山县独龙江乡整乡推进独龙族整族帮扶工作总结》计算所得。

② 数据来源:《“十一五”贡山验收报告》与《2010—2014年度云南省怒江州贡山县独龙江乡整乡推进独龙族整族帮扶工作总结》计算所得。

建成独龙原鸡保护和扩繁基地 1 个、草果加工厂 1 个[①]。

5.6　匹河乡人口较少民族扶持政策实施情况

匹河怒族乡是全国唯一的怒族乡，“十一五”期间，通过扶持人口较少民族发展项目的建设，匹河怒族乡的人口较少民族聚居村已达到“四通、五有、三达到”的标准。“十二五”期间，国家与地方继续加大对匹河乡的扶持力度。具体扶持情况如下：

5.6.1　基础设施建设项目实施情况

据不完全统计，2006—2014 年在基础设施建设项目上匹河乡得到国家和地方的扶持资金共 8064.94 万元。其中：通村路 34.43 千米，进行村间道路硬化；建设人马吊桥一座，长 25 延米，建设河桥 1 座；建设 110 千伏农网改造；建设地面接收站 69 座；田间沟渠建设；自然村人饮工程建设，包括新建人畜饮水管道 79.3 千米，水池 423 个，架设饮水管线等；安居房建设，包括消除茅草房 390 户、改造 361 户农村防震安居房，怒族传统民居改造（含民居改造、卫生间、庭院整治）35 户，特色旅游民居 300 户、示范建设安居房 115 户、匹河乡棉谷村整村搬迁安居房建设 178 户等。[②]

5.6.2　社会事业建设项目实施情况

据不完全统计，2006—2014 年在社会事业建设项目上匹河乡得到国家和地方的扶持资金共 621.7 万元。其中：教育方面，实施 4 所小学建设

---

① 数据来源：《2010—2014 年度云南省怒江州贡山县独龙江乡整乡推进独龙族整族帮扶工作总结》。

② 数据来源：根据怒江州民委 2006—2014 年项目资金汇总表计算所得。

项目，修建村小学教学楼12幢；文化体育建设项目，新建文化活动场所3个，新建水泥篮球场6个，新建文化活动室14个，建设怒族文化陈列室一个，达21平方米；卫生建设项目，新建公共卫生厕所42个，建设卫生室16所；科技培训项目，旅游服务技能培训40人次，怒族特色文化传承与培养30人，实用技术培训3000多人次等。①

5.6.3 产业发展扶持项目实施情况

据不完全统计，2006—2014年在产业发展扶持项目上匹河乡得到国家和地方的扶持资金共1824.4万元。其中：种植黄连21982亩，重楼680亩，核桃8606亩，茶叶3716亩，漆树1100亩等；养殖生猪1316头，山羊2198只等。②

5.7 河西乡人口较少民族扶持政策实施情况

“十一五”时期，河西乡共有4个村获得人口较少民族政策的扶持，并由兰坪县发展改革和经济贸易信息化局制定《怒江州兰坪县河西乡人口较少民族发展专项建设项目》，对4个村进行专项扶持。“十二五”时期，河西乡的玉狮村进入扶持范围，也是这一时期的重点扶持对象。

5.7.1 基础设施建设项目实施情况

据不完全统计，2006—2014年在基础设施建设项目上河西乡得到国家和地方的扶持资金共3643.58万元。其中：通村路168.3千米，进行村间道路

① 数据来源：根据怒江州民委2006—2014年项目资金汇总表计算所得。
② 数据来源：根据怒江州民委2006—2014年项目资金汇总表计算所得。

硬化，新建公路桥梁等；建设太阳能路灯、太阳能热水器、节能灶，实施农村电网改造项目 1 项；改造中低产田 2900 亩，建设田间沟渠；建设自然村人饮工程，包括新建人畜饮水管道约 80 千米，架设饮水管线等，安居房建设 223 户、安居房改造约 133 户，院坝整理约 54 户；大羊场旅游接待站改扩建。[①]

5.7.2　社会事业建设项目实施情况

据不完全统计，2006—2014 年在社会事业建设项目上河西乡得到国家和地方的扶持资金共 491.8 万元。其中：教育方面，学校建设项目 9 项；文化体育建设方面，新建文化活动场所 2 个，新建水泥篮球场 1 个，新建文化活动室约 6 个；卫生建设方面，新建公共卫生厕所 2 个，一户一厕改造约 223 户，建设卫生室 8 所，实施垃圾处理池建设项目 4 个；科技培训方面，实用技术培训 40 人次；实施广播电视村村通工程 3 项；等等。[①]

5.7.3　产业发展扶持项目实施情况

据不完全统计，2006—2014 年在产业发展扶持项目上河西乡得到国家和地方的扶持资金共 589.76 万元。其中：发展林果业 770 亩，药材种植约 2173 亩，核桃 670 亩，猕猴桃种植 20 亩等；养殖黑山羊、生猪、肉牛约 1624（只、头），完成养殖场建设项目 1 个等。[①]

5.8　滇西边境人口较少民族扶持政策实施情况的对比分析

第一，投入资金总量的对比分析。滇西边境 6 个人口较少民族聚居乡除西山乡是从 2010 年进入扶持范围外，其他 5 个乡都是从 2005 年开始

① 数据来源：根据 2005—2014 年怒江州兰坪县扶少整村推进项目安排表计算整理所得。

就得到了国家与地方的人口较少民族扶持，但是扶持资金的投入情况各不相同。从投入资金总量来看（见图5-1），独龙江乡获得的资金量最大，约为资金量投入最小的河西乡的10倍。这主要有两方面的原因：一是在“十二五”时期，云南省委、省政府基于独龙江乡整族贫困的现实情况，为实现独龙族与其他兄弟民族共同团结奋斗、共同繁荣发展的目标，制定并实施独龙江乡整乡推进独龙族整族帮扶五年规划。云南省各个部门都积极争取国家的更大支持，并以项目优先安排、资金优先保障的原则切实落实与实施这一规划，所以，在这个时期对独龙江乡的投入力度非常大。二是6个乡都居于边境山区，但严格来讲，河西乡不算边境山区，再加上河西乡13个村中只有5个村获得人口较少民族的扶持，所以，扶持人口较少民族的资金总量较少。

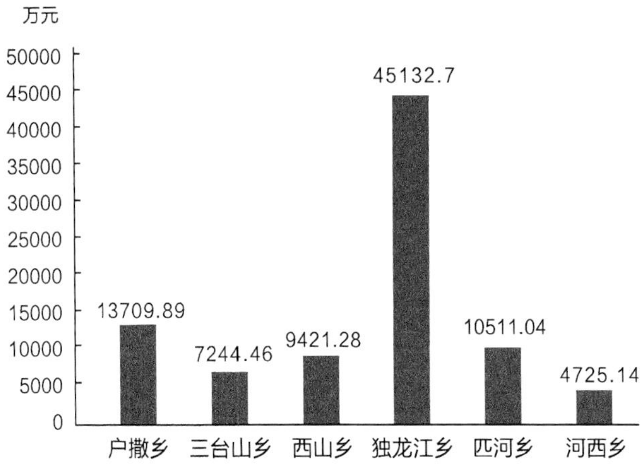

图5-1　2005—2014年6个乡扶持投入资金总量比较

资料来源：根据德宏州、怒江州民族宗教事务局2005—2014年《扶持人口较少民族发展项目统计汇总表》计算所得。

注：西山乡的资金投入总量计算的是从2010年至2015年的数量。

从 6 个乡总资金量的构成来看，基础设施建设项目的资金占比最大，社会事业建设项目与产业发展扶持项目的资金投入差不多（见图 5-2）。

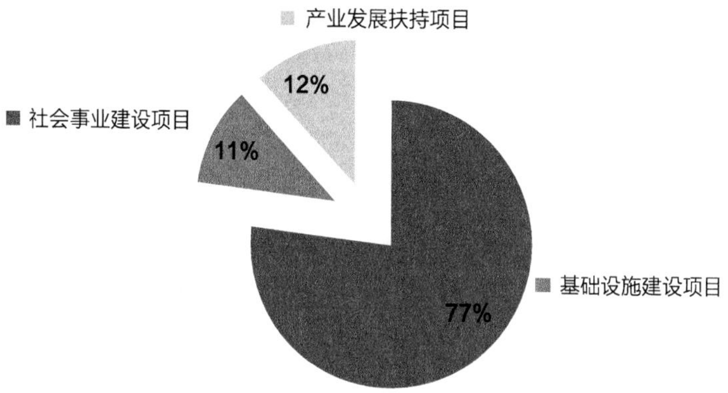

图 5-2　6 个乡总资金量的构成

资料来源：根据德宏州、怒江州民族宗教事务局 2005—2014 年《扶持人口较少民族发展项目统计汇总表》计算所得。

第二，扶持资金总量的投向结构分析。6 个人口较少民族聚居乡获得的人口较少民族扶持资金的投入结构大致可划分为三部分：一是基础设施建设项目，具体包括交通建设项目、能源建设项目、农田水利建设项目、人畜饮水建设项目、安居房建设（改造）项目；二是社会事业建设项目，具体包括教育基建项目、卫生医疗基建项目、文化体育建设项目、科技推广及培训项目；三是产业发展扶持项目，具体包括种植业项目、养殖业项目、农产品加工项目等。从 6 个乡扶持资金的投向结构来看（见图 5-3），基础设施建设资金投入量在投入资金总量中的比重普遍较大，4 个乡的占比都在 75% 以上，最少的河西乡的占比也达到了 52%。社会事业建设项目投入上德宏州的 3 个乡都达到 10% 以上，怒江州的 3 个乡均在 10% 以下。

产业发展扶持项目投入上河西乡的占比最大，达到 40%，其他有三个乡达到 10% 以上，两个乡都在 10% 以下。

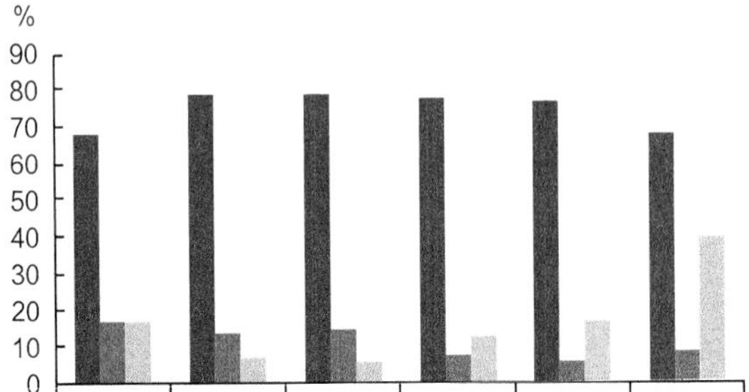

	户撒乡	三台山乡	西山乡	独龙江乡	匹河乡	河西乡
基础设施建设资金占比	68	79	79	78	77	52
社会事业扶持资金占比	17	14	15	8	6	8
产业发展扶持资金占比	15	7	6	13	17	40

图 5-3　6 个乡扶持资金投向结构对比

资料来源：根据德宏州、怒江州民族宗教事务局 2005—2014 年《扶持人口较少民族发展项目统计汇总表》计算所得。

第三，基础设施建设项目扶持资金投向对比分析。从 6 个乡的基础设施资金投向结构来看（见图 5-4），基础设施建设项目资金主要投到了交通建设、人畜饮水、能源及生态、农田水利与安居房项目上。总体来看，投入最多的项目是交通建设项目与安居房项目。交通建设项目资金投入占比超过 50% 的 4 个乡依次是西山乡、河西乡、户撒乡、三台山乡，西山乡的交通建设资金占比最大，达到 98%。交通建设投入最少的 2 个乡是独龙江乡与匹河乡，匹河乡交通建设项目资金投入只占基础设施建设资金的 12%，其次是独龙江乡，其交通建设项目资金投入占基础设施建设资金的 30%。相对而言，这两个乡在安居房上的扶持资金占基础设施建设资金的比例是最高的，独龙江乡安居房建设资金的占比为 48%，匹河乡安居房建设资金的占比为 42%。

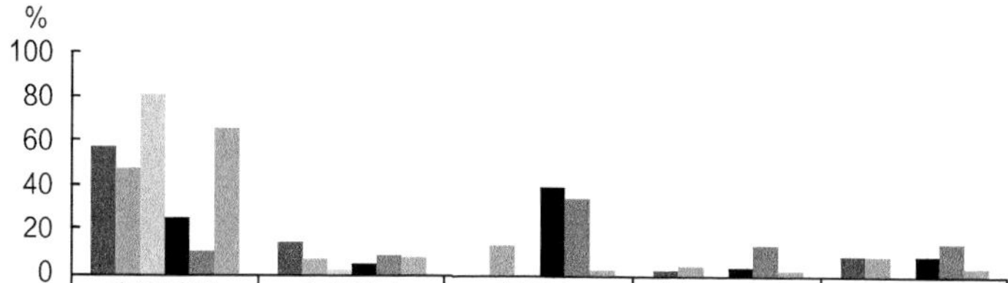

	交通建设	人畜饮水	安居房	能源及生态	农田水利
户撒乡	68	18	0	3	11
三台山乡	57	9	17	6	11
西山乡	96	3	1	0	0
独龙江乡	30	6	48	5	11
芒河乡	12	11	42	17	18
河西乡	78	10	4	3	5

图 5–4 6 个乡基础设施建设扶持资金投向结构对比

资料来源：根据德宏州、怒江州民族宗教事务局 2005—2014 年《扶持人口较少民族发展项目统计汇总表》计算所得。

注：以上数据中的交通道路建设资金只计算村内道路建设资金，所以独龙江乡到县城的公路建设资金没有计入。

第四，社会事业建设扶持资金投向对比分析。社会事业建设扶持资金主要投向教育项目、医疗卫生项目、文化体育项目、科技培训项目（见图 5–5），教育项目主要是建设或修缮乡村中小学基础设施，医疗卫生项目主要是修建卫生室、厕所，文化体育项目主要是修建文化活动室、篮球场、文化活动广场，科技培训主要是农村实用技术培训。从社会事业项目各分项目的占比来看，教育项目与文化体育项目的占比普遍较高。教育项目占比最大的依次是户撒乡、独龙江乡、河西乡、西山乡、芒河乡，最小的是三台山乡，仅占社会事业建设项目资金的 4%。文化体育项目上占比最大的是三台山乡与西山乡，最少的河西乡占比也达到 16%。从社会事业建设各分项目的平均占比来看，教育和文化体育所占比重都比较大，最少的是科技培训，平均占比只有7%。

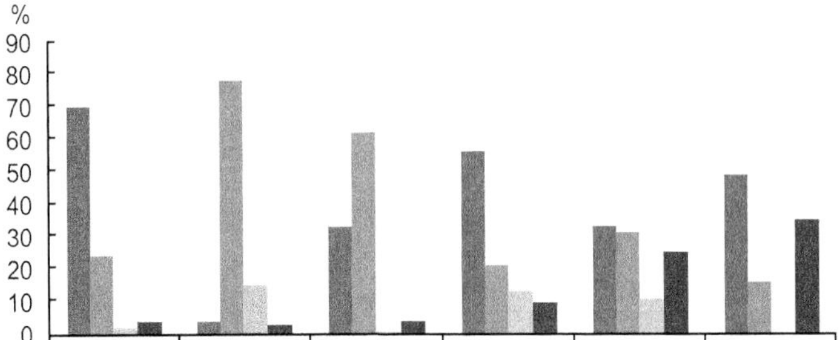

	户撒乡	三台山乡	西山乡	独龙江乡	匹河乡	河西乡
教育	70	4	33	56	33	49
文化体育	24	78	62	21	31	16
科技培训	2	15	1	13	11	0
医疗卫生	4	3	4	10	25	35

图5-5　6个乡社会事业建设扶持资金投向结构对比

资料来源：根据德宏州、怒江州民族宗教事务局2005—2014年《扶持人口较少民族发展项目统计汇总表》计算所得。

第6章

滇西边境人口较少民族扶持政策的效应评价

6.1 构建人口较少民族扶持政策效应的评价指标

国家制定的《扶持人口较少民族发展规划（2005—2010年）》与《扶持人口较少民族发展规划（2011—2015年）》都确定了扶持发展的具体目标，人口较少民族聚居乡的扶持发展都紧紧围绕政策目标来进行，并在扶持项目完成后由所在市、县先组织初验，全面评估目标实现情况。国家民委专门出台《扶持人口较少民族发展规划（2011—2015年）》考核验收办法制定了对人口较少民族扶持的考核验收评价标准，一共有18个指标。本书根据这些指标实现后产生的效应将指标分为两部分：

一是提升效应指标，这一类指标是以实现“三提升”，即基础设施保障水平、民生保障水平、自我发展能力大幅提升为目标的。这类指标能反映人口较少民族聚居地区在基础设施与基本生产生活条件方面的提升水平，具体由“五通十有”中的14项指标构成。这些指标又分为三大部分，即能源基础设施，包括农村电力、水、清洁能源等；交通通信基础设施，包括交通、信息；社会事业基础设施，包括住房、医疗卫生、教育、文化体育。而且，对各项指标设置了要达到的标准值，构成了提升效应评价体系（见表 6-1）。

表 6-1　人口较少民族扶持政策提升效应评价体系

<table>
<tr><th>评价对象</th><th>二级指标</th><th>三级指标</th><th>达标值</th></tr>
<tr><td rowspan="4">能源基础设施</td><td>通电率</td><td>—</td><td>≥ 85%</td></tr>
<tr><td rowspan="2">通沼气清洁能源率</td><td>有沼气户数的比率</td><td rowspan="2">高于当地平均水平</td></tr>
<tr><td>有节能灶户数的比率</td></tr>
<tr><td>有安全饮用水的村比率</td><td>—</td><td>≥ 80%</td></tr>
<tr><td rowspan="5">交通通信基础设施</td><td>通油路率</td><td>—</td><td>≥ 80%</td></tr>
<tr><td>广播电视覆盖率</td><td>—</td><td>≥ 90%</td></tr>
<tr><td rowspan="3">通信息率</td><td>通电话率</td><td>100%</td></tr>
<tr><td>通邮政率</td><td>≥ 95%</td></tr>
<tr><td>通宽带率</td><td>≥ 95%</td></tr>
<tr><td rowspan="9">社会事业基础设施</td><td>有安居房的户数比率</td><td>—</td><td>≥ 85%</td></tr>
<tr><td>有卫生厕所的户数比率</td><td>—</td><td>≥ 85%</td></tr>
<tr><td>有卫生室的村比率</td><td>—</td><td>≥ 95%</td></tr>
<tr><td>有学前教育的村比率</td><td>—</td><td>≥ 85%</td></tr>
<tr><td>有文化室的村比率</td><td>—</td><td>≥ 85%</td></tr>
<tr><td>有农家书屋的村比率</td><td>—</td><td>≥ 85%</td></tr>
<tr><td>有体育健身和民族文化活动场地的村比率</td><td>—</td><td>≥ 85%</td></tr>
<tr><td>有办公场所的村比率</td><td>—</td><td>≥ 85%</td></tr>
<tr><td>有农家超市和便利店的村比率</td><td>—</td><td>≥ 85%</td></tr>
</table>

注：指标详细解释见附录。

二是减贫效应指标，是指能反映人口较少民族聚居地区经济发展状况与贫困人口减少情况的指标。根据扶持政策制定的考核验收标准，本书用两个指标反映扶持政策的减贫效应，其一是减贫率，即贫困人口数减少的比率，达标标准是人口较少民族聚居区贫困人口数量减少一半或以上，即减贫率≥50%；其二是农牧民人均纯收入，达标标准是农牧民人均纯收入要达到当地平均或以上水平，而当地平均水平即 6 个乡所在县的农牧民人均纯收入，即乡农牧民人均纯收入大于等于所在县农牧民人均纯收入。

6.2 滇西边境人口较少民族扶持政策提升效应评价

到 2015 年，6 个乡基本实现了扶持目标，提升效应各项指标绝大部分大于标准值，具体表现在以下几个方面（见表 6–2）：

（1）能源基础设施提升效应明显。

在 2005 年扶持前，6 个乡能源基础设施建设严重滞后。6 个乡虽已通电，但经常停电，用电难保障的情况比较突出，其中匹河乡与独龙江乡又最为严重。扶持前，匹河乡还有大约 1/3 的农户没有照明用电，独龙江乡还有大约 80% 的农户用不上电[①]。水利建设状况也相当落后。德宏州 3 个乡相当多的农户还存在饮水困难的现象，而怒江州的 3 个乡普遍比德宏州 3 个乡的情况要差。

扶持后到 2015 年，从表 6–2 可以看出，6 个乡的能源基础设施得到大幅提升。6 个乡通电率都达到 100%。安全饮水的村比率有 4 个乡达到 100%；户撒乡达到 90%，比扶持前 40% 的比率提高了 50%；只有三台山乡的比率只达到 50%，没有达到标准值 80%，因为三台山乡有些村是景颇族聚居的村社，这些村社是从“十二五”时期才开始扶持的，所以，建设情况要滞后一些。在农村清洁能源方面，因为还无法获得当地的平均水

① 《中国人口较少民族发展研究丛书》编委会 . 中国人口较少民族经济和社会发展调查报告［M］. 北京：民族出版社，2007：3.

平数据，所以，无法确定达标情况，但从扶持前后对比来看，户撒乡、三台山乡、西山乡通沼气的户数比率分别达到100%、75%、50%。因扶持前这些乡都没有一村一户通沼气，所以比扶持前分别提高了100%、75%、50%。与之相比，怒江州的3个乡都还没有通沼气。总体来看，6个乡在能源基础设施建设上基本都达到了扶持目标，与扶持前相比，这些乡在生产生活用电用水方面得到较大改善，提升效应明显。

（2）交通通信基础设施提升效应最为明显。

在2005年扶持前，由于6个乡都处于边境山区，交通通信基础设施建设都相当差。从交通状况来看，在6个乡中只有户撒乡处于半山区，其他5个均处于山区，交通条件基本都比较差。德宏州的户撒乡、三台山乡、西山乡在扶持前虽已实现了村村通，但乡村之间的道路都是沙石路或土路，路基较软，路面窄而且坑坑洼洼，崎岖难行。怒江州地处滇西北横断山脉纵谷地带，怒江州的独龙江乡、匹河乡、河西乡都处于怒江大峡谷的高山峡谷地带，交通基础设施建设相比德宏州的3个乡更加滞后。扶持前，匹河乡9个行政村中还有1个行政村不通路，村社之间基本没有通路，行政村虽通了路，但都是毛路，等级较低，每年雨季泥石流、塌方等自然灾害使脆弱的交通雪上加霜。河西乡还有30%的行政村不通公路，已修公路的也全是毛路，通行能力弱。交通基础设施最差的是独龙江乡。在扶持前，独龙江乡只有唯一一条公路通往内地，公路等级较低，每年还有4～5个月的大雪封路。村内仍有5个行政村不通公路，全乡只有1条纵贯独龙江南北的人马驿道、3座人马便桥以及连接村寨的羊肠小道。从通信基础设施来看，除户撒乡以外，其他5个乡通电话的比率相当低。据统计，户撒乡通电话比率最高，能达到90%以上[①]。最差的是独龙江乡，全乡基本上

① 德宏州民族宗教事务局.跨越之路——德宏州“十一五”扶持人口较少民族发展实践与探索［Z］.内部刊物.

不通电话，连邮政都无法保证定期开班。

扶持后至 2015 年，从表 6–2 可以看出，整体上 6 个乡交通通信基础设施提升幅度较大。村内交通上，户撒乡、西山乡与独龙江乡目前实现 100% 通油路。因为三台山乡还有一个自然村需修路 5 千米，所以三台山乡通油路率为 97%。匹河乡也有一个自然村需修路 2 千米，所以，匹河乡通油路率为 89%，2 个乡都达到大于 80% 的标准。其中只有河西乡通油路的比率为 74%，没有达到扶持标准。因为河西乡 5 个被扶持的村都还有需要修建的公路，共 53 千米。“十二五”人口较少民族扶持政策的验收标准中将通油路界定为通沥青（水泥）路，比“十一五”时期村村通的标准提高了。“十一五”时期河西乡已基本实现了村村通弹石路，到“十二五”时期，因通路标准提高，河西乡在 2010 年还需修建油路公里数为 75 千米，到 2014 年已修建 22 千米。6 个乡不仅实现村村通，而且乡村向外的通达性也得到大幅提升。如户撒乡，国道“瑞腾”公路穿过户撒乡进入盈江县，使户撒乡到陇川县城通达性大幅改善。三台山乡与西山乡都紧邻 320 国道，三台山乡、西山乡与芒市距离分别为 22 千米、60 千米，通达性非常好。相比之下，怒江州三个乡对外的通达性要差一些。这是整个州都存在的瓶颈问题，但与扶持前相比已有大幅提升。如独龙江乡，自从独龙江乡到贡山县城的隧道正式通车后，独龙江乡到贡山县的路程缩短了 16 千米，时间也由过去的 4 ～ 5 小时缩短为 2 个多小时。更重要的是，这条风雪无阻的道路使独龙江乡告别了过去大雪封山、与世隔绝的时代，大大提升了独龙江乡的通达性。6 个乡自然村广播电视覆盖率达到 100%，与扶持前 6 个乡自然村不通广播电视的情况相比提升明显。信息基础设施上，除河西乡的通宽带率只达到 20% 外，其他 5 个乡 100% 已通电话、通宽带、通邮政。比扶持前 6 个乡普遍还没有通宽带，邮政也只能通到行政村的状况相比，通信基础设施提升明显。

（3）社会事业基础设施得到大幅提升。

在2005年扶持前，6个乡社会事业基础设施建设十分滞后，首先突出表现在居住条件上。6个乡大多数农户住房为茅草房、板板房、杈杈房与危房，还有很多村民因泥石流、塌方等自然灾害需要搬迁。6个乡教育基础设施简陋破旧，如匹河乡校舍多为土木房，返危的情况严重，同时由于校舍普遍不足，合班上课的情况仍然存在；文体设施非常少；教学质量无法保证，入学率难以巩固，升学率低，失学率高；乡一级有卫生院，但设备简陋陈旧，器具药品短缺，有些乡有村卫生室，但村卫生室经常缺医少药，事实上由于缺少投入而形同虚设。

扶持后至2015年，6个乡在社会事业基础设施上有了大幅提升。从表6-2可以看出，第一，6个乡有安居房的户数比率都达到标准值以上水平，其中最高的是独龙江乡，达到了100%有安居房，最低的是匹河乡，其安居房比率为93%。由此可以看出，住房困难的农户比率明显减少，其中，独龙江乡减少比率最高，达到100%。第二，6个乡有卫生厕所的农户比率、有卫生室的村比率、有文化室的村比率、有体育健身和民族文化活动场地的村比率、有办公场所的村比率都达到了100%。有农家书屋的村比率只有户撒乡是80%，其他乡都达到了100%。有农家超市和便利店的村比率除户撒乡只达到90%外，其他5个乡都达到100%。达标情况最差的是有学前教育的村比率，德宏州的户撒乡、三台山乡、西山乡3个乡都达到了100%，但怒江州的河西乡、独龙江乡、匹河乡3个乡分别只达到80%、10%、10%。可见，独龙江乡与匹河乡的学前教育达标情况最差。

目前，6个乡基本实现了全乡一户一厕，都有达标的卫生室与文化活动室，同时配备了合格的村医，户撒乡还成立了10支农村业余文艺表演队，大大丰富了乡村文化生活。截至2014年末，独龙江乡建设完成并入住永久性框架结构安居房共1068户，其中：建筑面积达到80平方米以上的旅游型安居户共 323 户，独龙族人均住房面积由 2009 年的 6 平方米增加到 20 平方米以上[①]。6 个乡在卫生、医疗、教育、文体等方面的基础设施都得到了大幅提升。

表 6-2　6 个乡人口较少民族扶持政策提升效应评价情况　　%

考核指标			达标值	户撒乡	三台山乡	西山乡	独龙江乡	匹河乡	河西乡
能源基础设施	通电率		≥ 85	100	100	100	100	100	100
	通沼气清洁能源率	有沼气户数的比率	高于当地平均水平	100	75	50	0	0	0
		有节能灶户数的比率		0	75	0	0	0	0
	有安全饮用水的村比率		≥ 80	90	50	100	100	100	100
交通通信基础设施	通油路率		≥ 80	100	97	100	100	89	74
	广播电视覆盖率		≥ 90	100	100	100	100	100	100
	通信息率	通电话率	100	100	100	100	100	100	100
		通邮政率	≥ 95	100	100	100	100	100	100
		通宽带率	≥ 95	100	100	100	100	100	20
社会事业基础设施	有安居房的户数比率		≥ 85	98	95	98	100	93	98
	有卫生厕所的户数比率		≥ 85	100	100	100	100	100	100
	有卫生室的村比率		≥ 95	100	100	100	100	100	100
	有学前教育的村比率		≥ 85	100	100	100	10	10	80
	有文化室的村比率		≥ 85	100	100	100	100	100	100
	有农家书屋的村比率		≥ 85	80	100	100	100	100	100
	有体育健身和民族文化活动场地的村比率		≥ 85	100	100	100	100	100	100
	有办公场所的村比率		≥ 85	100	100	100	100	100	100

① 贡山县独龙江帮扶领导小组办公室 . 2010—2014 年度云南省怒江州贡山县独龙江乡整乡推进独龙族整族帮扶工作总结［Z］.

续表

考核指标		达标值	户撒乡	三台山乡	西山乡	独龙江乡	匹河乡	河西乡
社会事业基础设施	有农家超市和便利店的村比率	≥ 85	90	100	100	100	100	100

资料来源：根据云南省民族事务委员会《395 个人口较少民族聚居建制村“五通十有”情况表（2015 年）》与 2015 年云南省扶少自然村历史数据报表计算所得。

表 6-3　6 个乡住房困难情况统计

项目	户撒乡	三台山乡	西山乡	独龙江乡	匹河乡	河西乡
2010 年 / 户	1100	371	296	942	1678	206
2015 年 / 户	78	79	62	0	189	28
减少比率 / %	93	79	79	100	89	86

资料来源：根据云南省民族事务委员会《395 个人口较少民族聚居建制村“五通十有”情况表（2010 年、2015 年）》计算所得。

6.3　滇西边境人口较少民族扶持政策减贫效应评价

6 个乡扶持前都属于贫困的山区农村，实施扶持政策的一大目标就是减少人口较少民族聚居的贫困人口数，最终实现减贫致富。首先分析减贫率的达标情况，基于对减贫效应指标的分析，根据数据的可获得性、统计口径的一致性原则，本研究比较“十二五”时期 2010 年与 2015 年 6 个乡的减贫率，从表 6-4、图 6-1 可以看出，三台山乡减贫率最高，为 89.58%，2015 年贫困人口数比 2010 年减少了 3509 人，而独龙江乡减贫率最低，为 9.46%，2015 年贫困人口数比 2010 年减少了 382 人。按照扶持政策的达标标准即减贫率≥ 50% 来看，6 个乡中有 3 个乡即德宏州的户撒乡、三台山乡与西山乡的减贫率达标，怒江州 3 个乡即独龙江乡、三台山乡与河西乡均不达标。

表6-4　6个乡减贫率统计

州	乡	贫困人口数 / 人		减贫率 / %
		2010年	2015年	
德宏州	户撒乡	6412	1800	71.93
	三台山乡	3917	408	89.58
	西山乡	2325	756	67.48
怒江州	独龙江乡	4037	3655	9.46
	匹河乡	3579	2377	33.58
	河西乡	2920	1538	47.33

资料来源：根据云南省民族事务委员会《395个人口较少民族聚居建制村“五通十有”情况表（2011年、2015年）》计算所得。

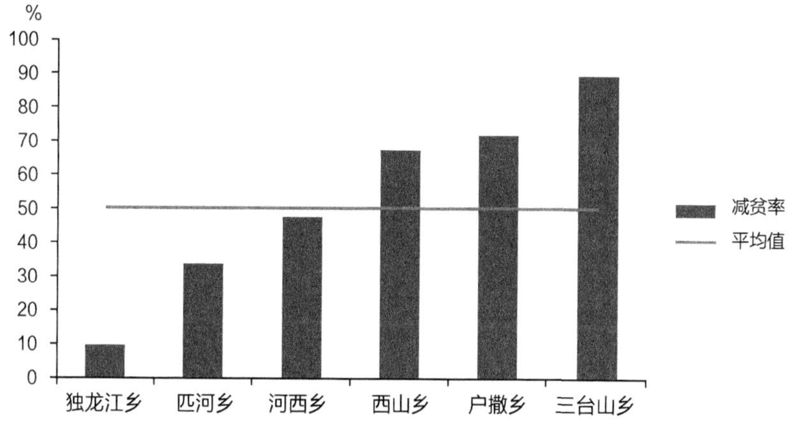

图6-1　6个乡减贫率对比

资料来源：根据云南省民族事务委员会《395个人口较少民族聚居建制村“五通十有”情况表（2011年、2015年）》计算所得。

其次，从农牧民人均纯收入达标情况来看，如图6-2所示，2014年6个乡与所在县市的农民人均纯收入相比，没有一个乡超过所在县市的平均水平。户撒乡农牧民人均纯收入比陇川县农牧民人均纯收入低857元，三台山乡农牧民人均纯收入比芒市农牧民人均纯收入低3137元，西山乡农牧民人均纯收入比芒市农牧民人均纯收入低 1638 元，独龙江乡农牧民人均纯收入比贡山县农牧民人均纯收入低 1431 元，匹河乡农牧民人均纯收入比福贡县农牧民人均纯收入低 251 元，河西乡农牧民人均纯收入比兰坪县农牧民人均纯收入低 237 元。6 个乡农牧民人均纯收入都没有达到扶持政策的验收标准。从横向比较来看，德宏州的户撒乡、三台山乡、西山乡的农牧民人均纯收入与所在县市的相比差距较大，而怒江州的独龙江乡、匹河乡、河西乡的农牧民人均纯收入与所在县的相比差距较小。

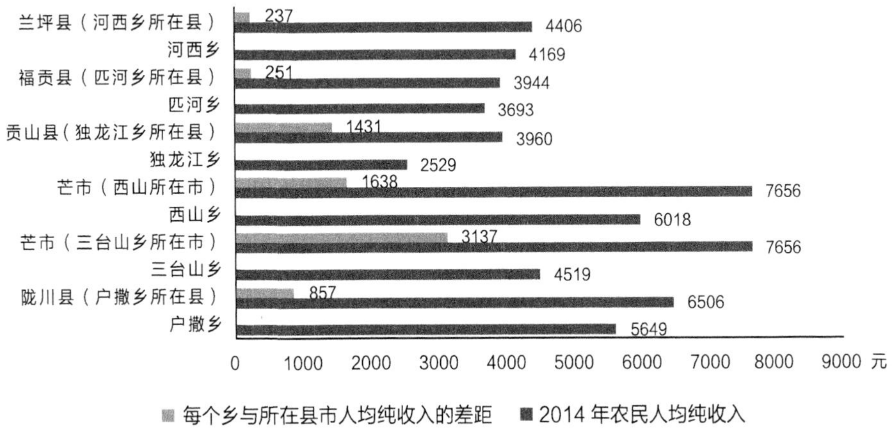

图 6-2　2014 年 6 个乡与所在县市的农民人均纯收入对比

资料来源：2015 年《德宏年鉴》、2015 年《福贡年鉴》、2015 年《贡山年鉴》、2015 年《兰坪年鉴》、2015 年《云南统计年鉴》。

6.4　小结：提升效应明显，减贫效应不佳且有差异

从 2005 年国家启动对人口较少民族聚居地区的扶持以来，云南省西部边境的 6 个人口较少民族聚居乡在能源基础设施、交通通信基础设施、

社会事业基础设施方面都获得了较大的提升，从表 6–5 可以看出，6 个乡的提升效应指标达标比率较高，最高的是西山乡，最低的是河西乡，达标的平均值为 93%。

表 6–5　6 个乡提升指标达标比率统计　%

地区	户撒乡	三台山乡	西山乡	独龙江乡	匹河乡	河西乡
达标比率	94	94	100	94	94	81

注：提升指标中因清洁能源无法评估，将其剔除，提升指标项共有 16 项，达标比率 = 达标项数 / 指标总项数 × 100%。

与之相对应的扶持政策的减贫效应十分不容乐观。首先，从第一个指标减贫率来看，6 个乡中有 3 个乡不达标，有 3 个乡达标，达标率只有 50%。其中，独龙江乡的减贫率最低，只有 9.46%，比标准值 50% 低 40.54%，差距非常大。

再把 6 个乡的贫困发生率与民族八省区、全国的贫困发生率进行对比，从图 6–3、表 6–6 可以看出，2011—2015 年 6 个乡中有 3 个乡即独龙江乡、匹河乡与河西乡的贫困发生率一直比民族八省区、全国都要高。6 个乡与八省区贫困发生率相比，差距最大的是独龙江乡，2015 年独龙江乡贫困发生率比八省区高出 87.4%，户撒乡、三台山乡与西山乡贫困发生率比民族八省区分别低 4.5%、6.4%、5.6%。另外，比较 2011 年与 2015 年 6 个乡与八省区的贫困发生率，发现有 3 个乡的贫困发生率低于八省区，有 2 个乡的差距扩大，1 个乡的差距缩小。6 个乡与全国贫困发生率相比，其中差距最大的还是独龙江乡，截至 2015 年独龙江乡贫困发生率比全国高出 93.8%，只有三台山乡贫困发生率与全国持平。比较 2011 年与 2015 年 6 个乡与全国的贫困发生率，除 1 个乡的贫困发生率与全国持平外，有 2 个乡的差距扩大，3 个乡的差距缩小。

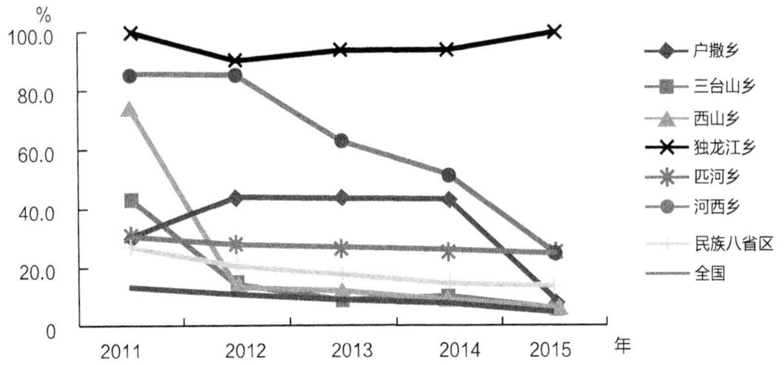

图 6-3　2010—2015 年 6 个乡与民族八省区、全国贫困发生率对比

资料来源：根据云南省民族事务委员会《395 个人口较少民族聚居建制村“五通十有”情况表（2011 年、2012 年、2013 年、2014 年、2015 年）》计算所得，八省区数据与全国数据来源于国家民族事务委员会网站历年数据。

表 6-6　2010—2015 年 6 个乡与民族八省区、全国贫困发生率的对比　%

指标		2010 年	2015 年	两年的对比
户撒乡贫困发生率	与八省区对比	高 2.5	低 4.5	降低
	与全国对比	高 16.3	高 1.9	差距缩小
三台山乡贫困发生率	与八省区对比	高 16.4	低 6.4	降低
	与全国对比	高 30.2	相同	降低
西山乡贫困发生率	与八省区对比	高 47.6	低 5.6	降低
	与全国对比	高 61.4	高 0.8	差距缩小
独龙江乡贫困发生率	与八省区对比	高 73	高 87.4	差距扩大
	与全国对比	高 86.8	高 93.8	差距扩大
匹河乡贫困发生率	与八省区对比	高 4.1	高 13	差距扩大
	与全国对比	高 17.9	高 19.4	差距扩大
河西乡贫困发生率	与八省区对比	高 58.7	高 12.2	差距缩小
	与全国对比	高 72.5	高 18.6	差距缩小

资料来源：根据云南省民族事务委员会《395 个人口较少民族聚居建制村“五通十有”情况表（2011 年、2012 年、2013 年、2014 年、2015 年）》计算所得，八省区数据与全国数据来源于国家民族事务委员会网站历年数据。

其次，从农民人均纯收入来看，上一节只是比较了 6 个乡与所在县市的农民人均纯收入情况，6 个乡的农民人均纯收入都比所在县市的低，都没有达到政策标准，差距最大的是三台山乡，其与所在市芒市的农民人均纯收入相比低 3137 元，差距最小的是河西乡，其农民人均纯收入比所在县兰坪县低 237 元。从平均差距来看，6 个乡与所在县市的平均差距为 1258.5 元。下面将 2014 年 6 个乡与所在州、所在省、全国的农民人均纯收入进行比较（见图 6–4），户撒乡、三台山乡、西山乡与所在州德宏州的农民人均纯收入相比，其平均差距为 1756.7 元，与云南省的农民人均纯收入相比，其平均差距为 2060.3 元，与全国的农民人均纯收入相比，其平均差距为 4496.7 元。独龙江乡、匹河乡、河西乡与所在州怒江州的农民人均纯收入相比，平均差距为 833.3 元，与云南省的农民人均纯收入相比，平均差距为 3992.3 元，与全国的农民人均纯收入相比，平均差距为 6428.3 元。其中，独龙江乡与云南省、全国的农民人均纯收入的差距最大，其农民人均纯收入分别只是云南省、全国的 33.9%、25.6%。

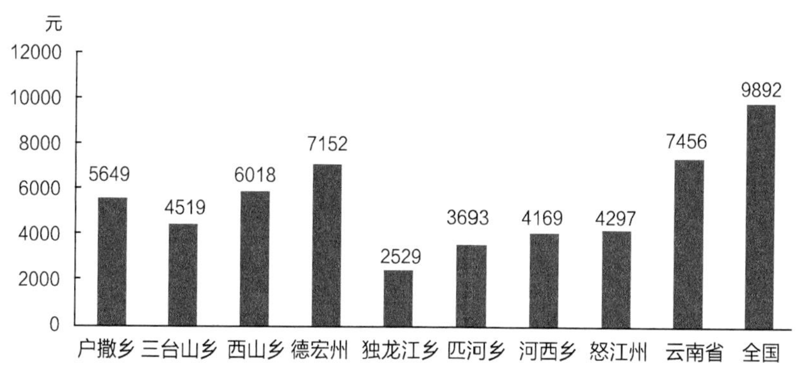

图 6–4　2014 年 6 个乡与所在州、云南省、全国的农民人均纯收入对比

资料来源：2015 年《德宏年鉴》、2015 年《福贡年鉴》、2015 年《贡山年鉴》、2015 年《兰坪年鉴》、2015 年《云南统计年鉴》、2015 年《中国统计年鉴》。

用 6 个乡的人均纯收入与减贫率指标构建矩阵图可以清晰地将 6 个乡减贫效应进行分类，如图 6–5 所示，第一类，减贫率与农民人均纯收入都高的有 3 个乡，即户撒乡、西山乡与三台山乡，这 3 个乡都属于德宏州；第二类，减贫率与农民人均纯收入都低的也有 3 个乡，即匹河乡、河西乡与独龙江乡，这 3 个乡都属于怒江州。

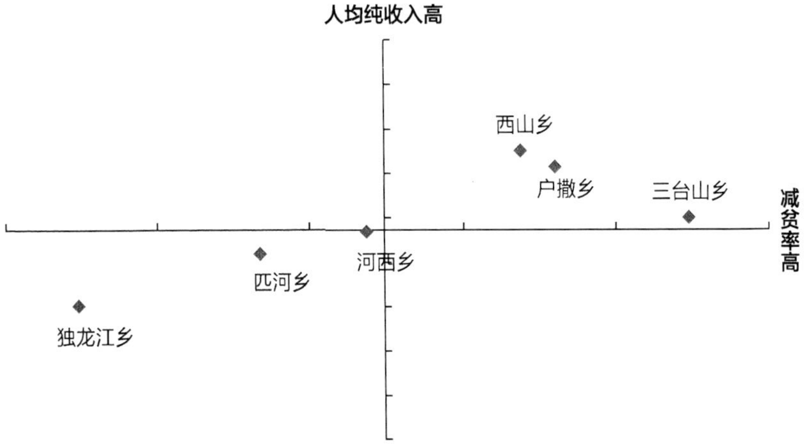

图 6–5　6 个乡扶持政策减贫效应矩阵分析

从以上分析可以得出，滇西边境 6 个人口较少民族乡经过政策扶持后提升效应明显，但是从农民人均纯收入来看，两个州 6 个乡的农民人均纯收入与所在县、州、省和全国相比都比较低，差距都相当大，减贫效应都不佳，而且出现区域性差异的特征，即德宏州 3 个乡普遍好于怒江州 3 个乡。为何减贫效应都不好？为何同样的政策与同样的实施机制会出现这样的差异？本研究将运用相关理论对减贫效应不佳与区域性差异的原因进行深层剖析。

第 7 章

滇西边境人口较少民族扶持政策减贫效应差异化的原因分析

研究经济发展政策对减贫的影响是近年来经济政策研究的核心领域。新结构经济学认为，收入的增长来源于劳动生产率的提高，而劳动生产率提高的一个重要原因是产业结构的升级。产业结构能够升级是因为该地区按照比较优势选择产业并发展该产业，而比较优势又是由该地区的要素禀赋及其结构与基础设置决定的。按此理论，扶持政策的产业发展项目应该符合由要素禀赋及其结构与基础设置决定的比较优势，才能实现产业结构升级，进而促进收入持续增长，最终实现减贫目标。

所以，对人口较少民族扶持发展政策的减贫效应进行分析，就需要考察政策实施后地区要素禀赋及其结构变化情况，该地区的产业结构调整与要素禀赋决定的比较优势是否匹配？农民收入增长的结构与根源是什么？产业结构是否实现多样化与升级？本章即围绕这些问题从政策实施后滇西边境 6 个乡要素禀赋及其结构的变化、比较优势的变化与产业结构的变化情况来分析。

7.1 要素禀赋及其结构变化的对比分析

新结构经济学分析经济发展的起点是要素禀赋，而“要素禀赋是决定地区农业经济收入的基础因素”①。6个乡都是典型的山区农业乡。从农业生产的角度来看，农村的要素禀赋主要包括土地资源、劳动力与人力资本、物质资本。

7.1.1 土地资源分析

第一，土地资源的数量比较。

6个乡中除户撒乡属于半山区、盆地地形外，其他5个乡都属于山区。因为这6个乡都属于典型的农业乡，所以，本书将扶持前与扶持后6个乡的农、林、牧三大土地资源情况进行对比②（如表7-1、表7-2所示），德宏州的3个乡以耕地、园地、林地为主要资源，怒江州的3个乡以耕地、林地和草地为主要资源。

从6个乡的耕地资源来看，扶持前与扶持后相比，德宏州3个乡的耕地面积都有所增加，其中增幅最大的是西山乡，怒江州3个乡中匹河乡耕地面积没有变化，独龙江乡与河西乡的耕地面积不增反减，减少最多的是独龙江乡，减少比率达到17.3%。

从林地面积来看，扶持前后6个乡中三台山乡与西山乡林地面积有所增加，而户撒乡与匹河乡林地面积在减少，独龙江乡没有变化，河西乡变化不大，增加最多的是三台山乡，减少最多的是匹河乡。对2014年6个乡的林地面积进行从大到小排序依次为河西乡、独龙江乡、户撒乡、匹河

① 辛翔飞．刘晓昀．要素禀赋及农业劳动生产率的地区差异［J］．世界经济文海，2007（5）：1-18.

② 出于对数据的全面性、统一性、可比较性的考虑，6个乡扶持前选择2008年的数据。

乡、三台山乡、西山乡，普遍来看怒江州的 3 个乡河西乡、独龙江乡与匹河乡的林地面积较大，而德宏州只有户撒乡林地面积较大，其他两个乡在 6 个乡中林地面积较小。

从园地面积来看，德宏州的三台山乡与西山乡园地面积在扶持前后的增长幅度都比较大。从草地面积来看，怒江州独龙江乡草地面积没有变化，匹河乡草地面积有所增加，但幅度不大，河西乡的草地面积却减少了 4.6%。

表 7-1　扶持前后德宏州 3 个乡土地资源结构对比

土地资源	户撒乡			三台山乡			西山乡		
	2008 年 / 亩	2014 年 / 亩	增幅 / %	2008 年 / 亩	2014 年 / 亩	增幅 / %	2008 年 / 亩	2014 年 / 亩	增幅 / %
耕地面积	67771	71534	27.3	37173	39608	6.6	42189	60780	44.1
园地面积	—	—	—	9961	37540	276.9	5313	12669	138.5
林地面积	242269	168488	-30.5	3984	33046	729.5	10185	31155	205.9

资料来源：根据各乡农村经济年报、《德宏年鉴》计算所得。
注：“—”表示“无”或者没有统计。

表 7-2　扶持前后怒江州 3 个乡土地资源结构对比

土地资源	独龙江乡			匹河乡			河西乡		
	2008 年 / 亩	2014 年 / 亩	增减 /%	2008 年 / 亩	2014 年 / 亩	增减 /%	2008 年 / 亩	2014 年 / 亩	增减 /%
耕地面积	3051	2523	-17.3	12912	12915	0	42071	37829.9	-10.1
林地面积	327096	327096	0	488833	168263	-65.6	525749	525753	0
草地面积	368100	368100	0	12976	154650	10.9	80112	76424	-4.6

资料来源：根据各乡农村经济年报，贡山县、福贡县、兰坪县年鉴计算所得，独龙江乡数据由贡山县政府提供。
注：“—”表示“无”或者没有统计。

一般情况下，垦殖系数可以用来分析土地资源开发利用情况，本书用6个乡的农用土地面积与其总面积的比例来计算垦殖系数，从表7–3中可以看出，6个乡中垦殖系数最小的是独龙江乡，说明独龙江乡土地开发利用率较低。对比扶持前后的垦殖系数来看，只有2个乡三台山乡与西山乡的垦殖系数比扶持前有所增加，其他4个乡都是减少。增加最多的是三台山乡，减少最多的是匹河乡。

表7–3 扶持前后6个乡垦殖系数对比 %

地区	扶持前垦殖系数	扶持后垦殖系数	增减
独龙江乡	0.10	0.08	–0.02
河西乡	75.78	74.43	–1.35
户撒乡	84.62	63.52	–21.1
匹河乡	89.05	58.65	–30.4
西山乡	18.32	27.21	8.89
三台山乡	21.57	46.50	24.93

资料来源：根据各乡农村经济年报，贡山县、福贡县、兰坪县年鉴计算所得。

第二，耕地资源的质量比较。

怒江州地处滇西北横断山脉纵谷地带，98%以上的面积都是高山峡谷，58.3%的区域属于自然保护范围，耕地中坡度在25°以上的占76.6%。德宏州地处云南省西部，高黎贡山南麓，属滇西峡谷区，由坝区与山区组成，陡坡耕地面积相比怒江州较少，只占总耕地面积的1.7%。

表7–4给出了6个乡2010年的耕地资源情况，从人均耕地面积来看，德宏州3个乡人均耕地面积较大，而怒江州3个乡人均耕地面积较小。从水田与旱地的比例来看，户撒乡水田占比最大，其次是河西乡，水田占比最小的是三台山乡。因为6个乡基本上都是山区乡，所以，水田占比达到50%的乡只有户撒乡，其余5个乡都较低，且占比只有10%～20%的有3个乡。相对而言，旱地占比较大。从25°以上陡坡耕地面积的比例来看，德宏州3个乡的比例较小，怒江州3个乡的比例较大。

综合来看耕地质量，户撒乡耕地质量最好，水田面积大，没有25°以上的陡坡耕地面积，人均耕地面积较大，单位面积粮食产量最高。其他5个乡中三台山乡、西山乡虽然人均耕地面积较大，25°以上陡坡耕地面积较小，但是以旱地为主，水田比例较小。怒江州的独龙江乡、匹河乡、河西乡的耕地质量普遍较差，不仅人均耕地面积小，而且旱地比例较大，25°以上陡坡耕地面积的比例也较大，这导致土地贫瘠，从而使用现代技术困难，使单位面积粮食产量普遍偏低。

表7–4 6个乡2010年耕地资源情况

地区	水田占总耕地面积的比例/%	旱地占总耕地面积的比例/%	25°以上陡坡耕地面积的比例/%	人均耕地面积/亩	单位面积粮食产量（公斤/亩）
户撒乡	66	34	0	3.34	291
三台山乡	10	90	12	5.76	219
西山乡	21	79	8	4.14	194
独龙江乡	12	88	52	0.71	107
匹河乡	13	87	86	1.12	149
河西乡	32	68	42	2.8	122

资料来源：根据各乡农村经济年报，贡山县、福贡县、兰坪县年鉴计算所得。

7.1.2 劳动力与人力资本分析

农村劳动力与人力资本是要素禀赋中的重要内容之一，劳动力资源的数量与人力资本的质量是促进经济增长的重要因素。

7.1.2.1 劳动力资源

表7–5给出了6个乡扶持前后的劳动力资源变化情况，从人口总数来看，6个乡人口总数在增加，但是乡村从业人员的占比有2个乡——户撒乡与河西乡却在减少。这6个乡还有一个共同特点是乡村从业人员绝大多数集中在第一产业，扶持前第一产业从业人员占比的平均值达到85%，特别是独龙江乡第一产业从业人员占比最高，达90.9%。扶持后6个乡第一

产业从业人员占比的平均值为78.7%，比扶持前降低了6.3%。6个乡中有5个乡第一产业从业人员占比扶持后都比扶持前有所减少，只有户撒乡第一产业从业人员占比扶持后比扶持前增加了8%。另外一个特征是6个乡外出劳动从业人员占比扶持后比扶持前都有所增加。

表7–5　6个乡扶持前后劳动力资源情况

地区		总人口/人		乡村从业人员占比/%		第一产业从业人员占比/%		第二产业从业人员占比/%		第三产业从业人员占比/%		外出劳动从业人员占比/%	
		扶持前	扶持后	扶持前	扶持后	扶持前	扶持后	扶持前	扶持后	扶持前	扶持后	扶持前	扶持后
德宏州人口较少民族乡	户撒乡	22835	24515	71.4	63.9	69	77	12.1	6.8	12.4	3.5	6.5	12.7
	西山乡	11541	12203	67	79.6	88	70.2	0.4	1.5	6.9	16.3	4.7	12
	三台山乡	6517	7193	68.9	79.6	86	77.8	3.1	2.2	3.1	4	7.8	16

地区		总人口/人		乡村从业人员占比/%		第一产业从业人员占比/%		第二、第三产业从业人员占比/%		外出劳动从业人员占比/%	
		扶持前	扶持后	扶持前	扶持后	扶持前	扶持后	扶持前	扶持后	扶持前	扶持后
怒江州人口较少民族乡	独龙江乡	3936	4056	55.8	58.1	90.9	87.5	9.1	9.6	0	2.9
	匹河乡	10128	10595	57.8	61.4	86	84.6	5.6	3.9	8.4	11.5
	河西乡	16415	17224	64.5	63.9	89.6	75.2	4.4	6.9	6	17.9

资料来源：6个乡农村经济年报。

注：为了保证数据的一致性，扶持前采用2008年数据，扶持后采用2014年数据。

7.1.2.2　人力资本

一个地区劳动人口通过教育、培训、实践经验积累等方面获得的知识和能力称为人力资本，相当于劳动者的素质。因为这6个民族都是云南特有民族，人口绝大多数集中在本研究区域，所以，本研究根据全国第五次人口普查与第六次人口普查数据，对比 6 个人口较少民族的受教育状况，如表 7–6 所示。

表 7–6 扶持前后 6 个人口较少民族的受教育状况对比

民族	年份	6 岁及以上人口 / 人	6 岁及以上未受教育人口占比 / %	受教育人口占 6 岁及以上人口比重 / %	小学人口占比 / %	初中人口占比 / %	高中与中专人口占比 / %	大专与大学本科及以上人口占比 /%
阿昌族	2000	29874	16.82	83.18	56	20.69	5.36	1.1
	2010	34844	8.08	91.92	50	30.2	6.8	4.9
德昂族	2000	16067	27.34	72.66	57.8	11.86	2.56	0.47
	2010	18251	19.35	80.65	56.9	17.9	3.7	2.1
景颇族	2000	118063	17.26	82.74	56.7	20.11	5.13	0.8
	2010	132808	9.44	90.56	54.59	26.34	5.92	3.72
独龙族	2000	6721	26.47	73.53	43.8	19.31	8.03	2.35
	2010	6220	16.54	83.46	42.2	27	7.9	6.3
怒族	2000	25842	36.19	63.81	41	15.09	6.39	1.2
	2010	34002	15.11	84.89	46.9	24.3	7.6	6.1
普米族	2000	30218	28.63	71.37	45.6	18.11	5.84	1.82
	2010	39094	14.65	85.35	39.6	27.9	9.9	7.9

资料来源：根据 2000 年与 2010 年全国第五次与第六次人口普查数据计算所得。

根据前后的对比发现，6 个人口较少民族受教育状况变化：第一，6 个人口较少民族 6 岁及以上未受教育的人口比重都有所减少（如图 7–1 所示）。第二，6 个人口较少民族 6 岁及以上受教育的人口比重都有所增加（如图 7–2 所示）。

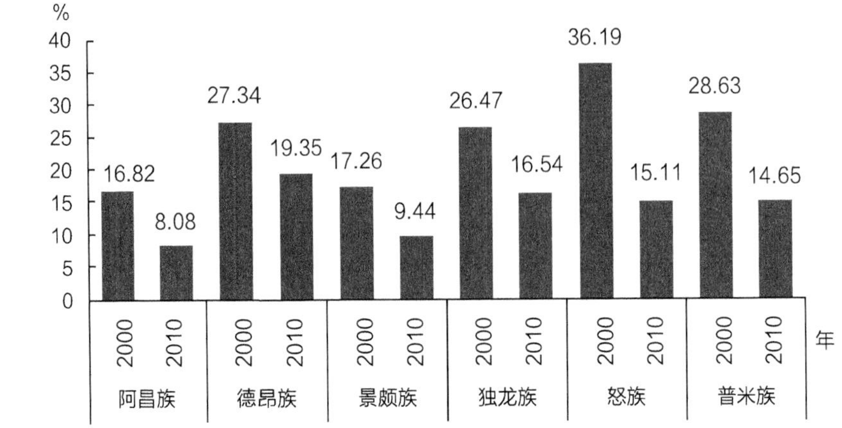

图 7-1　6 个人口较少民族未受教育人口占比对比

资料来源：同表 7-6。

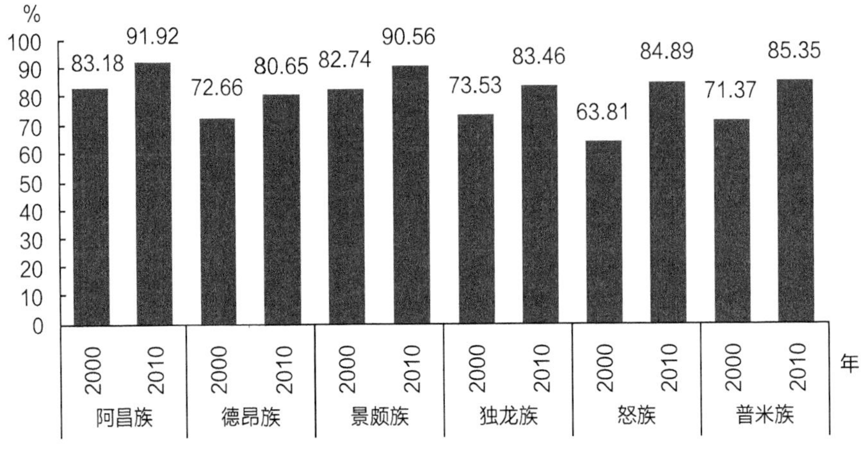

图 7-2　6 个人口较少民族受教育人口占比对比

资料来源：同表 7-6。

第三，从高中以上人口占比来看，6 个人口较少民族的文化素质普遍不高。

第四，6 个人口较少民族平均受教育年限经过 10 年都有所增长，而且都超过了全国平均水平与少数民族的平均水平，增长幅度最大的是怒族，最小的是景颇族（见表 7–7）。但是单独从平均受教育年限的指标来看，2000 年与 2010 年 6 个人口较少民族的平均受教育年限都低于全国平均水平，也低于少数民族的水平。可见，这 6 个人口较少民族平均受教育水平较低，人力资本质量偏低。

表 7–7　6 个人口较少民族平均受教育年限对比

民族	2000 年受教育年限 / 年	2010 年受教育年限 / 年	增长率 / %
景颇族	5.96	6.95	16.6
德昂族	4.92	5.81	18.1
阿昌族	6.04	7.33	21.4
独龙族	5.71	6.95	21.7
普米族	5.36	7.36	37.3
怒族	4.78	6.9	44.4
少数民族	6.73	7.84	16.49
全国	7.65	8.76	14.51

资料来源：根据 2000 年与 2010 年全国第五次与第六次人口普查数据计算所得。

7.1.3　物质资本分析

从亚当·斯密开始，许多著名经济学家都在论证与强调物质资本积累对于一个地区经济发展的决定作用。按照新结构经济学理论，物质资本是一个地区的要素禀赋之一，物质资本的投资与累积对要素禀赋结构的升级、比较优势的变化都具有重要作用。张士斌等（2011）[①]、孔荣等

① 张士斌，孙小兵，李晓瑜．多种要素对农民收入增长影响的研究［J］．经济问题探索，2011（6）：69–72.

（2009）[1]、邓金钱（2014）[2]等通过实证分析都认为，农村固定资产投资是影响农民收入增长的重要因素。农村固定资产投资是农村物质资本形成的重要途径。扶持政策实施后6个乡的农村道路、水电、农田水利、文化体育、医疗卫生等基础设施都得到大量投资，这有利于农村物质资本的形成与积累。从表7–8中可以看出，除河西乡外，5个乡农村固定资产投资金额呈增加趋势，特别是西山乡与三台山乡的固定资产投资金额在2011—2013年较高。6个乡中独龙江乡固定资产投资金额最小。从现有数据来看，河西乡固定资产投资金额较大，是因为河西乡有工矿企业，企业固定资产投资金额较大。

表7–8　6个乡固定资产投资金额情况　　单位：万元

年份	独龙江乡	匹河乡	河西乡	三台山乡	西山乡	户撒乡
2014	115	740	2426	133	128	599
2013	115	715	—	1795	3279	195
2012	73	296	2124.5	1918	2917	195
2011	75	340	—	1919	1906	195
2010	—	338	—	699	1625	195
2009	—	343	5053	432	235	183
2008	90	343	153910	121	235	181

资料来源：各乡农村经济年报。

注：“—”表示没有相关数据。

7.1.4　小结：要素禀赋提升表现出区域性差异

总的来看，扶持政策实施后，6个乡的要素禀赋提升表现出区域性差异的特点，即德宏州优于怒江州，并且怒江州有的乡还出现减弱现象。

① 孔荣，梁永．农村固定资产投资对农民收入影响的实证研究［J］．农业技术经济，2009（4）：47–52.

② 邓金钱．农村固定资产投资对农民收入的影响研究［J］．改革与战略，2014（7）：71–74.

农村要素禀赋中的土地资源是农村经济发展的基础物质条件，因为土地资源主要由地理位置、生态环境等自然因素决定，所以一般来说土地资源的结构变化相对较难。6 个乡基本上属于山区乡，本身的自然条件决定了土地资源从数量、结构、质量等方面都不算好。从扶持前后的对比来看，两个州 6 个乡的土地资源结构提升表现出区域性特点。从表 7–1 中可以看出，德宏州的 3 个乡除户撒乡的林地面积减少外，其他乡的耕地面积、园地面积与林地面积都有所增长，特别是西山乡与三台山乡的园地与林地面积增幅较大。而从表 7–2 中可以看出，怒江州 3 个乡除匹河乡的草地面积有所增长外，其他的耕地、林地、草地面积减少的和与前期持平的占比较大。可见，土地资源禀赋的提升呈现出德宏州好于怒江州的区域性特点。

劳动力资源的数量在增加，除外出务工占比 6 个乡都有所提高外，劳动力就业结构变化不大，基本上都处于第一产业，第二、第三产业占比极小。从人力资本的提升来看，经过 10 年的扶持，6 个人口较少民族的教育水平比扶持前都有很大提高，但是相比较少数民族水平与全国平均水平来看，6 个人口较少民族人口的文化素质普遍不高。6 个乡的物质资本在扶持前就十分薄弱，扶持后只有三台山乡与西山乡得到大幅投资，其他乡的投入均较少。

所以，从土地资源、劳动力与人力资本、物质资本三个要素禀赋的提升来看，总体表现出区域性特征，即德宏州 3 个乡普遍好于怒江州 3 个乡。怒江州 3 个乡在土地资源禀赋上还存在减弱现象。

7.2 要素禀赋比较优势的对比分析

新结构经济学认为，一个地区某一阶段的初始禀赋决定了该地区当时的比较优势，从而决定了该地区的最优产业结构。所以说，一个地区的产业结构内生于该地区的初始禀赋，对一个地区要素禀赋的优劣势进行分析是分析一个地区经济发展情况的起点。

7.2.1 土地资源比较优势分析

6个乡都是典型的山区农业乡，土地资源又是农业生产中非常重要的生产要素。下文将分析人口较少民族扶持政策实施后，6个乡土地资源禀赋的变化及其在区域内比较优势的变化。

区位商（LQ）是用来表征一个地区产业优劣势的指标，又称为专门化率，通过计算一个地区某一产业产值在该地区总产值中所占的比重与该产业产值在全国总产值中所占比重的比率，根据LQ值的大小找出该地区在全国具有一定优势的产业。本部分将运用这一公式来分析6个乡土地资源在县一级的比较优势。公式设计如下：

$$\text{某种土地资源的区位商（LQ）}=\frac{\text{乡村某种资源 / 县市某种资源}}{\text{乡村人口数 / 县市人口数}}$$

当某种土地资源的区位商大于1，表明该乡此种资源在县市一级具有优势；当某种土地资源的区位商小于1，表明该乡此种资源在县市一级没有比较优势。根据计算公式对6个乡扶持前后土地资源进行计算，结果如表7–9所示，户撒乡相对于所在的陇川县耕地资源比林地资源更有优势，扶持后耕地资源比较优势有所提高；西山乡相对于所在市芒市来讲，耕地与园地都具有优势，而且扶持后耕地资源优势更加突出；三台山乡与所在市芒市相比，耕地与园地资源具有比较优势，而且扶持后园地资源优势变得特别突出；独龙江乡与所在县贡山县相比，耕地、林地、草地资源在扶持前都不具有比较优势，扶持后耕地与林地资源的区位商反而减小了，只有草地资源的区位商大于1，表明耕地与林地资源优势逐渐减小，草地资源优势却增加了；匹河乡与所在县福贡县相比，耕地资源在扶持前后都不具有优势，林地资源在扶持后区位商急剧减小，由之前具有比较优势的资源变为不具有优势的资源，唯有草地资源的区位商在扶持后有所加大，但也没有大于 1，表明比较优势有所增加，但与县一级相比仍然较弱；河西乡与所在县兰坪县相比，耕地与林地资源都具有比较优势，但是扶持后这两种资源优势都有所减小，草地资源优势在扶持后也有所减小。

表 7–9　6 个乡扶持前后土地资源的区位商

地区	耕地区位商		林地区位商		园地区位商	
	扶持前	扶持后	扶持前	扶持后	扶持前	扶持后
户撒乡	0.96	0.99	—	0.75	—	—
西山乡	1.83	2.31	0.59	0.54	1.00	1.24
三台山乡	2.42	2.55	0.48	0.97	1.83	6.24
地区	耕地区位商		林地区位商		草地区位商	
	扶持前	扶持后	扶持前	扶持后	扶持前	扶持后
独龙江乡	0.61	0.48	0.56	0.52	0.56	1.87
匹河乡	0.00	0.00	1.73	0.40	0.24	0.99
河西乡	2.30	1.34	1.85	1.30	0.48	0.32

资料来源：根据各乡农村经济年报与年鉴计算所得。
注：“—”表示没有相关数据。

7.2.2　劳动力与人力资本比较优势分析

7.2.2.1　劳动力资源比较优势分析

劳动力资源丰裕度是各乡村劳动力人口相对于总人口的区位商，它能表征一个地区劳动力资源的优劣势。表 7–10 给出了 6 个乡在县一级的劳动力资源丰裕度值，可以看出，有 5 个乡劳动力资源丰裕度值在扶持前后都大于 1 而具有一定的比较优势，但独龙江乡劳动力资源丰裕度值却小于 1，表明不具有比较优势。另外，从 6 个乡扶持前后比较来看，各乡劳动力资源丰裕度值变化都不大。

人口密度是表征劳动力资源集聚程度的一个指标，劳动力资源集聚程度又是一个地区市场集聚程度的决定因素。如表 7-10 所示，户撒乡人口密度在 6 个乡中最大，独龙江乡最小，从区域来看，德宏州 3 个乡比怒江州 3 个乡的人口密度大。

结合人口密度指标，独龙江乡不仅劳动力资源丰裕度值小于 1，而且人口密度极小，所以，独龙江乡的劳动力资源不具有比较优势。虽然其他 5 个乡的劳动力资源丰裕度值都大于 1，但是人口密度都相当小，就是人口密度最大的户撒乡的人口密度也只有每平方千米 100 人左右。同时，德宏州的 3 个乡的人口密度均大于怒江州的 3 个乡。

表 7-10　6 个乡扶持前后劳动力资源比较优势对比

指标		德宏州			怒江州		
		户撒乡	西山乡	三台山乡	独龙江乡	匹河乡	河西乡
劳动力资源丰裕度	扶持前	1.05	1.08	1.12	0.96	1.03	1.1
	扶持后	1.01	1.2	1.2	0.91	1.15	1.07
	增减值	-0.04	0.12	0.08	-0.05	0.12	-0.03
人口密度（人/平方千米）	扶持前	96.3	45.4	44.4	2	29.7	28.8
	扶持后	102	49.8	46.5	2	30.3	30.1

资料来源：根据各乡经济年报与年鉴计算所得。

7.2.2.2　人力资本比较优势分析

首先从 6 岁及以上人口不同受教育程度进行比较，根据云南省 2010 年人口普查资料数据计算，2010 年云南省 6 个人口较少民族受教育程度如表 7-11 所示，云南省人口较少民族受教育程度总体偏低，未上过学与小学、初中的占比较高，高中以上的占比急剧降低。从 6 岁及以上人口的平均受教育年限来比较，6 个人口较少民族中高于云南省人口较少民族水平的有 4 个，分别是普米族、阿昌族、景颇族、独龙族，低于云南省人口较少民族水平的有 2 个，分别是德昂族与怒族；与云南省少数民族人口的平均受教育年限比较，只有 2 个人口较少民族即阿昌族与普米族的平均受教育年限高于云南省少数民族水平，其余 4 个民族都低于这一水平。

表 7–11　2010 年 6 个人口较少民族 6 岁及以上人口人力资本构成

民族	未上过学 /%	小学 /%	初中 /%	高中 /%	大专与大学本科以上 /%	平均受教育年限 / 年
阿昌族	8.3	51	29.3	6.7	4.7	7.2
德昂族	19.6	57.4	17.3	3.6	2.1	5.7
景颇族	9.6	55.3	25.5	5.9	3.7	6.9
独龙族	16.9	43.4	26	7.7	6	6.8
怒族	16.1	50.5	21.1	6.6	5.7	6.6
普米族	14.8	39.9	27.8	9.8	7.8	7.3
云南省人口较少民族	13.6	49.8	24.9	6.8	5	6.7
云南少数民族	10.3	52.9	25.5	6.8	4.5	7

资料来源：根据云南省 2010 年人口普查资料计算所得。

其次，从技能劳动力与非技能劳动力的比例来比较人力资本状况。本研究将接受过大学专科、大学本科和研究生教育的 6 岁及以上人口称为技能劳动力，将余下的人口称为非技能劳动力。[①] 如表 7–12 所示，扶持后 6 个人口较少民族技能劳动力人口占比均比扶持前有了较大提高，最大值为普米族的 6.1，最小值为德昂族的 1.7。从扶持后的数据来看，独龙族、普米族、怒族的技能劳动力占比高于云南省人口较少民族水平，阿昌族、德昂族与景颇族都低于这一水平，特别是德昂族技能劳动力占比最低。

① 郑长德 . 2000 年以来中国少数民族受教育程度变化的族际比较研究［J］. 西南民族大学学报（人文社会科学版），2014（5）：176–185.

表 7-12　2010 年云南省 6 个人口较少民族技能劳动力占比　%

阶段	阿昌族	德昂族	景颇族	独龙族	怒族	普米族	云南省人口较少民族	云南省少数民族
扶持前	1.0	0.4	0.8	1.3	1.1	1.7	0.9	1.3
扶持后	4.7	2.1	3.7	6.0	5.7	7.8	5	4.5

资料来源：根据云南省 2000 年、2010 年人口普查资料计算所得。

本次研究用人力资本丰裕度指标来比较 6 个人口较少民族人力资本的比较优势。人力资本丰裕度是各人口较少民族 6 岁及以上人口平均受教育年限与云南省少数民族人口平均受教育年限的比值。该值越大，表明人力资本越丰裕。如表 7-13 所示，扶持后阿昌族、德昂族与景颇族的人力资本丰裕度比扶持前有所降低，相反，独龙族、怒族与普米族人力资本丰裕度比扶持前有所提高。从扶持后数据来看，只有阿昌族与普米族人力资本丰裕度值刚刚超过 1，表明这两个人口较少民族人力资本在云南省少数民族人口中具有一定的比较优势，其余 4 个不具有比较优势。

表 7-13　扶持前后 6 个人口较少民族人力资本丰裕度

阶段	阿昌族	德昂族	景颇族	独龙族	怒族	普米族
扶持前	1.05	0.85	1.03	0.89	0.83	0.93
扶持后	1.03	0.81	0.99	0.97	0.94	1.04

资料来源：根据云南省 2000 年、2010 年人口普查资料计算所得。

7.2.3　物质资本比较优势分析

农村固定资产投资是物质资本形成的重要途径，而物质资本的积累对农村经济发展具有重要推动作用。本研究用物质资本丰裕度来比较 6 个乡物质资本优劣势，这里的物质资本丰裕度用乡村与县固定资产投资额的比值相对于人口的区位商来计算。如表 7-14 所示，6 个乡的固定资产投资额区位商在扶持前后都比较低，比较前后区位商值的变化，扶持后有所增长的有 2 个乡——户撒乡与匹河乡，其余 4 个乡均有所减少。但 6 个乡的值都非常小，说明 6 个乡的物质资本积累不具有优势。

表 7–14　扶持前后 6 个乡固定资产投资额的区位商

阶段	户撒乡	西山乡	三台山乡	独龙江乡	匹河乡	河西乡
扶持前	0.02	0.04	0.03	0.02	0.05	0.28
扶持后	0.03	0.01	0.01	0.01	0.09	0.07

资料来源：各地区年鉴。

7.2.4　小结：要素禀赋比较优势的提升出现区域性差异

要素禀赋比较优势的提升也表现出区域性差异的特征，即德宏州 3 个乡总体提升优于怒江州 3 个乡，怒江州有的乡甚至出现优势减小现象。

以要素禀赋区位商和要素丰裕度为基础，计算 6 个乡在土地资源、劳动力与人力资本、物质资本的比较优势变化的增减百分比，如表 7–15 所示，发现 6 个乡要素禀赋比较优势出现以下几个变化特征：

第一，总体来看，扶持前后要素禀赋中变化最小的是劳动力与人力资本，数据正好说明了这一要素禀赋在短期内是最不容易改变的，因为劳动力的生产与发展需要时间与物质的投入，而人力资本禀赋的提升也需要经过长期的教育、培训与经验积累。

第二，人力资本比较优势变化出现区域性特征，德宏州 3 个乡（户撒乡、西山乡、三台山乡）人力资本比较优势在扶持后都有所下降，而怒江州的 3 个乡（独龙江乡、匹河乡、河西乡）在扶持后都有所提升。

第三，耕地资源比较优势与物质资本比较优势的变化相对来说比较明显。其中最突出的是物质资本，只有 2 个乡的物质资本比较优势在扶持后有所提高，最高为匹河乡，其次是户撒乡，其他 4 个乡的物质资本比较优势在扶持后反而比扶持前降低了很多，而且降低幅度都不小于 50%。

第四，土地资源比较优势也出现了区域性特征：德宏州 3 个乡的土地资源比较优势普遍有所提升，特别是三台山乡的林地与园地的提升幅度较大；而怒江州的3个乡除独龙江乡与匹河乡草地比较优势提高较多外，土地资源比较优势都有所降低，特别是河西乡的耕地、林地、草地的比较优势都有所降低。

总体来看，德宏州3个乡要素禀赋比较优势的提升要优于怒江州3个乡。

表 7–15　6 个乡扶持前后要素禀赋比较优势变化　　%

地区		土地资源比较优势增减幅				劳动力资源比较优势增减幅	人力资本比较优势增减幅	物质资本比较优势增减幅
		耕地	林地	园地	草地			
德宏州	户撒乡	3	—	—	—	–4	–1.9	50
	西山乡	26	8	24	—	11	–3.9	–75
	三台山乡	5	102	241	—	18	–4.7	–67
怒江州	独龙江乡	–8	–7	—	234	–5	9	–50
	匹河乡	0	–77	—	313	12	13	80
	河西乡	–42	–30	—	–33	3	11.8	–88

注：“—”表示没有比较，“0”表示没有变化。

7.3 产业结构及其变化趋势的对比分析

从英国经济学家威廉·配第开始，许多经济学家都对产业结构演变规律与经济发展规律的关系进行深入研究。配第—克拉克定律首先揭示了一个国家或地区产业结构演变的规律：在经济发展过程中，产业结构中第一产业劳动力所占比重会越来越小，而第二、第三产业劳动力所占比重会越来越大，产业结构的升级会推动经济的发展。

新结构经济学认为，一个国家和地区可持续的经济发展来源于产业结构的不断优化升级。本节以扶持政策开始实行的第一年即2005年为基期的时间序列数据为主，分析人口较少民族聚居的 6 个乡农村产业结构在扶持政策实施后的优化升级情况。

7.3.1 三次产业结构及其变化趋势分析

扶持政策实施前 6 个人口较少民族聚居乡农村经济发展比较滞后，农村经济结构以第一产业为主，第二、第三产业发展十分落后。本研究以政策出台的 2005 年为基期，到政策实施 10 年后的 2014 年为止，分别列出了各个乡的三次产业收入情况与比重。

如表 7–16 所示，户撒乡农村经济总收入逐年增长，从 2005 年的 4304 万元增加到 2014 年的 24703 万元，平均增长速度为 21.4%。农村经济以第一产业为主的结构没有发生本质的变化，因为第一产业比重最低值仍然是 77.18%。从产业结构变化趋势来看，第一产业比重从 2005 年的 93.01% 下降到 2014 年的 86.94%，第三产业比重从 2005 年的 3.35% 上升到 2014 年的 8.21%，第二产业比重变化不大。这些变化都十分微小，第一产业比重仅下降了 6.07%，第三产业比重也仅上升了 4.86%。

表 7–16 2005—2014 年户撒乡三大产业收入及其比重

年份	农村经济总收入 / 万元	三大产业收入 / 万元			三大产业占比 / %		
		第一产业	第二产业	第三产业	第一产业	第二产业	第三产业
2005	4304	4003	156	144	93.01	3.62	3.35
2006	4189	3888	156	145	92.81	3.72	3.46
2007	5145	4712	165	268	91.58	3.21	5.21
2008	6209	5427	224	558	87.41	3.61	8.99
2009	6705	5575	275	855	83.15	4.10	12.75
2010	10257	8710	510	1037	84.92	4.97	10.11
2011	12273	9748	676	1849	79.43	5.51	15.07
2012	15167	11706	893	2568	77.18	5.89	16.93

续表

年份	农村经济总收入 / 万元	三大产业收入 / 万元			三大产业占比 / %		
		第一产业	第二产业	第三产业	第一产业	第二产业	第三产业
2013	18262	14745	1506	2011	80.74	8.25	11.01
2014	24703	21478	1198	2027	86.94	4.85	8.21

资料来源：根据户撒乡农村经济年报计算所得。

注：6个乡的三次产业划分，第一产业指农业，包括农、林、牧、渔业；第二产业指工业与建筑业；第三产业指交通运输业、商饮业与服务业等。

如表7-17所示，三台山乡农村经济总收入逐年增长，从2005年的1593万元增加到2014年的9167万元，平均增长速度为21.5%。农村经济一直是以第一产业为主的结构，第一产业比重非常大，最低值为88.32%，最高值达到98.21%。从产业结构变化趋势来看，三次产业所占比重变化不明显。

表7-17　2005—2014年三台山乡三大产业收入及其比重

年份	农村经济总收入 / 万元	三大产业收入 / 万元			三大产业比重 / %		
		第一产业	第二产业	第三产业	第一产业	第二产业	第三产业
2005	1593	1407	35	151	88.32	2.20	9.48
2006	1731	1611	6	114	93.07	0.35	6.59
2007	2276	2213	8	55	97.23	0.35	2.42
2008	2685	2609	10	66	97.17	0.37	2.46
2009	3133	3045	15	73	97.19	0.48	2.33
2010	4092	3965	17	110	96.90	0.42	2.69
2011	5126	5034	2	90	98.21	0.04	1.76
2012	6548	6292	16	240	96.09	0.24	3.67
2013	7281	6837	52	392	93.90	0.71	5.38
2014	9167	8160	53	954	89.01	0.58	10.41

资料来源：根据三台山乡农村经济年报计算所得。

西山乡农村经济总收入也呈逐年增长态势，如表 7–18 所示，从 2005 年的 2197 万元增加到 2014 年的 15219 万元，平均增长速度为 24%。西山乡农村经济完全是以第一产业为主，因为第一产业所占比重非常大，平均值达到 97.13%，第二、第三产业比重都非常低，而且这一趋势没有发生明显的变化。

表 7–18　2005—2014 年西山乡三大产业收入及其比重

年份	农村经济总收入 / 万元	三大产业收入 / 万元			三大产业比重 / %		
		第一产业	第二产业	第三产业	第一产业	第二产业	第三产业
2005	2197	2173	5	19	98.91	0.23	0.86
2006	2479	2358	3	118	95.12	0.12	4.76
2007	3638	3597	4	37	98.87	0.11	1.02
2008	4413	4261	8	144	96.56	0.18	3.26
2009	5051	4911	10	130	97.23	0.20	2.57
2010	6784	6719	10	55	99.04	0.15	0.81
2011	8317	8095	29	193	97.33	0.35	2.32
2012	10676	10330	46	300	96.76	0.43	2.81
2013	12046	11672	58	316	96.90	0.48	2.62
2014	15219	14398	266	555	94.61	1.75	3.65

资料来源：根据西山乡农村经济年报计算所得。

独龙江乡农村经济总收入也呈逐年增长态势，如表 7–19 所示，从 2005 年的 285 万元增加到 2014 年的 1245 万元，平均增长速度为 17.8%。独龙江乡农村经济结构表现出以第一产业为主、第三产业为辅的结构特征，而且第一产业比重从 2005 年的 72.98% 下降到 2014 年的 61.93%，第二产业比重变化不大，第三产业比重从 2005 年的 22.46% 上升到 2014 年的 31.49%，说明独龙江乡产业结构呈现出一定的优化与升级的趋势。

表 7-19　2005—2014 年独龙江乡三大产业收入及其比重

年份	农村经济总收入 / 万元	三大产业收入 / 万元			三大产业比重 / %		
		第一产业	第二产业	第三产业	第一产业	第二产业	第三产业
2005	285	208	13	64	72.98	4.56	22.46
2006	316	234	17	65	74.05	5.38	20.57
2007	390	250	20	120	64.10	5.13	30.77
2008	432	252	21	159	58.33	4.86	36.81
2009	493	279	27	187	56.59	5.48	37.93
2010	551	326	30	195	59.17	5.44	35.39
2011	639	365	37	237	57.12	5.79	37.09
2012	848	490	53	305	57.78	6.25	35.97
2013	1105	702	64	339	63.53	5.79	30.68
2014	1245	771	82	392	61.93	6.59	31.49

资料来源：根据独龙江乡农村经济年报计算所得。

匹河乡农村经济总收入呈逐年增长态势，如表 7-20 所示，从 2005 年的 837 万元增加到 2014 年的 3806 万元，平均增长速度为 18.3%。匹河乡农村经济结构是以第一产业为主，第二、第三产业为辅的结构，第一产业比重与第二、第三产业比重之比平均为 3:1，第一产业比重有下降趋势，第二、第三产业比重有上升趋势，但变化都很微小。另外，匹河乡第二、第三产业发展比较均衡，这一趋势变化不大。

表 7-20　2005—2014 年匹河乡三大产业收入及其比重

年份	农村经济总收入 / 万元	三大产业收入 / 万元			三大产业比重 / %		
		第一产业	第二产业	第三产业	第一产业	第二产业	第三产业
2005	837	674	79	84	80.53	9.44	10.04
2006	889.5	699.1	76.3	114.1	78.59	8.58	12.83
2007	1008	825	51	131	81.85	5.06	13.00
2008	1119	873	86	160	78.02	7.69	14.30

续表

年份	农村经济总收入 / 万元	三大产业收入 / 万元			三大产业比重 / %		
		第一产业	第二产业	第三产业	第一产业	第二产业	第三产业
2009	1319	1020	106	193	77.33	8.04	14.63
2010	1435	1095	121	219	76.31	8.43	15.26
2011	1826	1381	169	276	75.63	9.26	15.12
2012	2312	1736	240	336	75.09	10.38	14.53
2013	2813	2132	300	381	75.79	10.66	13.54
2014	3806	2902	457	447	76.25	12.01	11.74

资料来源：根据四河乡农村经济年报计算所得。

河西乡农村经济总收入呈增长态势，如表 7–21 所示，从 2005 年的 3665 万元增加到 2014 年的 9022 万元，平均增长速度为 10.5%。河西乡农村经济结构变化趋势比较显著，第一产业比重从 2005 年的 48.08% 上升到 2014 年的 78.92%，第二产业比重由 2005 年的 40.65% 下降到 2014 年的 8.71%，第三产业比重变动不大。河西乡由 2005 年以第一、第二产业为主的经济结构演变为现在以第一产业为主的经济结构。这是河西乡第二产业中工业收入的急剧减少所致。2005 年，河西乡的乡镇企业有 394 个，其中采矿业 90 个，制造业 62 个，从业人员达到 759 人，总产值为 3638 万元①。到 2010 年末，全乡乡镇企业增加到 647 个，从业人员增加到 1022 人。② 因为以前河西乡的乡镇企业主要集中在采矿业以及与之相关的制造业上，随着矿资源价格下滑，很多乡镇企业受到影响，再加上国家对矿山秩序进行整顿，严格审批采矿许可证，加强安全生产管理，所以，河西乡一部分企业停产整顿。2011 年末，河西乡采矿企业只有 21 家。河西乡第二产业收入急剧下降。

① 数据来源：兰坪年鉴［M］.2006：64.

② 数据来源：兰坪年鉴［M］.2011：218.

表 7-21　2005—2014 年河西乡三大产业收入及其构成

年份	农村生产总值 / 万元	三大产业产值 / 万元			三大产业构成 / %		
		第一产业	第二产业	第三产业	第一产业	第二产业	第三产业
2005	3665	1762	1490	413	48.08	40.65	11.27
2006	3679	1935	1286	458	52.60	34.96	12.45
2007	3740	1997	1277	466	53.40	34.14	12.46
2008	3614	2159	948	507	59.74	26.23	14.03
2009	4135	2395	1140	600	57.92	27.57	14.51
2010	4692	2935	1162	595	62.55	24.77	12.68
2011	5258	3220	1453	585	61.24	27.63	11.13
2012	6177	5065	543	569	82.00	8.79	9.21
2013	7447	6285	533	629	84.40	7.16	8.45
2014	9022	7120	786	1116	78.92	8.71	12.37

资料来源：根据河西乡农村经济年报计算所得。

7.3.2　第一产业结构及其变化趋势分析

通过以上分析可知，6 个乡都是以第一产业为主的农业乡，第一产业是 6 个乡经济收入的主要来源。农村第一产业即农林牧渔业结构的优化与升级对于经济增长与农民增收是非常重要的，所以，本研究重点分析政策实施后 6 个乡第一产业结构的演变情况。

德宏州 3 个乡 2005—2014 年的农林牧业收入结构如表 7-22 所示，3 个乡基本上是以农业即种植业为主，畜牧业为辅，林业占比较少的结构。总的来看，3 个乡的农业比重都有逐步下降的态势，但仍然在内部结构中占主导地位。户撒乡的畜牧业占比有逐渐上升的态势，但是林业一直占比较低，变化不大。三台山乡林业有一定的上升态势，但是最高值与最低值之间仅差 6.34，表明上升速度过于缓慢，畜牧业标准差较小，发展变化不大。西山乡的林业与畜牧业标准差较小，变动差异不明显。

表 7-22　2005—2014 年德宏州 3 个乡农林牧业收入结构　　%

年份	户撒乡占比			三台山乡占比			西山乡占比		
	农业	林业	畜牧业	农业	林业	畜牧业	农业	林业	畜牧业
2005	75.61	2.92	21.31	71.36	5.33	23.31	71.28	7.55	21.08
2006	79.35	2.47	18.03	73.49	7.29	19.21	65.83	12.37	21.73
2007	83.05	1.01	15.83	67.33	6.82	25.85	66.50	7.95	25.24
2008	77.72	0.83	21.34	65.35	6.13	28.52	63.32	13.96	22.44
2009	78.37	0.38	21.02	58.03	7.98	33.96	64.22	15.48	20.04
2010	62.99	3.71	33.12	62.32	9.89	27.49	66.66	11.97	21.27
2011	67.89	1.6	30.51	61.86	10.91	26.76	67.12	11.64	21.11
2012	66.72	1.38	31.91	61.75	11.67	26.34	66.02	10.38	23.35
2013	68.39	1.21	30.4	60.79	10.69	27.91	66.44	10.25	23.21
2014	70.16	0.88	28.89	64.31	7.16	27.94	72.57	8.30	18.97
平均值	73.03	1.64	25.24	64.66	8.39	26.73	67.00	10.99	21.84
标准差	6.62	1.06	6.35	4.85	2.22	3.77	2.86	2.61	1.80
变异系数	0.09	0.65	0.25	0.07	0.27	0.14	0.04	0.24	0.08

资料来源：户撒乡、三台山乡、西山乡 2005—2014 年农村经济年报。
注：这 3 个乡渔业收入占比过低，此处没有计入。

怒江州 3 个乡 2005—2014 年的农林牧渔业收入结构如表 7-23 所示，3 个乡以农业即种植业和畜牧业为主，林业与渔业占比较少。独龙江乡与另外 2 个乡相比，其种植业比重相对来说较高，畜牧业比重较低。匹河乡的种植业与畜牧业所占比重差距不大，平均值仅相差 9.27%，变异系数差异也不大，说明两者的差异程度不大。河西乡的种植业与畜牧业所占比重十分相近，平均值仅相差 3.89%，变异系数也较接近，说明两者的差异程度较小。另外，河西乡的林业有逐渐上升的趋势，但是其占比较低。

表 7-23　2005—2014 年怒江州 3 个乡农林牧渔业收入结构　%

年份	独龙江乡占比				匹河乡占比				河西乡占比		
	农业	林业	畜牧业	渔业	农业	林业	畜牧业	渔业	农业	林业	畜牧业
2005	63.94	6.25	27.40	2.40	56.68	2.97	40.21	0.15	46.32	5.07	48.6
2006	58.12	8.97	29.49	3.42	56.63	3.19	39.99	0.19	50.3	5.04	44.65
2007	57.20	10.00	29.20	3.60	53.45	3.27	37.70	5.58	48.86	6.38	44.86
2008	57.54	9.92	29.37	3.17	50.86	4.35	41.92	2.86	47.03	9.12	43.85
2009	55.56	10.04	31.54	2.87	46.27	4.80	46.37	2.55	46.75	8.96	44.29
2010	51.23	11.35	32.82	4.60	46.30	5.02	46.21	2.47	43.05	11.5	45.45
2011	48.49	14.25	32.60	4.66	49.38	5.07	43.52	2.03	43.27	9.43	47.3
2012	54.49	12.24	25.71	7.55	50.98	5.18	42.34	1.50	50.96	12.93	36.12
2013	57.12	10.11	25.78	6.98	52.72	4.47	41.32	1.22	47.76	10.86	41.39
2014	56.03	10.77	26.59	6.61	51.10	5.72	42.07	1.10	48.75	13.23	38.03
平均值	55.97	10.39	29.05	4.59	51.44	4.40	42.17	1.97	47.31	9.25	43.45
标准差	4.14	2.08	2.67	1.85	3.62	0.95	2.69	1.58	2.64	2.99	3.90
变异系数	0.07	0.20	0.09	0.40	0.07	0.22	0.06	0.80	0.06	0.32	0.09

资料来源：独龙江乡、匹河乡、河西乡 2005—2014 年农村经济年报。
注：河西乡没有渔业收入。

总的来看，6 个乡第一产业收入基本上是以种植业与畜牧业为主的结构，德宏州 3 个乡的种植业收入比重高于怒江州 3 个乡，怒江州 3 个乡的畜牧业收入比重高于德宏州 3 个乡。

7.3.3　政策扶持的特色优势产业发展情况

7.3.3.1　独龙江乡特色优势产业发展情况

怒江州从 2009 年制定了《关于实施“四个百万”农业产业发展工程的意见》开始，在全州实施“四个百万”工程，即百万亩林果基地、百万亩中药材基地、百万株庭院经济林果基地、百万头商品畜基地建设。对独龙江乡进行的人口较少民族产业扶持也以这 4 个产业为主，着力培植特色种养产业，重在提升和增强独龙族群众的自我发展与自身造血功能。林果产业以种植核桃、花椒、板栗为主，中药材以种植草果为主，庭院经济以种植茶叶、水果为主，特色山地畜牧业以饲养独龙牛、鸡与猪为主。独龙江乡主要特色产业的发展状况如表 7–24 所示，这些产业发展都十分迅速，产业收入的平均增速都很快，特别是中药材产业收入年均增长速度达到 88.2%，但是 4 个产业收入在第一产业收入中的比重不高，到 2014 年只占到第一产业收入的 30.56%。

表 7–24　独龙江乡主要特色产业发展情况

年份	林果产业收入 / 万元	中药材产业收入 / 万元	百万株庭院经济林果收入 / 万元	百万头商品畜产业收入 / 万元	4 个百万产业总收入 / 万元	4 个百万产业收入占第一产业收入的比重 / %
2010	0.8	10.67	5.72	23.8	40.99	12.57
2014	4.2	134.3	9.8	87.3	235.6	30.56
平均增长速度 / %	51.4	88.2	14.4	38.4	74.8	—

资料来源：独龙江乡农村经济年报。

7.3.3.2　匹河乡特色优势产业发展情况

匹河乡根据自身优势，按照怒江州产业规划政策，从“十一五”开始全面实施“江东以种植茶叶为主，核桃为辅；江西以种植黄连为主，草果为辅；全乡覆盖漆树”的产业结构调整思路，全乡林果产业主要种植核桃、漆树、油桐；中药材产业主要种植草果、云黄连；庭院经济主要种植茶叶、水果；畜牧产业主要饲养猪、牛、羊。匹河乡四大特色产业的发展状况如表 7–25 所示，从 2008 年开始匹河乡确定了产业结构调整思路后，大力扶持林下经济作物种植，同时加强畜牧业的扶持，匹河乡的四大特色产业收入增长速度较快，特别是中药材产业收入，平均增长速度达到

136.5%，同样地，匹河乡4个产业收入在第一产业收入中的比重也不高，到2014年只占到第一产业收入的38.11%。

表7–25　匹河乡主要特色产业发展情况

年份	林果产业收入 / 万元	中药材产业收入 / 万元	百万株庭院经济林果收入 / 万元	百万头商品畜产业收入 / 万元	4个百万产业总收入 / 万元	4个百万产业收入占第一产业收入的比重 / %
2010	76.84	5.85	39.2	239.8	361.69	33.03
2014	119	183	257	547	1106	38.11
平均增长速度 / %	11.56	136.5	60.02	22.9	32.24	—

资料来源：匹河乡农村经济年报。

同时，匹河乡从“十一五”开始寻求以专业合作社形式促进产业的规模化，先后申报完成了福贡县生态草果种植专业合作社、福贡县野生鸡脚云黄连种植专业合作社、福贡县老姆登高山茶种植专业合作社。

7.3.3.3　河西乡特色优势产业发展情况

河西乡在“十一五”期间，根据怒江州产业发展规划，致力于搞好农业结构调整，促进农村增收。从2007年开始，河西乡重在建设以种植秦艽为主的中草药产业，努力把河西乡打造成“中草药之乡”；建设“林”产业，以种植核桃、花椒与水果为主；发展“畜牧”产业，培育畜牧业重点户、营销大户10户，通过以点带面的方式促进牧业经济的快速、健康发展。河西乡4个百万产业收入增长情况如表7–26所示，4个产业中收入的平均增长速度最快的是畜产业收入，达到了101.6%，其次是以种植水果为主的庭院经济收入。四大特色产业收入在第一产业收入中的比重由2009年的8.42%上升到37.03%，比重上升很快，但占比仍然不高。

表 7–26　河西乡主要特色产业发展情况

年份	林果产业收入/万元	中药材产业收入/万元	百万株庭院经济林果收入/万元	百万头商品畜产业收入/万元	4个百万产业总收入/万元	4个百万产业收入占第一产业收入的比重/%
2009	85.53	42.07	8.83	65.3	201.72	8.42
2014	205.31	196.39	60.34	2174.37	2636.41	37.03
平均增长速度/%	19.14	36.09	46.87	101.6	67.21	—

资料来源：河西乡农村经济年报。

7.3.3.4　户撒乡特色优势产业发展情况

户撒乡政府按照县的规划，结合当地资源情况、生产生活条件、群众技能技术，在稳定粮食生产的基础上，重点发展畜牧业与经济林果，以增加群众收入，培植群众发展后劲，不断加快农业产业化调整步伐。到2014年，户撒乡形成以水稻、玉米、烤烟、蔬菜、畜牧为主，以经济作物（油菜、草果等）、经济林果（猕猴桃、核桃、板栗等）为辅的“五主二辅”的发展格局。户撒乡特色优势农作物以水稻、烤烟为主，其生产发展情况如表7–27所示，水稻与烤烟生产发展较快，水稻中优质稻的单产量越来越高，在陇川县5个乡中单产与总产都排名第一。户撒乡狠抓乡、村、组三级烤烟生产技术服务，提高烟叶质量，烤烟生产规模从2010年开始快速增长，2014年完成烤烟种植16800亩，收购烟叶4.064万担，共实现产值6038.43万元。除此以外，2014年户撒乡还争取猕猴桃种植扶持资金135万元，种植猕猴桃727亩，全乡累计种植面积达到2227亩。[①] 可以说，户撒乡农业生产结构从2005年的单一化走向多样化、规模化的发展趋势。

---

① 数据来源：户撒乡2014年政府工作报告。

表 7-27 户撒乡主要特色产业发展情况

年份	优质稻			烟叶		
	播种面积 / 亩	单产 / 公斤	总产 / 公斤	播种面积 / 亩	单产 / 公斤	总产 / 公斤
2005	2700	264	712800	681	56	38200
2010	28366	278	7886000	1563	90	140000
2014	22117	380	8404000	16800	130	2187000

资料来源：户撒乡农村经济年报。

7.3.3.5 三台山乡特色优势产业发展情况

三台山乡政府根据芒市市委、市政府提出的“利用优势，科学规划，以特色产业为重点，突出特色，打造亮点”产业发展思路，结合三台山乡实际情况，把“竹子、咖啡、澳洲坚果、石斛”即“三棵树、一棵草”作为重点发展的新兴特色产业。通过扶持，三台山乡新兴特色产业得到快速发展，特别是咖啡与澳洲坚果，如表 7-28 所示，三台山乡 2008 年开始扶持种植咖啡与澳洲坚果以来，其播种规模与总产量均呈增长趋势。三台山乡围绕“产业富乡”的发展思路，在巩固提升粮、蔗、茶、畜等传统产业的基础上，进一步加大对新兴支柱产业的培育和发展，使农业产业结构得到优化。

表 7-28 三台山乡主要特色产业发展情况

年份	咖啡			澳洲坚果	
	年末实有面积 / 亩	收获面积 / 亩	总产量 / 公斤	年末实有面积 / 亩	总产量 / 公斤
2008	1102	—	—	814	—
2009	4720	922	242700	968	—
2010	7777	1060	203000	4800	—
2011	10788	1211	180000	15399	5500
2012	12398	1840	204000	24091	52100
2013	11131	6100	705000	28548	20000

续表

年份	咖啡			澳洲坚果	
	年末实有面积 / 亩	收获面积 / 亩	总产量 / 公斤	年末实有面积 / 亩	总产量 / 公斤
2014	11153	8254	949000	29580	79000

资料来源：三台山乡农村经济年报。
注："—" 代表没有数据。

7.3.3.6　西山乡特色优势产业发展情况

"十二五"以前，西山乡唯一的支柱产业是甘蔗，第二、第三产业在全乡经济发展中所占比重很小，但西山乡已开始发展新兴特色产业，致力于农业产业结构调整。

从"十二五"时期开始，西山乡得到人口较少民族发展政策扶持，结合州委"六棵树、一棵草"产业发展部署，根据西山实际，以提高产业发展效益和群众增收为目标，大力动员群众发展特色产业，推进农村产业结构调整。在稳定粮食生产，巩固甘蔗产业的前提下，继续推进橡胶、咖啡、澳洲坚果、核桃等特色产业发展。如表 7-29 所示，西山乡在扶持前就已经开始发展特色产业，在 2010 年扶持后，以咖啡、澳洲坚果、橡胶与核桃为主的特色产业生产规模与总产量都快速增长。至此，西山乡农业生产结构已由单一化转型为多种特色优势产业的多样化结构。

表 7-29　西山乡主要特色产业发展情况

年份	咖啡			澳洲坚果		橡胶			核桃	
	年末实有面积 / 亩	收获面积 / 亩	总产量 / 公斤	年末实有面积 / 亩	总产量 / 公斤	年末实有面积 / 亩	收获面积 / 亩	总产量 / 公斤	年末实有面积 / 亩	总产量 / 公斤
2008	5988	261	32500	67	—	7434	1019	15500	1040	1700
2009	8143	764	96600	92	—	8563	1029	16100	2134	1900
2010	9895	764	62000	1198	—	10105	1212	21000	2134	3500
2011	12034	1003	192500	3008	—	10627	1324	22900	1594	3600

续表

年份	咖啡			澳洲坚果		橡胶			核桃	
	年末实有面积/亩	收获面积/亩	总产量/公斤	年末实有面积/亩	总产量/公斤	年末实有面积/亩	收获面积/亩	总产量/公斤	年末实有面积/亩	总产量/公斤
2012	14404	5364	481000	6593	—	11789	1498	26000	2612	3700
2013	11984	9050	1285000	8110	1000	12247	1780	149000	3014	4000
2014	10760	9570	1302000	9454	2000	12278	1817	151000	2823	4000

资料来源：西山乡农村经济年报。

注："—"代表没有数据。

7.3.4 农民人均纯收入结构与变化趋势分析

按照发展与减贫经济理论，贫困人口收入的增长能够最大限度地实现减贫。从宏观上，农民收入按收入的性质可划分为农业收入与非农业收入。"农业收入是指家庭成员从农业生产中得到的各种收入的总和，具体指来自农林牧渔业的收入总和。"[①] 非农收入指的是家庭成员从事非农产业（也即除农林牧渔业外的行业）得到的收入。非农产业收入的增加是农村社会经济结构变化的一个主要特征。从微观上又可将农民收入细分为各个产业的净收入之和。

本节分别统计人口较少民族扶持政策实施后6个乡农民人均纯收入的构成变化与发展趋势情况[②]，选择在农民人均纯收入中占到10%以上的行业，以厘清政策实施后这6个乡农民收入增长的来源。

① 赵晓锋.农业结构调整对农民收入的影响研究［D］.杨凌：西北农林科技大学博士学位论文，2012.

② 这里的农民人均纯收入都剔除了国家政府补贴。

7.3.4.1　户撒乡农民人均纯收入结构变化分析

表 7-30 与图 7-3 给出了户撒乡农民人均纯收入占比最大的三个行业人均纯收入及其比重，可以看出种植业与牧业一直以来都是户撒乡人均纯收入的主要来源，种植业收入比重在政策实施后开始出现下降的趋势，随后又有所回升，相对应的是农民外出劳务人均收入在政策扶持后前 6 年占比较低，变化不大，但 2011 年后其所占比重突然上升，然后又逐渐降低的趋势，正好与种植业形成反差。只有牧业人均纯收入比重变化不大。这说明户撒乡的农民人均纯收入的构成由种植业与牧业的二元结构向种植业、牧业与外出劳务收入三元结构发展，人均纯收入的来源与构成呈现多样性特点。

表 7-30　户撒乡主要行业的农民人均纯收入结构变化情况

年份	种植业人均纯收入 / 元	占农民人均纯收入的比重 / %	牧业人均纯收入 / 元	占农民人均纯收入的比重 / %	农民外出劳务人均收入 / 元	占农民人均纯收入的比重 / %
2005	726	70	200	19	21	2
2006	794	76	140	13	22	2
2007	110	84	133	10	14	1
2008	1162	78	229	15	9	1
2009	1206	72	240	14	83	5
2010	1110	53	564	27	92	4
2011	975	42	380	16	709	30
2012	1419	44	601	18	693	21
2013	2006	47	729	17	732	17
2014	2732	52	1109	21	680	13

资料来源：户撒乡农村经济年报（2005—2014 年）。

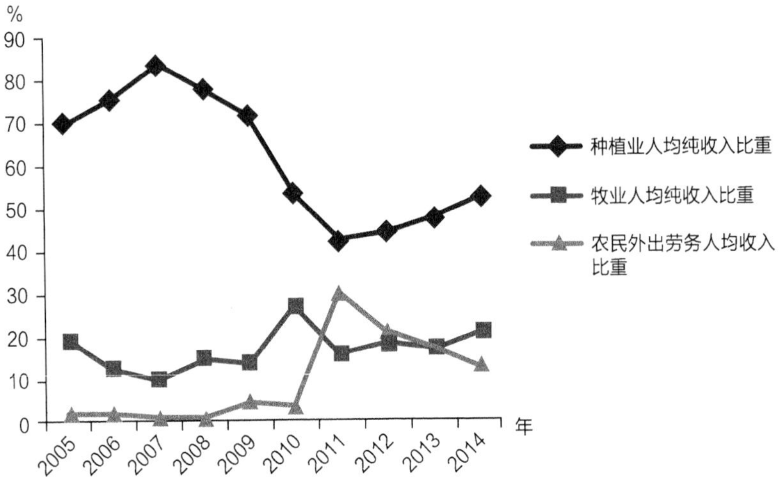

图 7–3　户撒乡主要行业农民人均纯收入比重变化

资料来源：户撒乡农村经济年报（2005—2014 年）。

7.3.4.2　西山乡农民人均纯收入结构变化分析

表 7–31 与图 7–4 给出了西山乡农民人均纯收入占比最大的三个行业人均纯收入与比重情况，明显的变化是种植业与牧业的比重不断降低，而农民外出劳务收入比重不断上升，由 2005 年的 6% 上升到 2014 年的 46%，到现在农民劳务收入成为农民人均纯收入中占比较大的部分。而且非常突出的是，农民劳务收入上升的同时，种植业与牧业收入相应地快速下降。2004 年占农民人均纯收入较大比重的种植业与牧业人均纯收入到 2014 年已不再是西山乡最主要的收入来源，特别是牧业人均纯收入占比较低。

表 7-31 西山乡主要行业农民人均纯收入结构变化情况

年份	种植业人均纯收入/元	占农民人均纯收入的比重/%	牧业人均纯收入/元	占农民人均纯收入的比重/%	农民外出劳务人均收入/元	占农民人均纯收入的比重/%
2005	582	68	147	17	55	6
2006	593	48	178	14	267	22
2007	838	54	406	26	184	12
2008	1049	57	430	23	99	5
2009	1133	56	426	21	178	9
2010	977	52	363	20	290	16
2011	1263	55	360	16	316	14
2012	1662	58	437	15	504	17
2013	1185	43	313	11	848	31
2014	998	26	197	5	1751	46

资料来源：芒市农村经济年报（2005—2014年）。

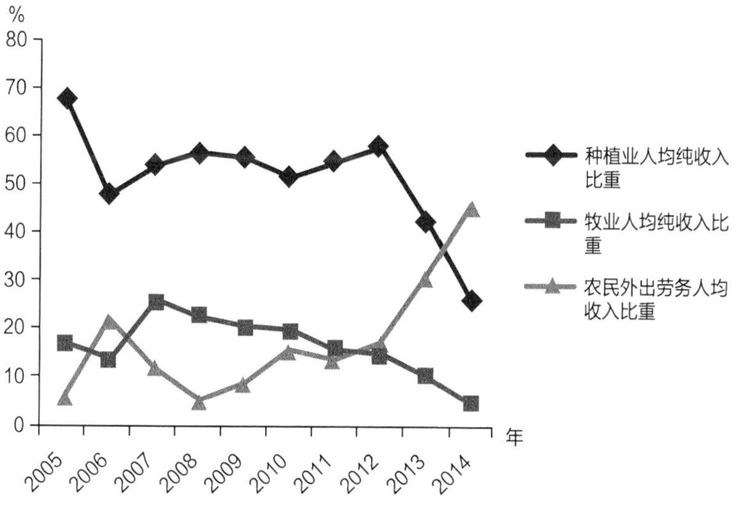

图 7-4 西山乡主要行业农民人均纯收入比重变化

资料来源：芒市农村经济年报（2005—2014年）。

7.3.4.3 三台山乡农民人均纯收入结构变化分析

表7-32与图7-5给出了三台山乡农民人均纯收入占比最大的4个行业人均纯收入与比重情况，可以看出种植业、林业、牧业一直以来都是三台山乡人均纯收入的主要来源，但从2009年开始农民外出劳务收入的比重逐渐上升，成为人均纯收入的另一主要来源。种植业收入比重在政策实施后呈现逐渐下降的趋势，牧业与林业收入比重一直都比较稳定地波动，相对应的是农民外出劳务人均收入在政策扶持后所占比重呈现出逐渐上升的趋势，正好与种植业人均收入比重形成对比。

表7-32 三台山乡主要行业农民人均纯收入结构变化情况

年份	种植业人均纯收入/元	占农民人均纯收入的比重/%	林业人均纯收入/元	占农民人均纯收入的比重/%	牧业人均纯收入/元	占农民人均纯收入的比重/%	农民外出劳务人均收入/元	占农民人均纯收入的比重/%
2005	784	55	80	6	267	19	20	1
2006	854	60	169	12	256	18	49	3
2007	928	51	226	12	488	27	98	5
2008	1212	52	248	11	624	27	158	7
2009	1022	44	185	8	726	31	299	13
2010	1502	52	315	11	622	21	344	12
2011	1266	43	380	13	848	29	379	13
2012	1394	42	433	13	919	27	368	11
2013	1446	33	580	13	1141	26	726	17
2014	1725	35	191	4	1414	29	1050	21

资料来源：芒市农村经济年报（2005—2014年）。

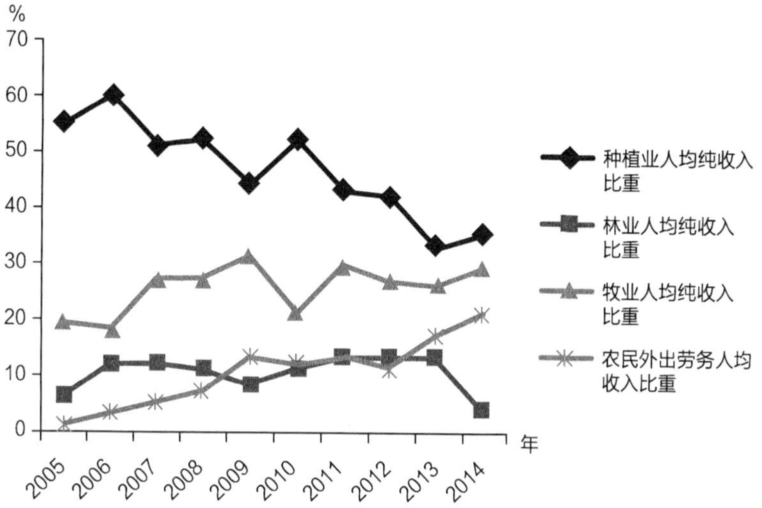

图 7-5　三台山乡主要行业农民人均纯收入比重变化

资料来源：芒市农村经济年报（2005—2014 年）。

7.3.4.4　独龙江乡农民人均纯收入结构变化分析

表 7-33 与图 7-6 给出了独龙江乡农民人均纯收入占比最大的 3 个行业人均纯收入与比重情况，可以看出种植业、牧业基本上是独龙江乡人均纯收入的主要行业，但是两种行业的比重历来都不算大，而且都有逐渐下降的走势，特别是种植业收入比重下降的幅度开始较大，在 2011 年后才开始有所回升。另一个特殊现象是独龙江乡其他非生产性收入占农民人均纯收入比重一直都比较大。从图 7-6 可以明显地看出，独龙江乡的其他非生产性收入与种植业收入基本上呈反向走势，当种植业收入下降时，其他非生产性收入直线上升，而当种植业收入回升时，其他非生产性收入则有所回落。从农村统计定义来看，其他非生产性收入，是指在当年生产经营活动以外取得的其他实际收入，包括利息收入、租金收入、罚金收入、出售财物收入等。而对于独龙江乡来说，其他非生产性收入大部分是指未经生产

经营活动而获得的出售山货收入，如独龙江乡村民到山上采摘野生的重楼进行贩卖而获得的收入，政策实施后获得由政府修建住房的租金收入，等等。

表 7–33　独龙江乡主要行业农民人均纯收入结构变化情况

年份	种植业人均纯收入/元	占农民人均纯收入的比重/%	牧业人均纯收入/元	占农民人均纯收入的比重/%	其他非生产性收入/元	占农民人均纯收入的比重/%
2005	273	46	120	20	86	14
2006	276	44	137	21	57	9
2007	267	36	141	19	162	22
2008	254	32	124	16	244	31
2009	264	29	160	17	261	28
2010	307	30	181	18	257	25
2011	304	24	211	17	342	27
2012	518	32	204	13	345	21
2013	842	37	336	15	427	19
2014	890	35	382	15	486	19

资料来源：独龙江乡农村经济年报（2005—2014 年）。

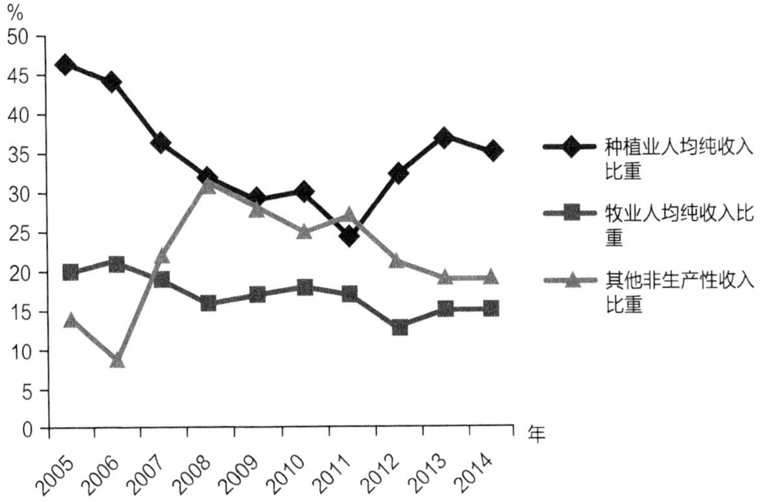

图 7–6　独龙江乡主要行业农民人均纯收入比重变化

资料来源：独龙江乡农村经济年报（2005—2014 年）。

7.3.4.5　匹河乡农民人均收入结构变化分析

因无法获得匹河乡生产费用数据，在此只能统计匹河乡主要行业的农民人均收入。表 7–34 与图 7–7 给出了匹河乡农民人均收入占比最大的三个行业人均收入与比重情况，可以看出，种植业、牧业一直是匹河乡人均收入的主要来源，只是种植业人均收入比重呈逐渐下降趋势，牧业人均收入虽也有一定下降，但是波动比较平稳。同样突出的是，农民外出务工人均收入呈现逐步上升趋势，但是匹河乡农民外出务工人均收入的比重始终没有超过种植业与牧业人均收入的比重。

表 7–34　匹河乡主要行业农民人均收入结构变化情况

年份	种植业人均收入 / 元	占农民人均收入的比重 / %	牧业人均收入 / 元	占农民人均收入的比重 / %	农民外出劳务人均收入 / 元	占农民人均收入的比重 / %
2005	402	43	285	30	57	6
2006	414	41	293	29	83	8
2007	439	37	309	26	168	14
2008	438	33	361	28	204	16
2009	462	30	463	30	250	16
2010	493	29	492	29	285	17
2011	658	31	580	27	384	18
2012	846	31	703	26	512	19
2013	1061	32	832	25	702	21
2014	1400	31	1152	26	900	20

资料来源：匹河乡农村经济年报（2005—2014 年）。

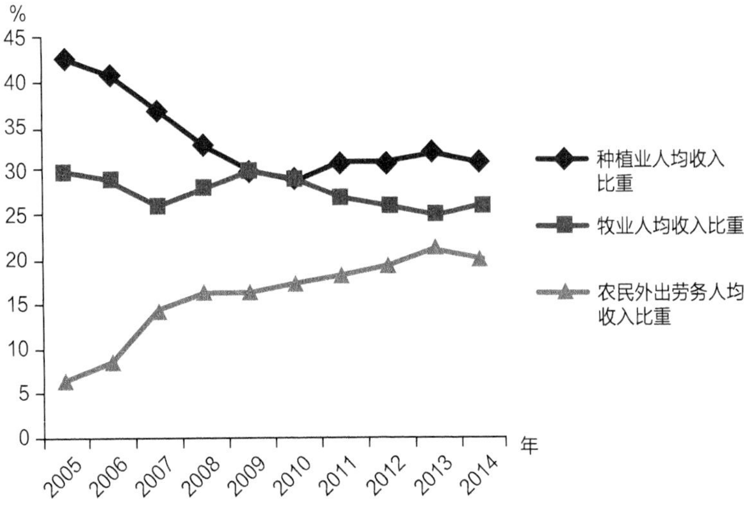

图 7-7　匹河乡主要行业农民人均收入比重变化

资料来源：匹河乡农村经济年报（2005—2014 年）。

7.3.4.6　河西乡农民人均纯收入结构变化分析

表 7-35 与图 7-8 给出了河西乡农民人均纯收入占比最大的 4 个行业人均纯收入与比重情况，可以明显看出，河西乡的种植业农民人均纯收入 10 年来逐步增加，工业人均纯收入却在 2011 年急剧减少，两者呈相反走向。从 4 个行业各占农民人均纯收入的比重来看，种植业与牧业人均纯收入比重越来越大，而且 2012—2014 年种植业的比重在所有农村行业中最大，与此对应，工业人均纯收入比重下降得比较快，而农民外出劳务人均收入的比重从 2010 年开始上升较快，然后又有所回落。

表 7-35　河西乡主要行业农民人均纯收入结构变化情况

年份	种植业人均纯收入 / 元	占农民人均纯收入的比重 / %	牧业人均纯收入 / 元	占农民人均纯收入的比重 / %	工业人均纯收入 / 元	占农民人均纯收入的比重 / %	农民外出劳务人均收入 / 元	占农民人均纯收入的比重 / %
2005	333	19	346	20	353	20	105	6
2006	391	26	339	23	378	26	121	8

续表

年份	种植业人均纯收入 / 元	占农民人均纯收入的比重 / %	牧业人均纯收入 / 元	占农民人均纯收入的比重 / %	工业人均纯收入 / 元	占农民人均纯收入的比重 / %	农民外出劳务人均收入 / 元	占农民人均纯收入的比重 / %
2007	411	29	362	25	296	21	112	8
2008	414	26	360	22	337	21	145	9
2009	515	27	478	25	336	17	162	8
2010	511	24	501	24	445	21	239	11
2011	555	26	698	32	148	7	314	15
2012	1082	34	713	23	147	5	575	18
2013	1266	34	1062	29	146	4	595	16
2014	1383	34	997	25	149	4	513	13

资料来源：河西乡农村经济年报（2005—2014 年）。

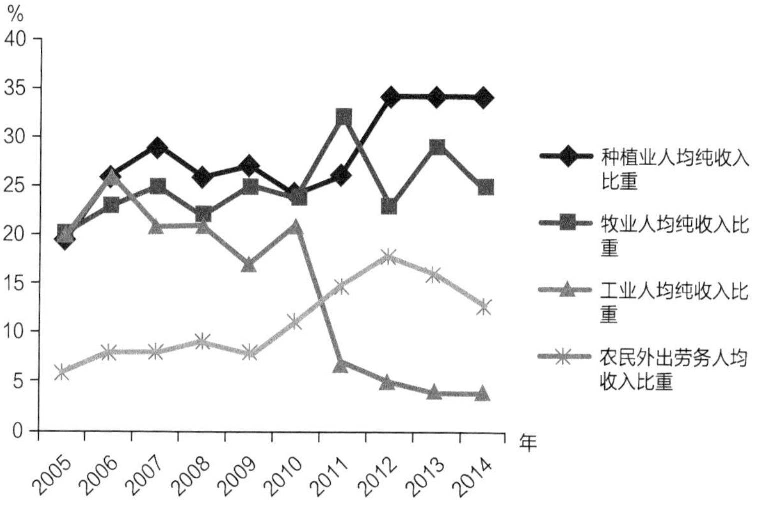

图 7–8　河西乡主要行业农民人均纯收入比重变化

资料来源：河西乡农村经济年报（2005—2014 年）。

7.3.4.7　小结

从各行业人均纯收入在农民人均纯收入的占比来看，如表 7–36 所示，6 个乡的种植业与牧业人均纯收入在农民人均纯收入中的占比普遍达到

50% 以上，所以，种植业与牧业人均纯收入一直是这 6 个乡农村经济中最主要的收入来源。

表 7-36　6 个乡种植业与牧业人均纯收入占农民人均纯收入比重变化情况　%

年份	户撒乡	西山乡	三台山乡	独龙江乡	匹河乡	河西乡
2005	89	85	74	66	73	39
2006	89	62	78	65	70	49
2007	94	80	78	55	63	54
2008	93	80	79	48	61	48
2009	86	77	75	46	60	52
2010	80	72	73	48	58	48
2011	58	71	72	41	58	58
2012	62	73	69	45	57	57
2013	64	54	59	52	57	63
2014	73	31	64	50	57	59

注：因匹河乡数据缺失，这里统计的是农民人均收入占比。

从种植业与牧业人均收入比重的变化趋势来看，如图 7-9 所示，除河西乡外，其余 5 个乡种植业与牧业人均纯收入比重在 2005—2010 年都有所下降，特别是西山乡在 2013 年与 2014 年下降幅度较大，而河西乡在此期间种植业与牧业人均收入比重却呈上升趋势。

从构成变化来看，6 个乡中除了独龙江乡，其余 5 个乡农民人均（纯）收入中比重能占到 10% 以上的都由以前的种植业与牧业人均（纯）收入演变为种植业、牧业与农民外出劳务人均（纯）收入，如图 7-10 所示，5 个乡农民外出劳务收入由 2010 年前大部分不足 10%，到 2011 年后上升到 10% 以上，有些甚至上升到 20% 以上，其中波动最大的是西山乡，其农民外出劳务人均收入在 2012 年以后快速上升，在农民人均纯收入中的占比也较大，2014 年占比达到了 46%。三台山乡的农民外出劳务人均收入增长也较大，由 2005 年的只占 1% 到 2014 年占到 21%。匹河乡农民外出劳务人均收入比重呈现逐渐上升的趋势。户撒乡农民外出劳务人均收入的比重在 2010 年突然大幅上升，又不断回落，但回落后的比重在 2014 年仍占农

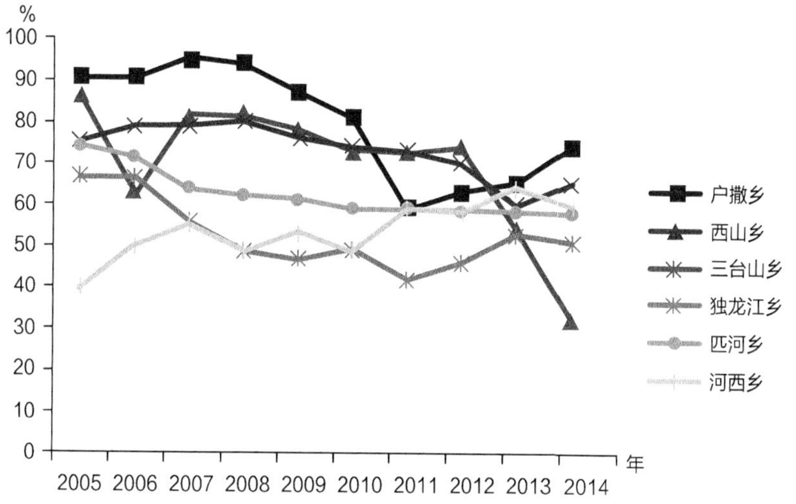

图 7-9　6 个乡种植业与牧业人均纯收入比重变化

注：因匹河乡数据缺失，这里统计的是农民人均收入占比。

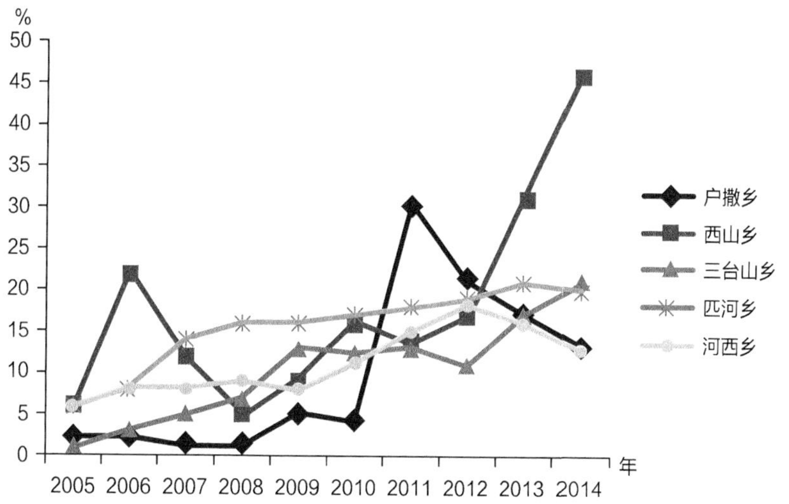

图 7-10　5 个乡农民外出劳务收入变化

资料来源：各乡农村经济年报（2005—2014 年）。

民人均纯收入的13%。河西乡农民外出劳务人均收入从2009年开始缓慢上升，到2012年后有所回落，回落后其比重仍然超过10%。这说明，5个乡的农民人均收入构成由过去只有种植业与牧业收入，即只有家庭经营收入，演变为由家庭经营收入与外出务工收入组成。农民外出务工的收入成为5个乡农民收入增长的新来源。

独龙江乡农民人均纯收入的构成较为独特，其农民人均纯收入中比重占到10%以上的一直是种植业、牧业人均纯收入与其他非生产性收入，而且其他非生产性收入的比重一直都比较高。

7.3.5 小结：第一产业内部结构的优化同样表现出区域性差异

总的来看，在政策实施后6个乡三次产业结构没有出现实质性的升级，但在第一产业内部结构的优化上德宏州优于怒江州。

第一，6个乡的农村经济总收入都呈逐步增长态势，但平均增长速度上德宏州的乡比怒江州的乡要高，如图7-11所示，6个乡农村经济总收入

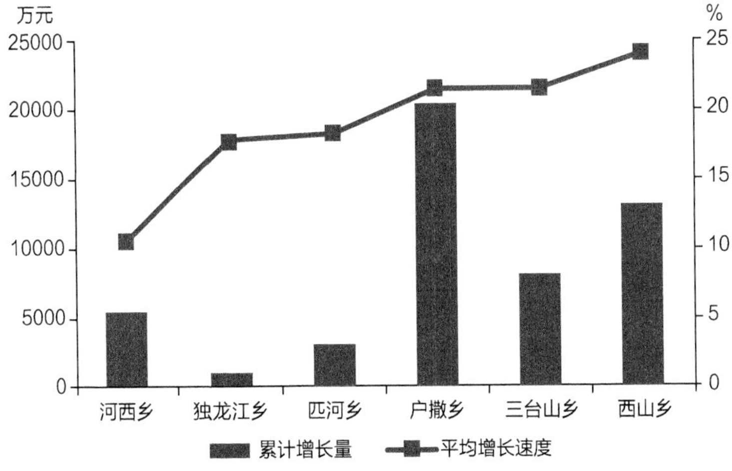

图7-11　政策实施后6个乡农村经济总收入增长情况

资料来源：根据表7-16～表7-21计算所得。

累计增长量最大的是户撒乡，最小的是独龙江乡。从年均增长速度来看，从高到低依次是西山乡、三台山乡、户撒乡、匹河乡、独龙江乡、河西乡。也就是说，德宏州 3 个乡的平均增长速度大于怒江州的 3 个乡。

第二，6 个乡都是以第一产业为主的农业乡。虽然在 2005 年河西乡以第一、第二产业为主，但现在已演变为以第一产业为主。在 6 个乡中按第一产业收入所占比重的平均值高低排序，依次是西山乡、三台山乡、户撒乡、匹河乡、河西乡、独龙江乡（如图 7-12 所示）。6 个乡三次产业中第一产业收入占比最大，德宏州 3 个乡的占比都在 90% 以上，怒江州 3 个乡的占比也在 60% 以上。相对而言，6 个乡的第二、第三产业收入所占比重较小。其中，6 个乡的第二产业收入所占比重最小，除河西乡第二产业收入经历了由高到低的变化外，其余 5 个乡的第二产业收入占比一直是三次产业中最低的。以第三产业收入的平均值来比较（如图 7-13 所示），第三产业所占比重平均值最高的是独龙江乡，怒江州的 3 个乡第三产业所占比重平均值都在 10% 以上，而德宏州的 3 个乡第三产业所占比重平均值都小于 5%。

第三，从三次产业的变动趋势来看，如图 7-14 ～图 7-19 所示，大

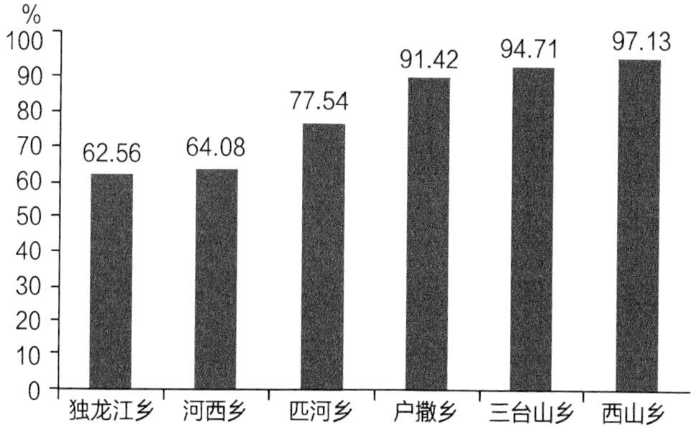

图 7-12　6 个乡第一产业收入所占比重平均值排序

资料来源：根据表 7-16 ～表 7-21 计算所得。

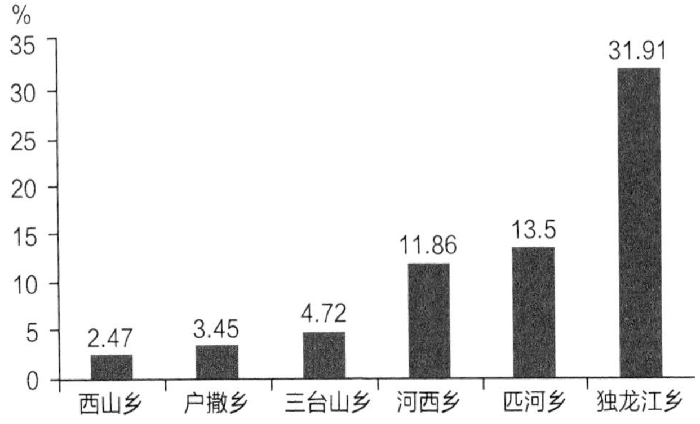

图 7-13　6 个乡第三产业收入所占比重平均值排序

资料来源：根据表 7-16 ～表 7-21 计算所得。

部分乡三次产业结构没有明显变动。德宏州 3 个乡三次产业结构基本上没有多少变动，怒江州的匹河乡变动也不大，只有独龙江乡与河西乡变动明显：独龙江乡第一产业收入所占比重逐渐减少，第三产业收入所占比重逐渐增加；河西乡第一产业收入所占比重逐渐增加，第二产业比重逐渐降低。

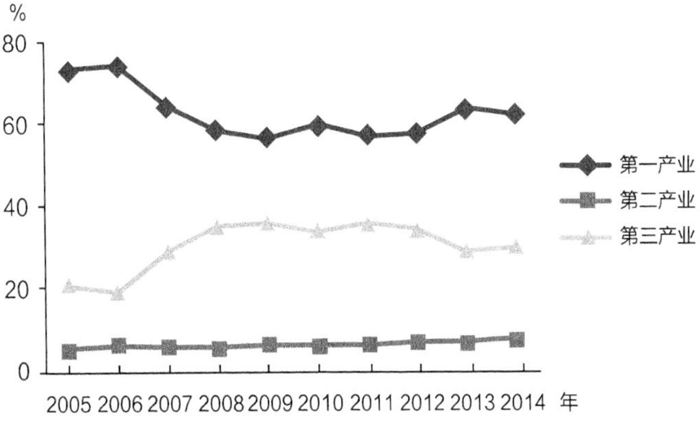

图 7-14　2005—2014 年独龙江乡三次产业变动趋势

资料来源：根据表 7-19 整理所得。

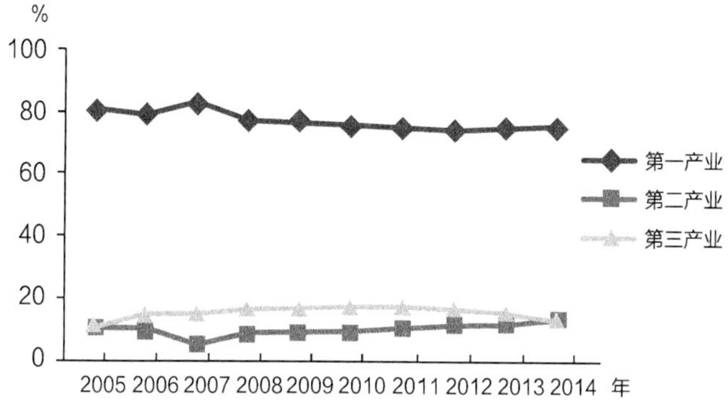

图 7-15　2005—2014 年匹河乡三次产业变动趋势

资料来源：根据表 7-20 整理所得。

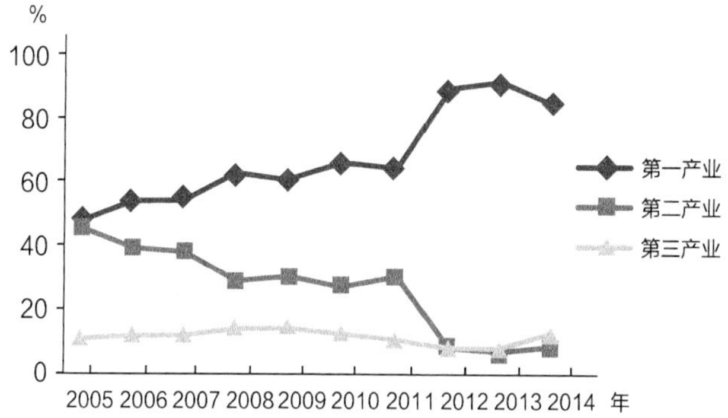

图 7-16　2005—2014 年河西乡三次产业变动趋势

资料来源：根据表 7-21 整理所得。

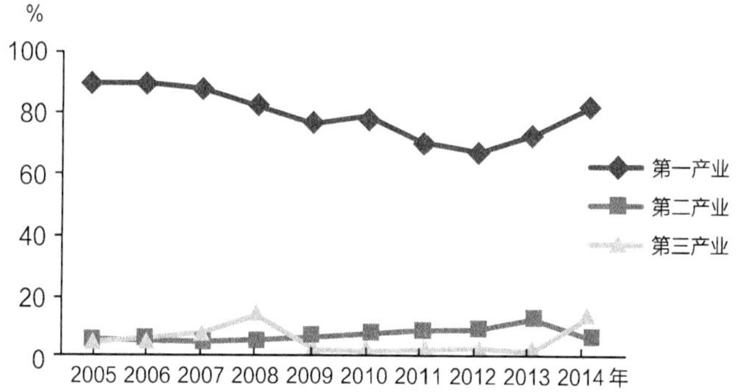

图 7-17　2005—2014 年户撒乡三次产业变动趋势

资料来源：根据表 7-16 整理所得。

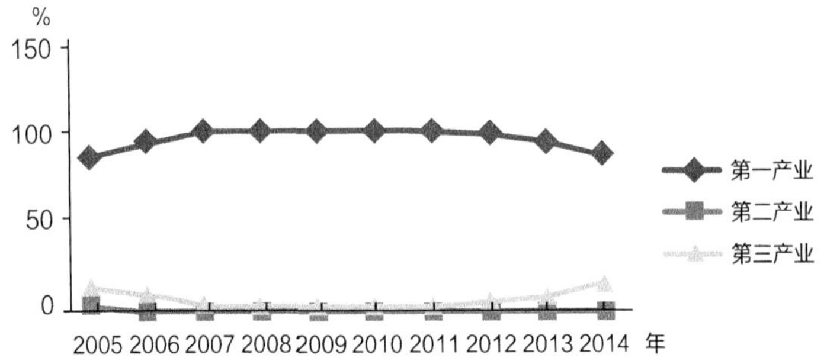

图 7-18 2005—2014 年三台乡三次产业变动趋势

资料来源：根据表 7-17 整理所得。

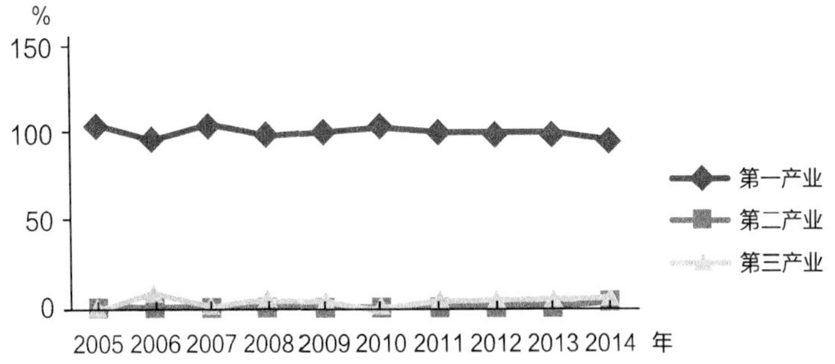

图 7-19 2005—2014 年西山乡三次产业变动趋势

资料来源：根据表 7-18 整理所得。

7.4 农业产业结构调整与比较优势符合度分析——以德宏州 3 个乡为例

按照新结构经济学理论，农村经济持续增长与农民收入增加最重要的来源是农村经济收入的增长，而农村经济收入增长是农村产业结构调整升级的结果。农村产业结构升级是在产业结构合理化基础上的调整与提升，因为合理的农村产业结构是各种要素禀赋优化配置的结果。所以，如果农村农业产业结构调整升级与当地的比较优势相符合，那么农民的收入增长具有可持续性，对农村的减贫效应较好，否则，不具有可持续性，减贫效应就差。

为了探究人口较少民族聚居乡在政策扶持后生产结构调整是否遵循比较优势原则，本节以德宏州 3 个乡为例，主要分析 3 个乡农业生产中主要农作物与畜产品的比较优势，然后对其生产结构调整与比较优势的符合度进行检验。

7.4.1　数据来源与研究方法

7.4.1.1　数据来源

囿于怒江州统计数据获得的困难性与不连续性，本节对怒江州 3 个乡不做分析，主要以德宏州 3 个乡为例。德宏州数据来源于《陇川县农村经济统计年报》(2005—2014 年)、《芒市农村经济统计年报》(2005—2014 年)，种植业以主要农作物单产与播种面积为主要统计数据，养殖业以畜产品的存栏数、肉类产量为主要统计数据。

7.4.1.2　研究方法

第一，种植业比较优势测算公式与指标。

本节借鉴田文勇等①、王学真等②、于爱芝等③、彭可茂等④的研究方法，

---

① 田文勇，周刚，赵圣文，等．贵州省种植业生产结构调整与比较优势匹配检验［J］．贵州农业科学，2015（6）：245-250.

② 王学真，韩婷婷，高峰．种植业结构调整匹配比较优势的实证分析［J］．东岳论丛，2009（5）：21-24.

③ 于爱芝，裴少锋，李崇光．中国粮食生产的地区比较优势［J］．农业技术经济，2001（6）：4-9.

④ 彭可茂，席利卿，彭开丽．近 20 年中国油料生产比较优势的测算与启示［J］．贵州农业科学，2012（2）：159-163.

基于3个乡主要农作物包括政策扶持的农作物播作面积与单产统计数据，采用比较优势指数法对主要农作物生产的比较优势进行测算。

比较优势指数包括规模比较优势指数（SCA）、效率比较优势指数（ECA）与综合比较优势指数（RCA）。

各指数计算公式如下[①]：

（1）规模比较优势指数：

$$SCA_{ij}=\frac{SA_{ij}/SA_i}{SA_j/SA} \tag{7-1}$$

式中，SCA_{ij} 表示 i 乡 j 农作物的规模比较优势指数，SA_{ij} 表示 i 乡 j 农作物播种面积，SA_i 表示 i 乡所有农作物播种面积，SA_j 表示该乡所在县市 j 农作物播种面积，SA 表示该乡所在县市所有农作物播种面积。$SCA_{ij}>1$，表明与县市平均水平相比，i 乡 j 农作物的生产规模具有优势；$SCA_{ij}<1$，则反之，SCA_{ij} 值越大，说明规模优势越突出。

（2）效率比较优势指数：

$$ECA_{ij}=\frac{EA_{ij}/EA_i}{EA_j/EA} \tag{7-2}$$

式中，ECA_{ij} 表示 i 乡 j 农作物的效率比较优势指数，EA_{ij} 表示 i 乡 j 农作物单产，EA_i 表示 i 乡所有农作物平均单产，EA_j 表示各乡所在县市 j 农作物平均单产，EA 表示各乡所在县市所有农作物平均单产。$ECA_{ij}>1$，表明与所在县市平均水平相比，i 地区 j 农作物的生产效率具有优势；$ECA_{ij}<1$ 则反之，ECA_{ij} 值越大，表明效率优势越突出。

（3）综合比较优势指数：

$$RCA_{ij}=\sqrt{SCA_{ij}\times ECA_{ij}} \tag{7-3}$$

① 各指数计算公式引自：田文勇，周刚，赵圣文等．贵州省种植业生产结构调整与比较优势匹配检验［J］．贵州农业科学，2015（6）：245-250.

式中，RCA_{ij} 表示 i 乡 j 农作物生产的综合比较优势指数。$RCA_{ij}>1$ 表明与所在县市平均水平相比，i 地区 j 农作物生产具有综合比较优势；$RCA_{ij}<1$ 则反之。RCA_{ij} 值越大，说明综合比较优势越突出。

第二，养殖业比较优势测算公式与指标。

上述比较优势测算公式同样适合于畜产品，但是需将上述指标中的单产和播种面积换成畜产品的存栏数与肉类产量，这样可以构建出存栏规模优势指数、产量优势指数与区域畜产品综合比较优势指数。

存栏规模是反映某区域某种畜产品生产规模和专业化程度的重要指标，主要取决于区域内的自然资源条件、市场需求状况、经济发展水平、产业结构政策等因素。乡镇畜产品的存栏规模优势指数是指乡镇某种畜禽存栏量占该乡镇所有畜禽存栏量的比重与所在县市该种畜禽存栏量占县市所有畜禽存栏量的比重的比率。“在具体的计算中，需将所有畜禽数量都折合成牛单位，具体折算比例如下：150 只蛋鸡折合成 1 头牛、300 只肉鸡折合成 1 头牛、5 头猪折合成 1 头牛、15 只羊折合成 1 头牛。”[①] 因所得乡的家禽数据未能区分出蛋鸡与肉鸡，所以本部分家禽折算按蛋鸡与肉鸡的平均数来计算，即 175 只家禽折合成 1 头牛。

乡镇畜产品的产量优势指数是指乡镇某种畜禽产量占该乡镇所有畜禽产量的比重与所在县市该种畜禽产量占县市所有畜禽产量的比重的比率，该指数是反映某一区域内畜牧生产发展水平的重要指标。

乡镇畜产品的综合比较优势指数是存栏规模优势指数和产量优势指数的几何平均数。该指数是一个能较全面地反映区域畜产品比较优势的综合性指标。

第三，生产结构调整与比较优势符合度的衡量指标。

---

① 李瑾，秦向阳 . 基于比较优势理论的我国畜牧业区域结构调控研究［J］. 农业现代化研究，2009（1）：6-10.

为了检验3个乡从政府政策扶持以来种植业生产结构调整与比较优势匹配的实际状况，本节主要用综合优势指数（RCA）和生产结构变化值（PS）两个指标，对3个乡主要农作物生产结构调整与其比较优势的匹配情况进行检验，以考察人口较少民族扶持政策实施后种植业结构调整是否遵循比较优势的原则。

农业生产结构（Productive Structure）变化值可以用某种农作物播种面积占农作物总播种面积的比重来表示，则有表示某种农作物第 t 年的生产结构变化值公式：

$$PS_{it} = PSA_{it} - PSA_{it\text{-}1} \qquad (7\text{–}4)$$

式中，PS_{it} 表示 i 农作物第 t 年的生产结构变化值，PSA_{it}、PSA_{it-1} 分别表示第 t 年和第 t–1 年 i 农作物播种面积占农作物总播种面积的比重，以此指标来具体反映农作物结构调整变化。

综合比较优势指数代表理论上的结构调整方向，生产结构变化值代表实际上的结构调整方向。当综合比较优势指数大于1，即 $RCA_{t-1}>1$，表示理论上第 t 年应该提高该种作物播种面积比重，这时理论调整方向为正，用“+”表示，反之则理论调整方向为负，用“–”表示。当生产结构变化值大于0，即 $PS_{it}>0$，表示第 t 年该种作物实际上的播种面积比重较上年有所增加，即实际上的结构调整方向为正，用“+”表示，反之则实际上的结构调整方向为负，用“–”表示。

当 $RCA_{t-1}>1$ 时，$PS_{it}>0$，或当 $RCA_{t-1}<1$ 时，$PS_{it}<0$；即当综合比较优势与生产结构变化值都为“+”，或者都为“–”时，则表示种植业生产结构变化符合相对比较优势原则。

上述数学模型与方法同样适用于畜产品的生产结构与比较优势符合度的衡量，但畜产品生产结构变化值选取某种畜产品的存栏数来计算。

7.4.2　种植业主要农作物比较优势测算

下面将分别采用式（7–1）、式（7–2）、式（7–3）计算 2005—2014 年 3 个乡主要农作物生产的比较优势指数，同时将各乡的主要农作物区分为有政策扶持的农作物与无政策扶持的农作物，并对这两种情况进行比较。

7.4.2.1　户撒乡主要农作物的比较优势测算

户撒乡主要农作物有优质稻、油料作物（主要是油菜）、烟叶、草果与蔬菜。在这些农作物中得到政府扶持的有优质稻、草果和烟叶。表 7–37 给出了户撒乡这 5 种主要农作物的比较优势指数。

从规模比较优势指数来看，2005—2014 年户撒乡的油料作物与草果的规模比较优势指数始终大于 2，说明户撒乡的油料作物与草果在陇川县一级具有显著的比较优势；优质稻与蔬菜的规模比较优势指数均值大于 1 且小于 2，说明在规模上具有一定的比较优势；烟叶的规模比较优势呈现出一定的波动，2005—2007 年的规模比较优势指数都大于 5，因为这个时期陇川县只有户撒乡种植烟叶，但 2008—2011 年由于陇川县其他乡镇都开始种植烟叶，所以这个时期户撒乡种植烟叶的规模比较优势指数小于 1，但是从 2012 年开始户撒乡得到政府扶持政策对烟叶的扶持，2012—2014 年烟叶的规模比较优势指数都大于 1。烟叶种植受到国家政策的严格控制，所以，规模比较优势指数呈现出随着政策扶持的波动而波动的状态。总的来说，户撒乡这几种主要农作物在县一级都具有规模比较优势。

从效率比较优势指数来看，户撒乡这 5 种农作物的效率比较优势指数均值都大于 2，特别是草果的效率比较优势指数均值大于 3，说明 5 种农作物在全县范围内具有效率优势。

从综合比较优势指数来看，户撒乡的油料作物、烟叶与草果的综合比较优势指数均值都大于 2，与全县平均水平相比，这 3 种作物的综合比较优势最为明显，优质稻与蔬菜的综合比较优势指数均值都大于 1，与全县平均水平相比，这两种作物具有一定的综合比较优势。

总的来看，与陇川县的平均水平相比，户撒乡 5 种主要农作物都具有规模、效率与综合比较优势。以综合比较优势指数均值，按从高到低的顺序将这 5 种作物进行排序，依次为草果、油料作物、烟叶、优质稻、蔬菜。可见，并不是政府扶持的所有农作物优质稻、草果、烟叶的综合比较优势都比未扶持的农作物油料作物、蔬菜高。

表 7-37　2005—2014 年户撒乡主要农作物比较优势指数

年份	优质稻	油料作物	烟叶	草果	蔬菜
规模比较优势指数					
2005	1.59	2.55	5.74	2.42	1.72
2006	1.97	2.64	5.86	2.40	1.65
2007	2.33	3.35	5.57	2.59	1.44
2008	1.63	2.85	0.88	2.43	1.22
2009	1.28	2.72	0.27	2.57	1.15
2010	1.55	3.21	0.36	2.97	1.29
2011	1.36	2.94	0.53	3.23	1.36
2012	1.44	2.86	1.35	2.74	1.07
2013	1.23	2.23	1.93	2.90	0.98
2014	1.18	2.40	1.84	3.09	1.03
均值	1.56	2.78	2.43	2.73	1.29
效率比较优势指数					
2005	3.02	3.91	3.47	4.17	3.55
2006	1.58	1.83	1.75	2.75	1.69
2007	1.20	1.23	1.81	2.54	1.79
2008	1.36	1.89	1.44	2.09	1.53
2009	0.82	1.22	5.09	1.49	1.01
2010	1.53	2.36	1.49	2.45	3.55
2011	5.60	8.17	1.72	10.21	3.72
2012	4.70	6.04	4.90	3.63	1.61

续表

年份	优质稻	油料作物	烟叶	草果	蔬菜
2013	1.08	0.64	2.57	1.52	0.84
2014	1.92	1.43	1.99	2.54	1.86
均值	2.28	2.87	2.62	3.34	2.12
综合比较优势指数					
2005	2.19	3.16	4.46	3.18	2.47
2006	1.76	2.20	3.20	2.57	1.67
2007	1.67	2.03	3.18	2.56	1.61
2008	1.49	2.32	1.13	2.25	1.37
2009	1.02	1.82	1.17	1.96	1.08
2010	1.54	2.75	0.73	2.70	2.14
2011	2.76	4.90	0.95	5.74	2.25
2012	2.60	4.16	2.57	3.15	1.31
2013	1.15	1.19	2.23	2.10	0.91
2014	1.51	1.85	1.91	2.80	1.38
均值	1.77	2.64	2.15	2.90	1.62

7.4.2.2 三台山乡主要农作物的比较优势测算

三台山乡主要农作物有甘蔗、茶、咖啡、园林水果与澳洲坚果。在这些农作物中得到政府政策扶持的主要有咖啡与澳洲坚果，甘蔗、茶与园林水果都是三台山乡传统的主要农作物，甘蔗更是三台山乡的支柱产业。表 7-38 给出了三台山乡这 5 种主要农作物的比较优势指数。

从规模比较优势指数来看，除了茶的规模比较优势指数均值小于 2 大于 1 外，其余 4 种农作物的规模比较优势指数均值都大于 2。咖啡与澳洲坚果从 2008 年获得政府政策扶持后，规模比较优势指数都较高，其中澳洲坚果的规模比较优势指数均值大于 6，这说明与芒市平均水平相比，三台山乡这 5 种农作物都具有规模比较优势且澳洲坚果的优势更为显著。

从效率比较优势指数来看，由于澳洲坚果从种植到挂果需要的时间较长，所以其效率比较优势从2011年开始才有数据。三台山乡这5种农作物的效率比较优势指数均值都小于1，说明三台山乡这5种农作物生产与芒市的平均水平相比不具有效率优势。

从综合比较优势指数来看，三台山乡除茶以外的4种农作物的综合比较优势指数均值都大于1，4种农作物的综合比较优势指数均值按从高到低排序依次为甘蔗、咖啡、园林水果与澳洲坚果，说明与芒市平均水平相比，除了茶的生产不具有综合比较优势外，其余4种农作物生产具有一定的综合比较优势。

总的来看，三台山乡5种主要农作物与芒市的平均水平相比，在规模上具有明显的比较优势，在效率上都不具有比较优势。从综合比较优势指数来看，政府政策扶持的咖啡、澳洲坚果与未获得政府政策扶持的园林水果、甘蔗，这4种作物都具有一定的综合比较优势，而且甘蔗的综合比较优势指数均值最高。

表7-38　2005—2014年三台山乡主要农作物比较优势指数

年份	甘蔗	茶	咖啡	园林水果	澳洲坚果
规模比较优势指数					
2005	2.23	0.95	2.82	3.28	—
2006	2.10	1.28	3.13	3.39	—
2007	2.09	1.16	1.21	2.59	—
2008	2.32	1.02	1.28	2.58	2.64
2009	2.61	1.26	3.32	2.91	2.77
2010	2.97	1.15	3.23	3.53	5.94
2011	3.02	1.16	3.11	2.45	8.22
2012	2.86	1.24	3.18	1.47	8.67
2013	2.74	1.30	3.04	1.54	8.98
2014	2.54	1.25	3.16	1.20	8.04
均值	2.55	1.18	2.75	2.49	6.47

续表

年份	甘蔗	茶	咖啡	园林水果	澳洲坚果
效率比较优势指数					
2005	0.95	0.82	0.76	0.45	—
2006	1.04	0.87	1.06	0.51	—
2007	0.77	0.74	0.93	0.51	—
2008	0.80	0.71	1.11	0.42	—
2009	0.85	0.66	1.62	0.74	—
2010	0.89	0.92	1.07	0.35	—
2011	0.74	0.87	0.64	0.53	0.14
2012	1.51	1.44	0.33	1.69	0.42
2013	0.77	0.62	0.51	0.73	0.79
2014	0.74	0.57	0.54	0.29	2.22
均值	0.91	0.82	0.86	0.62	0.89
综合比较优势指数					
2005	1.46	0.88	1.46	1.21	—
2006	1.48	1.06	1.82	1.31	—
2007	1.27	0.93	1.06	1.15	—
2008	1.36	0.85	1.19	1.04	—
2009	1.49	0.91	2.32	1.47	—
2010	1.63	1.03	1.86	1.11	—
2011	1.49	1.00	1.41	1.14	1.07
2012	2.08	1.34	1.02	1.58	1.26
2013	1.45	0.90	1.25	1.06	1.03
2014	1.37	0.84	1.31	0.59	0.77
均值	1.51	0.97	1.47	1.17	1.03

7.4.2.3　西山乡主要农作物的比较优势测算

西山乡主要农作物有甘蔗、茶、咖啡、橡胶与澳洲坚果。从 2008 年开始，政府政策扶持种植咖啡、澳洲坚果与橡胶等经济作物，甘蔗、茶都是西山乡传统的主要农作物，甘蔗也是西山乡的支柱产业。表 7-39 给出了西山乡这 5 种主要农作物的比较优势指数。

从规模比较优势指数来看，茶与澳洲坚果的指数均值小于 2 大于 1，橡胶的指数均值大于 2，甘蔗与咖啡的指数均值都大于 3，说明西山乡这 5 种农作物在规模上与芒市平均水平相比，具有比较优势。

从效率比较优势指数来看，由于澳洲坚果从种植到挂果需要的时间较长，又缺失数据，所以其效率比较优势只有 2013 年与 2014 年的数据。西山乡这 5 种农作物中只有茶的效率比较优势指数均值大于 1，其余 4 种农作物的效率比较优势指数均值都小于 1，说明与芒市的平均水平相比，西山乡只有茶的生产具有效率比较优势，其余 4 种农作物生产不具有效率优势，而茶不属于政府政策扶持的范围。

从综合比较优势指数来看，与芒市平均水平相比，西山乡除澳洲坚果以外的 4 种农作物生产的综合比较优势指数均值都大于 1，说明这 4 种农作物生产在芒市一级具有一定的综合比较优势。再以综合比较优势指数均值，按从高到低对这 4 种农作物进行排序，依次为甘蔗、咖啡、橡胶、茶，其中政府政策扶持的咖啡与橡胶并不具有绝对的综合比较优势，而澳洲坚果由于数据缺失，其两年的综合比较优势指数都小于 1，只能说明短期内澳洲坚果的生产不具有综合比较优势。

表 7-39　2005—2014 年西山乡主要农作物比较优势指数

年份	甘蔗	茶	咖啡	橡胶	澳洲坚果
规模比较优势指数					
2005	3.22	0.79	1.02	1.79	—
2006	2.66	0.78	1.09	1.04	—
2007	2.93	0.83	6.99	1.27	—
2008	3.11	0.94	6.98	2.94	0.22
2009	4.41	1.15	5.73	3.11	0.26

续表

年份	甘蔗	茶	咖啡	橡胶	澳洲坚果
2010	4.04	1.09	4.11	3.06	1.48
2011	4.14	1.07	3.47	2.98	1.61
2012	4.66	1.17	3.69	3.17	2.37
2013	5.10	1.22	3.27	3.51	2.55
2014	5.56	1.18	3.05	2.84	2.57
均值	3.98	1.02	3.94	2.57	1.58
效率比较优势指数					
2005	0.95	1.31	0.09	0.24	—
2006	0.93	1.56	0.34	0.25	—
2007	0.71	0.98	0.83	0.27	—
2008	0.80	1.07	0.83	0.24	—
2009	0.89	1.17	0.78	0.28	—
2010	0.94	0.95	0.45	0.29	—
2011	0.99	0.92	0.83	0.20	—
2012	1.51	1.46	0.27	0.46	—
2013	0.77	0.73	0.63	0.65	0.28
2014	0.71	0.69	0.64	0.65	0.14
均值	0.92	1.08	0.63	0.40	0.21
综合比较优势指数					
2005	1.75	1.02	0.30	0.66	—
2006	1.57	1.10	0.61	0.51	—
2007	1.44	0.90	2.41	0.59	—
2008	1.58	1.00	2.41	0.84	—
2009	1.98	1.16	2.11	0.93	—
2010	1.95	1.02	1.36	0.94	—
2011	2.02	0.99	1.70	0.77	—
2012	2.65	1.31	1.00	1.21	—
2013	1.98	0.94	1.44	1.51	0.84
2014	1.99	0.90	1.40	1.36	0.60
均值	1.89	1.03	1.63	1.08	0.72

7.4.2.4　3个乡得到与未得到政策扶持的农作物优势指数比较

把3个乡的主要农作物按得到与未得到政策扶持进行分类，计算这两类农作物的规模比较优势指数、效率比较优势指数与综合比较优势指数的均值，然后对其进行对比。户撒乡政策扶持的农作物选取优质稻与草果的数据，未受扶持的农作物选取油料作物与蔬菜的数据；西山乡政策扶持的农作物选取咖啡与橡胶的数据，未受扶持的农作物选取甘蔗与茶的数据；三台山乡政策扶持的农作物选取咖啡的数据，未受扶持的农作物选取甘蔗、茶与园林水果的数据。户撒乡因为烟叶的数据突出地受政策的影响，为保证数据的平稳性，而没有将之计入。三台山乡与西山乡因澳洲坚果的数据不全，也没有计入。

第一，从规模比较优势来看，如图7-20所示，户撒乡政策扶持的与未扶持的农作物规模比较优势差异不大，只有2013年与2014年未扶持的农作物比扶持的农作物的规模比较优势指数低。而西山乡与三台山乡比较一致，除特殊的几年外，大多数情况下政策扶持的农作物比未扶持的农作物规模比较优势指数高，说明这两个乡农作物规模受政策影响较大（见图7-21、图7-22）。

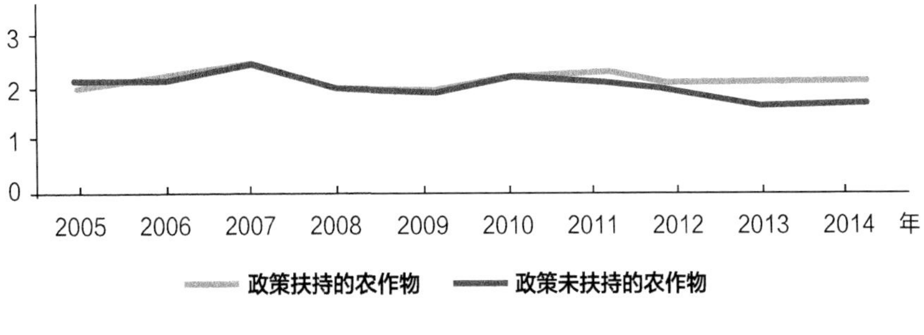

图7-20　户撒乡两类农作物规模比较优势指数均值趋势

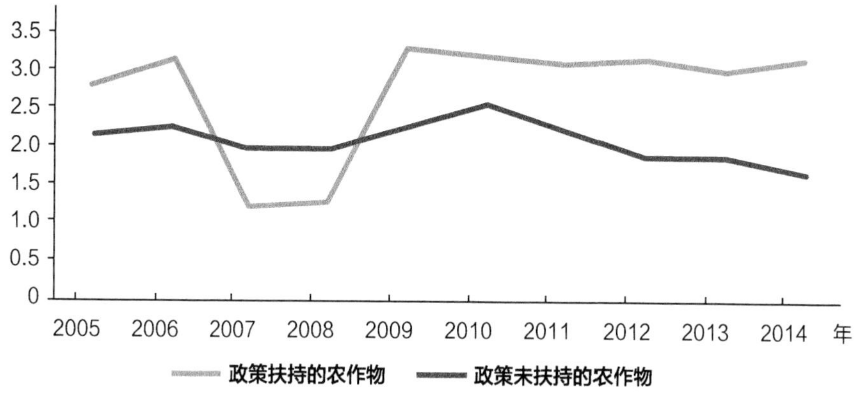

图 7-21 三台山乡两类农作物规模比较优势指数均值趋势

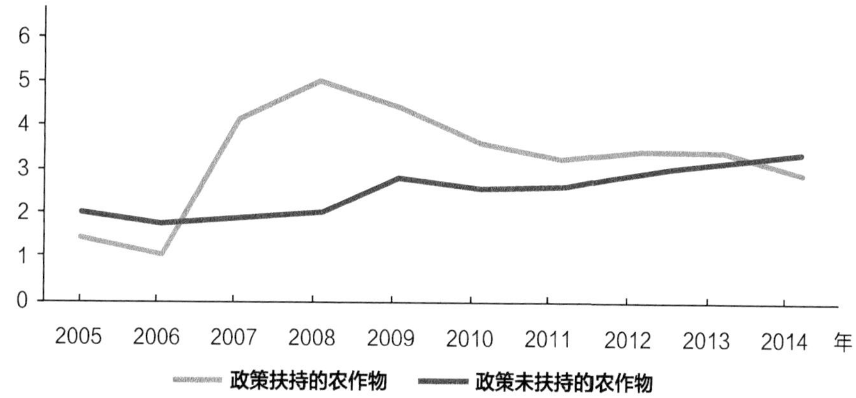

图 7-22 西山乡两类农作物规模比较优势指数均值趋势

第二，从效率比较优势来看，如图 7-23 所示，户撒乡政策扶持与未扶持的农作物，其效率比较优势指数呈现出同步走势，即两者的效率优势差不多。三台山乡政策扶持与未扶持的农作物，其效率比较优势指数呈现出相反的走势，当政策扶持的农作物效率比较优势高时，未扶持的农作物效率比较优势低，而当政策扶持的农作物效率比较优势低时，未扶持的农作物效率优势高，而且政策扶持的农作物效率比较优势指数呈现出由高到低的走势，未扶持的农作物效率比较优势指数呈现出由低到高的走势（见图 7-24）。西山乡的情况更为典型，未受到政策扶持的农作物效率比较优势总是高于得到扶持的农作物（见图 7-25）。

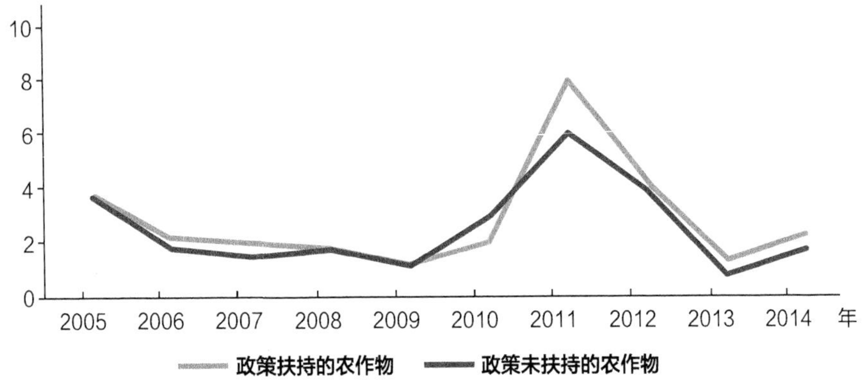

图 7-23　户撒乡两类农作物效率比较优势指数均值趋势

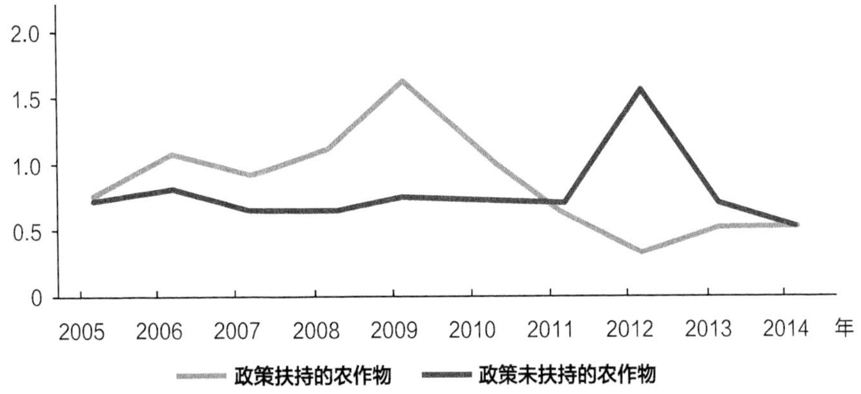

图 7-24　三台山乡两类农作物效率比较优势指数均值趋势

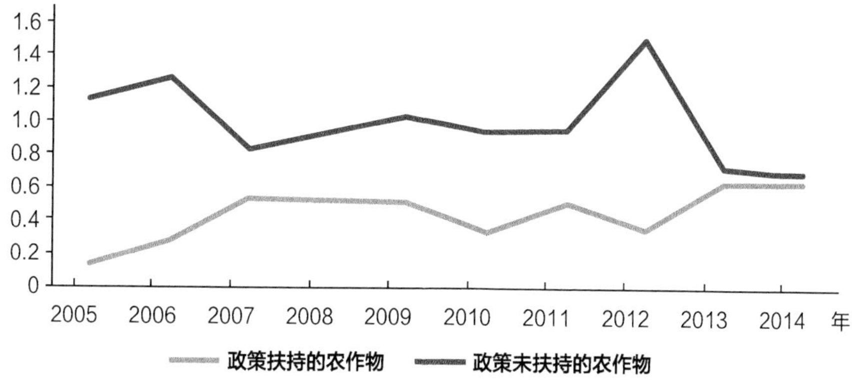

图 7–25　西山乡两类农作物效率比较优势指数均值趋势

第三，从综合比较优势来看，如图 7–26 所示，户撒乡政策扶持与未扶持的农作物，其综合比较优势指数也呈现出同步走势，但 2010 年后政策扶持的农作物综合比较优势指数稍微比未扶持的农作物高。三台山乡政策扶持与未扶持的农作物，其综合比较优势指数也呈现出相反的走势，当政策扶持的农作物综合比较优势高时，未扶持的农作物综合比较优势低，而当政策扶持的农作物综合比较优势低时，未扶持的农作物综合比较优势高（见图 7–27）。西山乡除了 2007 年、2008 年、2009 年三年外，其余年份未受到政策扶持的农作物综合比较优势总是高于得到扶持的农作物（见图 7–28）。

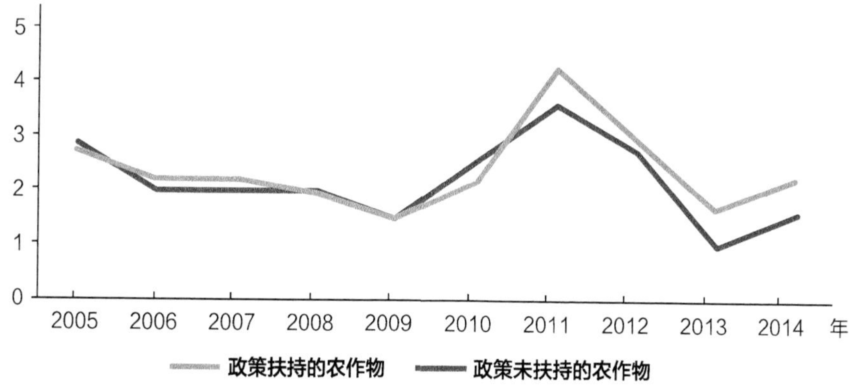

图 7–26　户撒乡两类农作物综合比较优势指数均值趋势

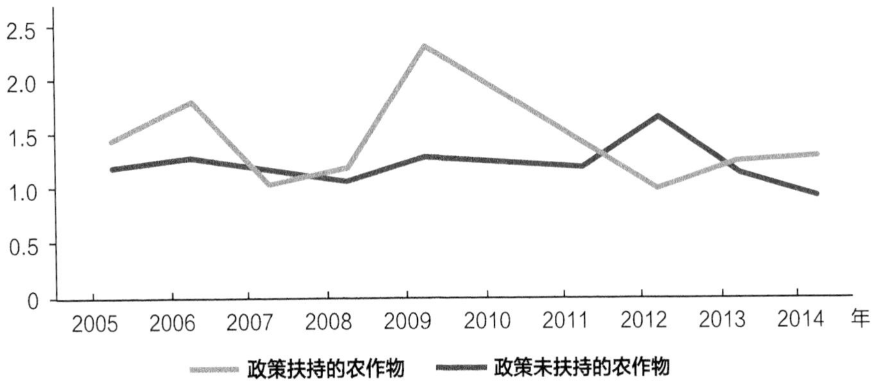

图 7-27　三台山乡两类农作物综合比较优势指数均值趋势

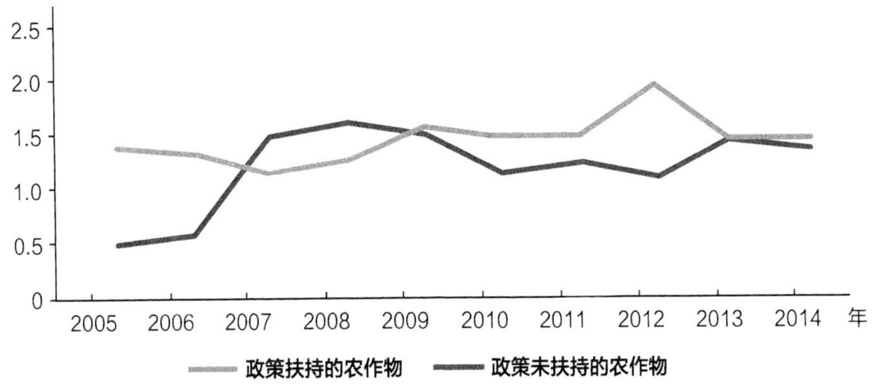

图 7-28　西山乡两类农作物综合比较优势指数均值趋势

从以上三个方面来看，政策对人口较少民族聚居乡村种植业的影响会因地区不同而有所差异。政策扶持对农作物比较优势的影响并没有体现出绝对的优势，更多地体现出地区差异。

7.4.3　种植业主要农作物生产结构调整与比较优势符合度检验

囿于怒江州统计数据获得的困难性与不连续性，本节主要分析德宏州 3 个乡的符合度情况。基于德宏州 3 个乡 2005—2014 年主要农作物播种面积比重数据，采用式（7–4）对这期间各个乡主要农作物的生产结构变化值进行测算，并与其农作物生产的综合比较优势指数进行对比。

从表 7–40 可以看出，户撒乡 5 种农作物的生产结构调整与综合比较优势匹配度从高到低依次为烟叶、草果、优质稻、蔬菜、油料作物，排在前三位的都是得到政府政策扶持的农作物。从烟叶生产来看，政府从 2012 年开始扶持户撒乡种植烟叶后，其后三年的匹配度都较好。与没有得到政府扶持的油料作物进行比较，发现虽然油料作物在县一级具有较好的综合比较优势，但是生产结构的调整却不能与之相匹配。这说明政府的扶持政策对户撒乡生产结构调整产生了相当大的作用，而且扶持政策能够使生产结构按比较优势的原则进行调整。

表 7–40　2005—2014 年户撒乡主要农作物生产结构调整与综合比较优势匹配情况

年份	综合比较优势	理论调整方向	结构变化值	实际调整方向	匹配情况
优质稻					
2005	2.19				
2006	1.76	+	1.74	+	1
2007	1.67	+	–2.66	–	0
2008	1.49	+	11.93	+	1
2009	1.02	+	–16.05	–	0
2010	1.54	+	0.83	+	1
2011	2.76	+	–1	–	0
2012	2.6	+	0.95	+	1
2013	1.15	+	–3.15	–	0
2014	1.51	+	–2.93	–	0
匹配度					44%
油料作物					
2005	3.16				
2006	2.2	+	–2.63	–	0

续表

年份	综合比较优势	理论调整方向	结构变化值	实际调整方向	匹配情况
2007	2.03	+	–0.34	–	0
2008	2.32	+	–3.11	–	0
2009	1.82	+	4.56	+	1
2010	2.75	+	–2.24	–	0
2011	4.9	+	–1.11	–	0
2012	4.16	+	–2.73	–	0
2013	1.19	+	–9.99	–	0
2014	1.85	+	1.33	+	1
匹配度					22%
烟叶					
2005	4.46				
2006	3.20	+	0.19	+	1
2007	3.18	+	–0.36	–	0
2008	1.13	+	–0.04	–	0
2009	1.17	+	0.18	+	1
2010	0.73	–	0.59	+	0
2011	0.95	–	0.32	+	0
2012	2.57	+	4.46	+	1
2013	2.23	+	5.29	+	1
2014	1.91	+	0.79	+	1
匹配度					56%
草果					
2005	3.18				
2006	2.57	+	–0.41	–	0
2007	2.56	+	1.99	+	1
2008	2.25	+	–1.48	–	0
2009	1.96	+	1.52	+	1
2010	2.7	+	0.46	+	1

续表

年份	综合比较优势	理论调整方向	结构变化值	实际调整方向	匹配情况
2011	5.74	+	−0.89	−	0
2012	3.15	+	−0.89	−	0
2013	2.1	+	0.33	+	1
2014	2.8	+	0.22	+	1
匹配度					56%
蔬菜					
2005	2.47				
2006	1.67	+	−0.17	−	0
2007	1.61	+	−0.46	−	0
2008	1.37	+	−0.6	−	0
2009	1.08	+	0.01	+	1
2010	2.14	+	0.1	+	1
2011	2.25	+	−0.16	−	0
2012	1.31	+	−0.82	−	0
2013	0.91	−	0.1	+	0
2014	1.38	+	0.01	+	1
匹配度					33%

从表 7–41 可以看出，三台山乡 5 种农作物的生产结构调整与综合比较优势匹配度从高到低依次为澳洲坚果、咖啡、园林水果、甘蔗与茶，排在前两位的是得到政府政策扶持的农作物澳洲坚果与咖啡，但两种经济作物的匹配情况呈现出渐弱的走势。而三台山乡的德昂族在历史上被誉为“古老的茶农”，他们因为善于种茶而闻名。但从茶的生产来看，三台山乡茶生产种植的综合比较优势指数均值只有 0.97，表明在芒市范围内不具有综合比较优势，而从其与生产结构调整的匹配来看，匹配度也只能达到 33%。同时，作为三台山乡支柱产业的甘蔗生产，其综合比较优势指数均值是最高的，但是与生产结构调整的匹配度只达到 33%。从这些方面来

看，三台山乡政府并没有按照比较优势原则来进行种植业生产结构的调整。

表 7-41 2005—2014 年三台山乡主要农作物生产结构调整与综合比较优势匹配情况

年份	综合比较优势	理论调整方向	结构变化值	实际调整方向	匹配情况
甘蔗					
2005	1.46				
2006	1.48	+	6.7	+	1
2007	1.27	+	-5.45	-	0
2008	1.36	+	1.09	+	1
2009	1.49	+	-11.85	-	0
2010	1.63	+	7.15	+	1
2011	1.49	+	-0.44	-	0
2012	2.08	+	-3.49	-	0
2013	1.45	+	-5.89	-	0
2014	1.37	+	-4.79	-	0
匹配度					33%
茶					
2005	0.88				
2006	1.06	+	5.14	+	1
2007	0.93	-	2.59	+	0
2008	0.85	-	-0.05	-	1
2009	0.91	-	3.88	+	0
2010	1.03	+	-3.75	-	0
2011	1.00	+	-0.1	-	0
2012	1.34	+	-0.28	-	0
2013	0.90	-	1.34	+	0
2014	0.84	-	-0.79	-	1
匹配度					33%
咖啡					
2008	1.19				
2009	2.32	+	10.53	+	1

续表

年份	综合比较优势	理论调整方向	结构变化值	实际调整方向	匹配情况
2010	1.86	+	5.42	+	1
2011	1.41	+	6.66	+	1
2012	1.02	+	3.79	+	1
2013	1.25	+	−0.92	−	0
2014	1.31	+	−1.17	−	0
匹配度					67%
澳洲坚果					
2008					
2009					
2010					
2011	1.07	+	24.68	+	1
2012	1.91	+	20.47	+	1
2013	2.66	+	15.77	+	1
2014	4.22	+	−0.63	−	0
匹配度					75%
园林水果					
2005	1.21				
2006	1.31	+	−0.24	−	0
2007	1.15	+	−0.66	−	0
2008	1.04	+	−0.51	−	0
2009	1.47	+	0.84	+	1
2010	1.11	+	0.86	+	1
2011	1.14	+	−1.36	−	0
2012	1.58	+	−1.29	−	0
2013	1.06	+	0.17	+	1
2014	0.59	−	−0.53	−	1
匹配度					44%

从表 7–42 可以看出，西山乡 5 种农作物的生产结构调整与综合比较优势匹配度从高到低依次为咖啡、茶、甘蔗、橡胶（由于澳洲坚果只有两

年的数据，所以在此忽略不计），其中得到政策扶持的有咖啡、橡胶，只有咖啡的匹配度较高，而橡胶的匹配度较低。茶与甘蔗作为西山乡传统的重要产业，虽未得到政府政策扶持，但茶的匹配度超过了50%。甘蔗作为西山乡的支柱产业，其综合比较优势指数均值在5种作物中最高，但是其与生产结构调整的匹配度却较低，这说明政策扶持对生产结构与综合优势匹配度不具有绝对作用。

表7-42　2005—2014年西山乡主要农作物生产结构调整与综合比较优势匹配情况

年份	综合比较优势	理论调整方向	结构变化值	实际调整方向	匹配情况
甘蔗					
2005	1.75				
2006	1.57	+	-0.91	-	0
2007	1.44	+	0.50	+	1
2008	1.58	+	-2.13	-	0
2009	1.98	+	-0.42	-	0
2010	1.95	+	-4.71	-	0
2011	2.02	+	-0.33	-	0
2012	2.65	+	7.68	+	1
2013	1.98	+	-0.09	-	0
2014	1.99	+	3.34	+	1
匹配度					33%
茶					
2005	1.02				
2006	1.1	+	1.02	+	1
2007	0.9	-	3.53	+	0
2008	1	+	3.49	+	1
2009	1.16	+	3.24	+	1
2010	1.02	+	-2.25	-	0
2011	0.99	-	-0.19	-	1

续表

年份	综合比较优势	理论调整方向	结构变化值	实际调整方向	匹配情况
2012	1.31	+	0	–	0
2013	0.94	–	1.26	+	0
2014	0.9	–	–0.75	–	1
匹配度					56%
咖啡					
2008	2.41				
2009	2.11	+	7.87	+	1
2010	1.36	+	0.88	+	1
2011	1.7	+	4.48	+	1
2012	1	+	5.59	+	1
2013	1.44	+	–3.48	–	0
2014	1.4	+	–4.29	–	0
匹配度					67%
澳洲坚果					
2008					
2009					
2010					
2011					
2012					
2013	0.84	–	5.07	+	0
2014	0.6	–	2.37	+	0
匹配度					0%
橡胶					
2008	0.84				
2009	0.93	–	5.42	+	0
2010	0.94	–	0.19	+	0
2011	0.77	–	0.67	+	0
2012	1.21	+	2.74	+	1

续表

年份	综合比较优势	理论调整方向	结构变化值	实际调整方向	匹配情况
2013	1.51	+	3.35	+	1
2014	1.36	+	−1.28	−	0
匹配度					33%

7.4.4 养殖业畜产品的比较优势测算

下面同样运用式（7−1）、式（7−2）、式（7−3）计算 2005—2014 年德宏州 3 个乡畜产品生产的存栏规模比较优势指数、产量比较优势指数与综合比较优势指数，但需将上述公式中的单产和播种面积换成畜产品的存栏数与肉类产量。

表 7−43 给出了户撒乡、三台山乡与西山乡 2005—2014 年主要畜产品的存栏规模比较优势指数、产量比较优势指数与综合比较优势指数。

3 个乡畜牧生产畜禽种类主要有牛、猪与家禽。户撒乡的 3 个种类比较优势指数显示，只有猪的生产在规模、产量与综合上具有比较优势，而牛与家禽生产的比较优势指数都小于 1，不具有比较优势。

从存栏规模比较优势指数看，三台山乡只有牛的生产具有规模比较优势，但从产量比较优势指数来看，牛与家禽的生产都具有产量优势，所以，牛与家禽的生产都具有综合比较优势。

从存栏规模比较优势指数来看，西山乡只有牛的生产具有规模上的比较优势，但从产量比较优势指数来看，牛与家禽的生产都具有产量优势，而且牛产品的产量优势指数大于 3。但是从综合比较优势指数方面来看，只有牛产品的综合优势指数大于 2，说明牛产品具有综合比较优势，而其他的不具有综合比较优势。

表 7-43　2005—2014 年德宏州 3 个乡主要畜产品比较优势指数

年份	户撒乡			三台山乡			西山乡		
	牛	猪	家禽	牛	猪	家禽	牛	猪	家禽
存栏规模比较优势指数									
2005	0.90	1.10	0.76	1.15	0.81	1.07	1.38	0.50	0.68
2006	0.41	1.60	1.25	1.14	0.82	1.14	1.41	0.45	0.64
2007	0.98	1.01	0.80	1.14	0.82	1.03	1.42	0.45	0.54
2008	0.97	1.05	0.69	1.16	0.83	0.76	1.43	0.48	0.50
2009	0.60	0.70	0.41	1.11	0.89	0.80	1.42	0.49	0.50
2010	0.96	1.08	0.66	1.07	0.96	0.83	1.40	0.51	0.50
2011	0.97	1.07	0.67	1.04	0.99	0.90	1.37	0.53	0.51
2012	0.99	1.05	0.63	1.03	1.00	0.93	1.36	0.54	0.53
2013	0.96	1.09	0.70	1.03	1.00	0.91	1.37	0.54	0.51
2014	1.01	1.02	0.62	1.06	0.98	0.83	1.40	0.55	0.46
均值	0.88	1.08	0.72	1.09	0.91	0.92	1.40	0.50	0.54
产量比较优势指数									
2005	0.40	1.08	0.82	2.75	0.79	2.15	2.83	0.82	1.63
2006	0.56	1.06	0.90	2.86	0.79	1.82	3.29	0.78	1.53
2007	0.53	1.09	0.76	2.50	0.81	1.47	2.88	0.81	1.18
2008	0.62	1.07	0.74	2.42	0.85	1.18	2.94	0.81	1.03
2009	0.58	1.08	0.74	2.51	0.84	1.09	3.50	0.74	1.08
2010	0.64	1.09	0.59	2.01	0.91	0.96	3.33	0.78	0.89
2011	0.93	0.99	1.31	1.98	0.91	0.95	3.30	0.78	0.87
2012	0.66	1.09	0.64	1.87	0.92	0.97	3.06	0.79	0.89
2013	0.61	1.09	0.76	1.83	0.92	0.97	2.99	0.80	0.90
2014	0.61	1.09	0.73	1.78	0.93	0.94	2.92	0.81	0.91
均值	0.61	1.07	0.80	2.25	0.87	1.25	3.10	0.79	1.09

续表

年份	户撒乡			三台山乡			西山乡		
	牛	猪	家禽	牛	猪	家禽	牛	猪	家禽
综合比较优势指数									
2005	0.60	1.09	0.79	1.78	0.80	1.52	1.98	0.64	1.05
2006	0.48	1.30	1.06	1.81	0.80	1.44	2.15	0.59	0.99
2007	0.72	1.05	0.78	1.69	0.81	1.23	2.02	0.60	0.80
2008	0.78	1.06	0.71	1.68	0.84	0.95	2.05	0.62	0.72
2009	0.59	0.87	0.55	1.67	0.86	0.93	2.23	0.60	0.73
2010	0.78	1.08	0.62	1.47	0.93	0.89	2.16	0.63	0.67
2011	0.95	1.03	0.94	1.43	0.95	0.92	2.13	0.64	0.67
2012	0.81	1.07	0.63	1.39	0.96	0.95	2.04	0.65	0.69
2013	0.77	1.09	0.73	1.37	0.96	0.94	2.02	0.66	0.68
2014	0.78	1.05	0.67	1.37	0.95	0.88	2.02	0.67	0.65
均值	0.73	1.07	0.75	1.57	0.89	1.07	2.08	0.63	0.77

7.4.5 养殖业畜产品的生产结构调整与比较优势符合度分析

基于德宏州 3 个乡 2005—2014 年主要畜产品的存栏比重数据，采用式（7–4）对此期间各个乡主要畜产品的生产结构变化值进行测算，并与其畜牧生产的综合比较优势指数进行对比。

从表 7–44 可以看出，户撒乡三种主要畜产品中猪与家禽的生产结构与综合比较优势的符合度都超过了 50%，说明这两种畜产品的生产基本上是按照综合比较优势进行调整的。而牛生产的符合度只有 33%，说明牛的生产结构调整基本上不符合综合比较优势。从政府扶持的角度来看，户撒乡在“十一五”时期扶持了养猪、水牛与家禽，猪是扶持养殖的重点，“十二五”时期户撒乡又重点扶持养猪户。虽然猪的历年综合比较优势指数 90% 都显示为正，而且其均值是户撒乡中最高的，但是猪的生产结构却没有按照综合比较优势来充分调整，其符合度只达到 56%，也说明政策扶持对生产结构的调整没有绝对的作用。

表 7-44　2005—2014 年户撒乡主要畜产品生产结构调整与综合比较优势符合情况

年份	综合比较优势	理论调整方向	结构变化值	实际调整方向	匹配情况
牛					
2005	0.6				
2006	0.48	−	1.31	+	0
2007	0.72	−	1.21	+	0
2008	0.78	−	0.48	+	0
2009	0.59	−	−0.21	−	1
2010	0.78	−	0.26	+	0
2011	0.95	−	−0.13	−	1
2012	0.81	−	0.6	+	0
2013	0.77	−	−0.53	−	1
2014	0.78	−	0.41	+	0
匹配度					33%
猪					
2005	1.09				
2006	1.3	+	22.52	+	1
2007	1.05	+	−29.77	−	0
2008	1.06	+	3.36	+	1
2009	0.87	−	−14.39	−	1
2010	1.08	+	14.44	+	1
2011	1.03	+	−2.5	−	0
2012	1.07	+	−1.07	−	0
2013	1.09	+	0.74	+	1
2014	1.05	+	−1.27	−	0
匹配度					56%
家禽					
2005	0.79				
2006	1.06	+	1.54	+	1
2007	0.78	−	−1.45	−	1

续表

年份	综合比较优势	理论调整方向	结构变化值	实际调整方向	匹配情况
2008	0.71	–	–0.28	–	1
2009	0.55	–	–0.97	–	1
2010	0.62	–	0.8	+	0
2011	0.94	–	–0.02	–	1
2012	0.63	–	–0.14	–	1
2013	0.73	–	0.28	+	0
2014	0.67	–	–0.18	–	1
匹配度					78%

从表 7–45 可以看出，三台山乡 3 种主要畜产品的生产结构调整与综合比较优势的符合度都比较低，都没有超过 50%，说明这 3 种畜产品的生产基本上没有按照综合比较优势进行调整。其中，牛的综合比较优势指数全部大于 1，但是其生产结构变化值却全小于 0，两者符合度为 0，说明牛的生产结构完全没有按照综合比较优势来进行调整。从政府扶持的角度来看，三台山乡在“十一五”时期扶持发展优良母猪 848 头、仔猪 1275 头、本地黄牛 172 头、水牛 20 头，“十二五”时期三台山乡又扶持发展牛养殖场 3 个。但是牛与猪的生产结构调整与综合比较优势的符合度却没有未得到政策扶持的家禽高，说明生产结构调整并没有受到政府政策扶持的影响。

表 7–45　2005—2014 年三台山乡主要畜产品生产结构调整与综合比较优势符合情况

年份	综合比较优势	理论调整方向	结构变化值	实际调整方向	匹配情况
牛					
2005	1.78				
2006	1.81	+	–1.19	–	0
2007	1.69	+	–0.28	–	0

续表

年份	综合比较优势	理论调整方向	结构变化值	实际调整方向	匹配情况
2008	1.68	+	−0.28	−	0
2009	1.67	+	−3.24	−	0
2010	1.47	+	−2	−	0
2011	1.43	+	−0.66	−	0
2012	1.39	+	−0.45	−	0
2013	1.37	+	−0.12	−	0
2014	1.37	+	−0.43	−	0
匹配度					0
猪					
2005	0.8				
2006	0.8	−	0.49	+	0
2007	0.81	−	0.45	+	0
2008	0.84	−	1.1	+	0
2009	0.86	−	2.95	+	0
2010	0.93	−	1.88	+	0
2011	0.95	−	0.38	+	0
2012	0.96	−	0.16	+	0
2013	0.96	−	−0.1	−	1
2014	0.95	−	0.39	+	0
匹配度					11%
家禽					
2005	1.52				
2006	1.44	+	0.63	+	1
2007	1.23	+	0.04	+	1
2008	0.95	−	−0.83	−	1
2009	0.93	−	0.25	+	0
2010	0.89	−	0.17	+	0
2011	0.92	−	0.29	+	0

续表

年份	综合比较优势	理论调整方向	结构变化值	实际调整方向	匹配情况
2012	0.95	-	0.24	+	0
2013	0.94	-	0.16	+	0
2014	0.88	-	0.00	-	1
匹配度					44%

从表 7-46 可以看出，西山乡 3 种主要畜产品的生产结构调整与综合比较优势的符合度都比较低，也都没有超过 50%，说明这 3 种畜产品的生产与三台山乡一样基本上没有按照综合比较优势进行调整。其中，牛的综合比较优势指数全部大于 1，但是其生产结构变化值只有 2006 年大于 0，在其他年份都小于 0，两者符合度仅为 11%，说明西山乡也没有按照综合比较优势来调整牛的生产结构。从政府扶持的角度来看，西山乡在“十二五”时期扶持养殖牛。但是牛的生产结构调整与综合比较优势的符合度在 3 种畜牧生产中最低，突出地说明生产结构调整完全没有受到政府政策扶持的影响。

表 7-46　2005—2014 年西山乡主要畜产品生产结构调整与综合比较优势符合情况

年份	综合比较优势	理论调整方向	结构变化值	实际调整方向	匹配情况
牛					
2005	1.98				
2006	2.15	+	1.65	+	1
2007	2.02	+	-0.05	-	0
2008	2.05	+	-1.43	-	0
2009	2.23	+	-0.91	-	0
2010	2.16	+	-0.28	-	0
2011	2.13	+	-0.43	-	0
2012	2.04	+	-0.46	-	0
2013	2.02	+	-0.03	-	0

续表

年份	综合比较优势	理论调整方向	结构变化值	实际调整方向	匹配情况
2014	2.02	+	−0.6	−	0
匹配度					11%
			猪		
2005	0.64				
2006	0.59	−	−1.72	−	1
2007	0.60	−	0.23	+	0
2008	0.62	−	1.4	+	0
2009	0.60	−	0.85	+	0
2010	0.63	−	0.28	+	0
2011	0.64	−	0.37	+	0
2012	0.65	−	0.31	+	0
2013	0.66	−	−0.01	−	1
2014	0.67	−	0.65	+	0
匹配度					22%
			家禽		
2005	1.05				
2006	0.99	−	0.08	+	0
2007	0.8	−	−0.17	−	1
2008	0.72	−	0.05	+	0
2009	0.73	−	0.05	+	0
2010	0.67	−	0.01	+	0
2011	0.67	−	0.04	+	0
2012	0.69	−	0.15	+	0
2013	0.68	−	0.04	+	0
2014	0.65	−	−0.05	−	1
匹配度					22%

7.4.6 小结

综上所述，户撒乡的农业生产中种植业生产结构调整受政策影响比较明显，而且户撒乡是3个乡中唯一一个政策扶持的农作物生产结构按比较优势的原则来进行调整的乡。在养殖业上，虽然户撒乡养殖业生产结构并没有充分按照综合比较优势进行调整，但在3个乡中政策扶持的畜产品生产结构调整与其综合比较优势的符合度却是3个乡中最高的。所以，总体上看，户撒乡的农业生产结构调整与比较优势符合度算是3个乡中最好的。

西山乡与三台山乡的种植业生产结构调整并没有按照比较优势原则来进行。这两个乡的数据分析突出地体现出政策扶持对生产结构调整与综合优势匹配度的影响不具有绝对作用。在养殖业生产上这两个乡同样没有按照综合比较优势进行生产结构的调整。而且，西山乡政策扶持养殖的牛的生产结构调整与综合比较优势的符合度在三种畜牧生产中最低，突出地说明生产结构调整完全没有受到政府政策扶持的影响。总体来看，这两个乡的农业生产结构调整与比较优势符合度呈现出与政策扶持无关或者相反的特点，说明政策扶持对这两乡农业生产结构调整不仅没有作用，还出现政策扶持的农业生产结构没有按照比较优势原则进行调整的情况。这3个乡在减贫效应矩阵分析图中属于人均纯收入高与减贫率高的乡，但其中只有户撒乡的农业生产结构调整与比较优势符合度较好，其他两个乡的符合度较差。这说明扶持政策对人均纯收入与减贫率的影响不具有决定性作用。

第 8 章

滇西边境人口较少民族扶持政策减贫效应不佳的原因分析

8.1 要素禀赋的异质性与政策的同一性的矛盾

8.1.1 扶持对象要素禀赋具有异质性

两个州的 6 个乡都处于云南省西部边境，都属于山区乡，但是初始要素禀赋具有天然的异质性。从地理地貌来看，两个州都属于滇西峡谷区，但是，德宏州尽管属于峡谷区，州内却散布着 28 个大小不等的河谷盆地，怒江州的地理地貌更为特殊，整个州基本是高山峡谷，州内除兰坪的通甸坝和金顶坝较为开阔之外，基本上没有坝子，特别是怒江州的独龙江乡处于封闭式峡谷地带，虽有一条公路但每年有半年封山期，与外界隔绝，直到 2014 年独龙江隧道通车，独龙江乡才结束了半年封山的历史。可见，两个州的地理地貌条件是有天然差异的。从前文分析可见，德宏州 3 个乡的要素禀赋的提升及其比较优势的提升都要优于怒江州 3 个乡。

从土地资源来看，两州土地资源也有明显差异。德宏州 3 个乡的耕地资源优于怒江州 3 个乡，怒江州的林地资源优于德宏州。但是怒江州的林地资源利用与开发又受到诸多限制。按照国家主体功能区规划，怒江州的3个乡所在的兰坪县、福贡县、贡山县3个县都是国家重点生态功能区，福贡县、贡山县又有一部分属于高黎贡山国家级自然保护区，属于国家禁止开发区，这3个乡在开发发展上有许多限制性与约束性条件。如独龙江乡地处高黎贡山国家自然保护区和“三江并流”世界自然遗产的核心区域，森林覆盖率达93%，被誉为野生动植物种基因库，全乡自然保护区面积为1720平方千米，占全乡总面积的86%。怒江州3个乡都不同程度地要解决生态保护与经济发展这一对矛盾。所以，这3个乡的土地资源比较优势日渐减少。相反，德宏州3个乡在经济发展过程中的限制性约束条件较少，所以，对土地资源的开发利用有所提升。

从劳动力资源来看，两个州的劳动力资源也存在差异，德宏州3个乡的劳动力资源明显多于怒江州3个乡。可见，两个州6个乡在初始要素禀赋上存在异质性。

8.1.2 人口较少民族扶持政策具有同一性

人口较少民族扶持政策既包括国家级扶持规划也包括省级规划，还包括县级规划、实施方案等内容。而国家级扶持规划无疑是制定下级规划与方案的重要依据。国家在制定人口较少民族扶持发展规划中高屋建瓴地制定了人口较少民族扶持发展的目标、主要任务、政策措施及实施机制。国家级的规划针对全国各地普遍适用，所以，具有统一性、原则性、概括性的特点。当省政府在国家发布的扶持发展规划下制定本省的人口较少民族扶持发展规划时，也基本上是在国家制定的规划基础上的具体化，所以，省政府制定的规划在全省范围内也具有统一性的特点。州一级政府同样是遵照上级相关部门规划来制定州级扶持规划，由此可见，各个州制定的扶持规划在发展目标、主要任务与政策措施上都大同小异。最后，县乡一级所贯彻实施的规划或方案在目标、内容、任务与措施上就基本同一。

8.1.3　要素禀赋的异质性与政策的同一性的矛盾产生的影响

诚如前文所述，两个州 6 个乡所具有的要素禀赋天然具有异质性，但是各个乡所实施的政策具有同一性，两者间的矛盾对政策效应产生了副作用。

首先，这一矛盾使政策“落地”时，往往出现水土不服现象。例如，云南省人口较少民族产业扶持项目曾扶持人口较少民族聚居乡种植核桃，怒江州也积极实施，但是在调研中我们发现，河西乡与匹河乡实施了这一项目后，一方面，自然条件不适合种植核桃，另一方面，当地农户没有种植核桃的经验与习惯，对种植核桃的经济价值没有意识，导致这一项目实施后不仅没有给农民带来可观的收益，反而使投入的资金打了水漂，还让农户产生政府乱扶持的印象。这就是人口较少民族扶持政策的同一性与具体扶持对象要素禀赋的异质性相矛盾产生的后果。

其次，这一矛盾容易产生政策的扶持内容与当地的客观需求不相符的情况。政策具有同一性，在实施上便于制定统一的管理措施、评估方案、评价目标，但是却使各个县乡具体的扶持内容大同小异，这就与要素禀赋具有异质性的各县乡本身所需要扶持的需求相矛盾。例如，我们在匹河乡调研时发现，匹河乡得到政府扶持，修建了安居房。表面上看，一排排房屋整齐美观，村民都可以从高山上搬下来，住进崭新的房屋。我们走进新村却发现，真正搬进新房的村民非常少，又走访了一些村民，得到他们对政府这项工程不满意的回答。有的村民认为，安居房每户只有 80 平方米左右，前后没有院子田地，不能自种蔬菜，也没有牲口棚，就无法进行养殖。有的村民说，现在搬下山，离自己家的田地很远，每天去劳动来回路上就要走几个小时，但是不去种地，又没有生活来源，所以，还不如不搬来住。有的村民说，安居房修建的这块地离水源近，比较平坦，土地质量也好，以前种植收成好，结果被政府修建房子了，浪费了一块好地。而且村民为了得到房子，有些还欠了债，比以前更穷了。有的村民认为，政府不应该把钱投在住房上，应该扶持村民开发新的经济项目，增加村民收入。可见，由于扶持政策的制定具有统一性、普遍性，缺乏差异性的视角，同时，从上至下的政策制定机制使政策制定者缺乏对扶持对象实际需求的了解，制定的政策内容不符合实际需求，虽然在扶持发展目标上完成得较好，但实际上导致政策资源的浪费、资源配置不合理，不仅影响政策实施成效，还容易造成群众对政府产生负面评价，对政府的满意度下降。

8.2 扶持政策促进产业结构调整与升级的作用较小

按照新结构经济学理论，政府应该根据当地要素禀赋和比较优势的动态变化来制定经济发展政策，这样才能促进当地形成推动产业结构升级的内生发展机制。因此，如果扶持政策能促进当地的产业结构调整与升级，将是实现经济持续发展与减贫的最佳方法。但是，人口较少民族扶持政策的内容与项目对产业结构调整与升级的作用较小，无法有效地实现长期减贫效应。

8.2.1 扶持资金投入比例与要素禀赋提升需要的错位

人口较少民族扶持政策内容具有综合性特点，既有发展教育的内容，又有发展文化科学等内容；既有进行基础设施建设的内容，又有进行生产性扶持的内容；既有保障性的内容，又有发展性的内容。这就使得有限的政策扶持资金像撒胡椒面，要面面俱到，同时，资金投入比例严重失衡。从前文图 5-2 可见，两个州 6 个乡总扶持资金量中基础设施建设的投入资金量占到总资金量的 77%，社会事业建设与产业发展的投入资金量分别占总资金量的 11% 和 12%。资金投入最多的是基础设施建设，社会事业建设与产业发展投入的扶持资金相比来说太少。在基础设施建设中（见图 5-4），6 个乡投入资金最多的是交通建设，其次是安居房，相比较而言，与产业发展直接相关的农田水利、人畜饮水工程投入比例都较小。

一个地区的要素禀赋既包括土地、劳动力、资本（物质资本与人力资本）又包括基础设施，也可以分为自然资源禀赋与社会资源禀赋，自然资源禀赋由某一地区的土地资源、气候资源、矿产资源、水资源、森林资源、草原资源等组成，社会资源禀赋由某一地区的区位、劳动力与人力资本、技术进步、种植习惯组成。一般来说，自然资源禀赋难以改变，但是社会资源禀赋却是可以提升的，而且社会资源禀赋的提升对资源有效配置将起到关键作用。

通过交通建设确实可以改变一个地区的区位劣势，但是只注重这一方面的投入与扶持，势必阻碍其他的要素禀赋提升。从这两个州 6 个乡的扶持资金分配来看，对劳动力与人力资本、技术进步等软实力约束进行资金投入的较少，而这些方面恰恰是长期可持续发展的动力来源。例如，独龙江乡扶持以草果为主的特色产业，虽然在规模上已相当可观，但是因独龙族群众未养成良好的草果种植习惯、技术技能较薄弱，管理粗放，草果收益比较低。可见，扶持资金的投入比例与急需提升的要素禀赋之间的错位，导致扶持效果大打折扣。

8.2.2　产业扶持项目瞄准机制不健全导致项目偏离现象

产业扶持项目瞄准机制是指产业扶持项目选择定位上精准化的运行方式。产业扶持项目的瞄准机制直接关系到产业扶贫效果的好坏。当前产业扶贫项目的申报方式大多是先由地方政府制定规划，然后项目管理单位根据规划编制实施方案，由乡镇政府根据实施方案填写申报项目表并递交项目管理单位审核，再由项目管理单位报到上级地方政府申请划拨经费。这样的运作方式使项目选择的准确性至少受到三方面因素的影响，一是上级政府规划，二是乡镇一级政府的执政水平，三是项目管理部门的主观意志。只有当上级政府规划的扶持方向与当地发展的初始禀赋相一致，且乡镇政府有较高的执政能力，熟悉当地实际需求与市场需求时，产业项目选择才能比较精确地符合当地要素禀赋条件，符合当时市场需求，符合当地农户所具有的生产技术、技能与种植习惯，扶持的产业项目才能获得较高的收益。但实际运作中，这些条件都难以达到，使现行的项目选择运作方式出现项目偏离现象。

第一，项目与当地要素禀赋偏离。也就是没有按照当地的自然资源禀赋与社会资源禀赋来选择发展项目。这样的项目落地后，一则达不到扶持发展的既定目标，二则会浪费国家投入的人力、物力，三则降低农户对政府扶贫行为的满意度等。

第二，项目与受益人偏离。产业项目的扶持目标本来应该是贫困农户，但在项目申报中的各种条件容易使贫困的农户没有享受到政策带来的利益，实际上获得项目扶持的农户可能享有一定关系资源，也可能在乡村具有一定的话语权，也可能是本身有一定生产能力且已脱贫致富。这样，产业扶持项目不仅未起到扶持贫困群体脱贫致富的作用，反而带来马太效应。也就是越扶持，富人越富，穷人越穷，也就出现了贫困乡村贫富差距逐渐拉大的现状。

第三，产业扶持项目与市场偏离。产业扶持项目由政府相关部门的工作人员负责开展，包括项目制定前的调研，项目的设计、实施、验收以及项目后期的管理与维护等工作。这些工作需要政府部门工作人员不仅了解当地的生产状况、初始禀赋、发展优势，又要有经济学、农业经济学等专业知识，这样才能较为精准地预测市场变化趋势，较为精准地制定符合市场发展方向的产业扶持项目。但现实中政府部门工作人员并不是“全能运动员”，有的对当地情况了解但又对市场发展不熟悉，有的有经济学专业背景但可能对当地情况不太了解，而且人口较少民族地区政府部门人力资本质量普遍不高，后期的培训投入也不多，这些限制条件往往导致产业扶持项目最终与市场发展方向相偏离。如“十一五”时期政府在对德宏州的户撒乡进行产业扶持时，扶持农户由种植甘蔗改为种植坚果树木，因为当时糖价走低，甘蔗利润也随之降低。等改种坚果后糖价又回升走高，甘蔗价格也提高了，但是村民已种植了坚果树木，不仅一两年不能挂果，而且改种甘蔗也来不及了。村民们对这种指导都会有怨言，因此，政府就又做了一件出力不讨好的事。

8.2.3　产业扶持项目零星化导致主导优势产业难以形成

“十三五”时期是我国全面建成小康社会的决胜阶段。我国“十三五”规划（2016—2020 年）和《贫困地区发展特色产业促进精准脱贫指导意见》把产业扶贫放在脱贫攻坚八大重点工程之首，并指出发展特色产业脱贫是加快贫困人口精准脱贫的重要举措。产业扶持项目是产业扶贫的具体载体，是一种通过发展贫困地区特色产业项目来落实产业扶贫政策，使扶贫对象实现脱贫致富的运作模式，因此，它是产业扶贫取得成效的重要手段。人口较少民族扶持政策中产业扶持政策最终落实到县乡也是以项目制的形式来实现的。

在人口较少民族扶持资金中，产业扶持项目的资金投入相对较少。同时，产业项目又由多个主管部门负责，资金也由多个部门划拨。因此，同一个乡村的扶持资金由多个部门分批次划拨。各个部门又根据各自绩效制定不同的扶持项目。这样导致在一个乡村里实施的项目较多，但每一项的投入资金较少，即造成产业扶持项目零星化且规模小、投入资金少。结果，小项目体现不出规模效益，大的项目没有资金扶持，人口较少民族聚居乡难以形成主导优势产业，这一点在怒江州 3 个乡表现得比较突出。例如，怒江州在进行产业开发时，扶持人口较少民族乡村种植核桃、漆树、油桐、林下草果等经济林果，对独龙江乡以户均 5 亩经济作物和经济林果，户均 2 头以上大牲畜的规模进行扶持，对一个乡村来说，扶持的产业项目就比较多而小，难以形成产业集约化生产，难以形成规模优势，从而无法促进主导产业的形成。

8.3 经济发展的原有水平抵消了政策的部分效应

8.3.1 市场发育迟缓导致生产要素配置效率较低

滇西边境的人口较少民族聚居地区大部分属于直过地区，生产力水平本来就低下，社会发育程度低，交通闭塞，与全国乃至云南省的政治经济中心距离较远，经济开发较晚。同时，这些地区人口密度特别小，如表 8-1 所示，总体来看，德宏州 3 个乡的人口密度大于怒江州 3 个乡，人口密度最大的户撒乡每平方千米只有 129.8 人，而最小的独龙江乡每平方千米只有 2.18 人。这些乡村本来就在地理位置上远离大城市，也就远离成熟发达的市场，又加上人口密度特别小，乡村里的村寨又十分分散，使得这些乡村到目前有的已有小规模的市场，如户撒乡，有的市场正在培育，如独龙江乡，但是总体上这些乡村本身的约束条件限制了市场的快速形成，市场发育迟缓。

表 8-1　6 个乡人口密度　　　　单位：人 / 平方千米

项目	德宏州			怒江州		
	户撒乡	三台山乡	西山乡	匹河乡	河西乡	独龙江乡
人口密度	129.8	47.8	46.6	30.5	28	2.18

资料来源：根据德宏州与怒江州年鉴计算所得。

市场对资源配置起着基础性的决定作用，也就是说，只有按市场规则、市场价格来配置资源，才能实现经济效益最大化。但由于这些地区没有市场或者远离市场，市场发育程度较低，无法对农业生产要素资源配置产生作用。这就会产生生产要素价格无法得到体现，配置效率低下的现象。而这些农户的经济运行大多靠传统的习俗习惯，或者依靠政府的行政指导，生产上带有盲目性与模仿性，生产效率低下。

8.3.2　产业结构调整缓慢导致经济增长缺乏持续动力

产业结构的升级是经济发展的根本推动力。如前文所述，滇西边境人口较少民族聚居地区受到区位、要素禀赋、市场机制、技术水平、人力资本的制约，产业结构基本没有调整，基本上是以第一产业为主，第二、第三产业发展滞后的山区农业乡。

第一产业内部结构调整上，德宏州的 3 个乡经过扶持，在特色产业发展上已初具规模且经济收益已有显现。怒江州的 3 个乡也对特色产业进行了扶持开发，但是规模小、技术能力不足、收益差。而且 6 个乡还未将特色产业发展成规模大、收益高的支柱产业，还是以分散、小规模、多样为特点的传统农业生产结构。因而，6 个乡中有 5 个乡出现外出务工收入逐年增长情况，这就说明，产业结构调整缓慢使农村经济增长缺乏动力，外出务工成为农户增加收入的一项重要选择。

8.3.3 新型合作经济组织缺乏严重制约了经济发展

从改革开放实行家庭联产承包责任制后，人口较少民族地区也由过去的农村合作社过渡到家庭联产承包责任制。这种个体经营形式具有激发个体生产积极性，促进个体经济发展的作用，但是人口较少民族地区大部分是直过区，个体经营形式反而使村民失去了生产经营指导而找不到脱贫致富的门路。因为这些直过区的村民个体文化素质较低，还不具备个体经营管理的能力，所以，对于这些地区，最好是成立农村新型合作经济组织来进行生产经营。因为农业生产本身就具有弱质性，农民作为初级产品生产者，具有分散、弱小的特点。有效的农村新型合作经济组织不仅可以把这些弱小与分散的个体经营者组织起来，以某一产业或产品为纽带，在技术、资金、信息、生产、加工、购销等环节全面合作互助，达到共赢的目标，还可以化解一家一户的小规模生产与大市场之间的矛盾，降低个体农户的交易费用，增加他们抵御自然风险与市场风险的能力。

从实际调研的情况来看，这两个州 6 个乡的农村新型合作经济组织非常缺乏，除了个别乡如户撒乡有“公司 + 农户”形式的合作组织外，其余乡特别是怒江州的 3 个乡，基本上还未建立起真正意义上的经济合作组织。有些乡村即使建立了农业合作经济组织，也存在许多问题。第一，农业合作经济组织的外部发展条件差，如融资渠道少、融资难；政府扶持上不重视，管理上混乱；农民自身没有合作意识。第二，大部分农业合作经济组织内部运行机制不完善，管理水平较低，如合作经济组织尚未制定清晰的规范章程、职责不清、利益分配不清晰，这些往往导致公司与农户在利润分配上产生矛盾纠纷而制约合作经济的发展。第三，合作规模小，资金投入量小，经营内容单一，层次较低。由于缺乏新型合作经济组织，再加上这些组织的制度、运营还存在上述问题，这些地区的农业生产与经营基本上还是一家一户的小农经济生产方式。而在农民没有能力掌握千变万化的市场信息的情况下，大多数农民不愿也没有能力承担创新生产经营而带来经济损失的风险，只能因循守旧地重复进行原有的生产。这样，整个农村的经济发展缺乏活力与创造性，严重阻碍了农村经济的发展。

人口较少民族地区的经济扶持政策缺乏对新型合作经济组织的扶持。制度供给的缺乏，部分导致具有创新与效率的经济组织的产生，但是，大部分地区还停留在单门别户的小农生产状况。例如，历史上阿昌族地区手工业一直处于具有优势的地位，但政府的扶持却没有对这一优势加以大力扶持，使得这个优势的升级换代跟不上时代发展，这一具有优势的产业反而没落了。可见，这些地区没有有效率的现代化的经济发展组织，农业现代化难以实现，商品与劳务的交易也不发达，市场经济基本上还处于非常原始的水平。

8.4　社会发育程度较低减弱了政策效应

8.4.1　素质性贫困导致发展的思想动力不足

从前文分析可以看出，虽然这 6 个人口较少民族未受教育的人口比重都有所减少，受教育的人口比重也都有所增加，但是从高中以上人口占比与平均受教育年限来看，这 6 个民族的平均教育水平较低，直到现在怒江州还有人不会说汉语，可见，这两个州人口较少民族人力资本质量偏低，劳动者科技文化素质普遍较低，大多数人的劳动技能还处于刀耕火种时期。

同时，6 个乡的劳动力资源总数虽然在增加，但是大部分劳动力资源集中在第一产业。这 6 个乡本来就是以农耕为主的区域，农耕思想根深蒂固，现如今产业经济扶持政策依然偏重于第一产业，又导致村民的思想观念进一步故步自封，出现了新的读书无用论。村民普遍认为，读书浪费了时间，学生毕业后不但找不到工作，反而连务农的活都不会干了。结果很多家庭看到政府对农业扶持的力度后，只让子女读完政府扶持的九年义务教育而不愿意再增加子女读书的投入成本，选择早早地让其务农。这就导致人口较少民族地区的人力资本质量提高得十分缓慢，质量偏低。

例如，独龙江乡有些贫困人口至今还过着上山采集草药以交换日常生活开支的日子，一次采集完成后一直等到没吃没喝时再去采集，而且他们对此也十分满足。在我们调研时，一位在独龙江乡开发旅游产业的老板跟我们诉苦说，想要招聘当地的服务员真是十分困难，因为当地村民已习惯“自由自在”的生活方式，他们不习惯每天按时上下班。这种现象说明人口较少民族地区人口的知识文化素质比较低，农耕思想根深蒂固，导致大部分群众自我控制能力弱，缺乏商品意识，理财意识淡薄，有些贫困人口甚至形成“等、靠、要”的思想，缺乏主动脱贫致富的主观能动性。

这种由于人本身知识文化水平不高而缺乏脱贫致富动力的贫困，被称为素质性贫困。这种贫困是一种内源性的“病症”。政府的扶持是外源推动力，当政府实施扶持政策时，外源推动力不断加大，但内源动力不足，最终的结果只能是事倍功半。

8.4.2 农户参与少，发展主角缺位

在项目规划与实施中，首先，人口较少民族群众自身的参与意识缺位，导致群众大部分对扶持政策不了解，对扶持项目不认同，所以在项目实施中也不会积极地配合和支持，这样就会影响项目实施效果。其次，参与机制不健全。在这些地区，现有的制度设计与安排只是要求召开村民大会，通知公示项目申报、实施情况，但是具体有多少人参与其中，并没有严格的规定。同时，这些群众大部分参与意识不强，参与能力较弱，导致村民大会变成了项目宣传会，只要开开会什么项目都能通过。这就导致有些项目与村民的实际需求相偏离，村民只能被动地接受。或者有些项目本

身具有较好的收益，但是当地农户并不具备项目所需的技术技能，同时贫困农户抗风险能力较低，就不愿积极参与。长此以往，扶持发展的主角缺位就成为扶持发展的一大难题。政府包揽一切扶持发展的事宜，对农户来说，是政府要他们发展，不是他们要发展。发展的主角缺位，就不能发挥主体的能动性，使扶持政策项目效果大打折扣。

第 9 章

优化人口较少民族扶持政策的对策与建议

9.1 政策制定力求精准化，实现因地施策

由于被扶持地区的要素禀赋具有异质性，政府制定的扶持政策要达到扶持人口较少民族加快发展，实现共同富裕的目标，政策的制定一定要力求精准化，具体表现在如下几个方面。

9.1.1 扶持对象识别精准化

扶持人口较少民族的发展在坚持政府主导的同时，还要不断转变扶持观念，坚持对症下药、分类指导的原则，使政策制定实现精准化，才能帮助人口较少民族增强自身的“造血功能”而加快发展，才能使政策效果可持续化。政策精准化的先决条件是精准识别贫困人口，也就是精准确定扶持对象的范围。以往的界定标准是单独将人口较少民族人口占行政村总人口的 30% 或以上的行政村确定为扶持对象村，这一识别标准容易产生识别疏漏问题，即将部分贫困的人口较少民族人口排除在扶持范围之外，从而影响群众对整个政策满意度的评价，还影响群众的内部团结。基于最大多

数人受益的原则，笔者认为，应该构建民族与区域相结合的双重识别标准，即扶持对象不仅包括人口较少民族聚居的区域，还应精准扩大到人口较少民族贫困户。这样就能避免识别疏漏问题，为精准帮扶打下坚实的群众基础。

9.1.2 政策内容定位精准化

贫困户致贫的原因是千差万别的，有的因病，有的因灾，有的因个人文化素质较低，有的因缺乏自生能力等。正因如此，贫困户对帮扶内容的需求也不会是整齐划一的。但以前的人口较少民族扶持发展政策在制定扶持具体内容时，更多地表现出整齐划一的特点，如扶持政策都包括基础设施建设、社会事业建设、特色产业建设内容，不仅大的方向一致，相同的小的细化项目也会出现同一区域。因此，为了确保真扶贫、扶真贫，就必须进一步坚持因地制宜，充分考虑民族特点、要素禀赋与比较优势特征、发展水平和贫困户的实际需求，实事求是地对人口较少民族发展进行分类指导，不搞一刀切，以需求为导向突出不同民族的发展重点，实行差异化扶持。从云南德宏州易地搬迁扶贫政策来看，德宏州属地震多发区，建房要求抗震设防烈度必须达到 8 度。这就增加了德宏州易地搬迁的成本。而且与 10 年前相比，现在市场上各项工程的造价基本上都翻了番，特别是最近几年建设工程造价更是飞速上涨。所以，目前德宏州砖混（木）结构建筑造价一般每平方米在 1000 元以上。再加上“三通一平”（含购地费）每个宅基地至少 5 万～ 6 万元，每户易地搬迁户仅建房就需投入十多万元。但现在云南德宏州易地搬迁扶贫补助资金一直在执行十多年前每人 0.5 万元的标准，与实际需要相差甚远。可见，扶持政策并没有根据当地具体情况来制定扶持内容。这样不仅不能切实解决人口较少民族聚居村易地搬迁的现实问题，浪费有限的人力、资金、资源，还会导致村民对政府和政策的负面评价。又如，怒江州匹河乡有一个村实施了安居房项目，在山脚平地修建了安居房，让村民从半山腰与山顶搬迁下来，但是，我们在实际调研中却得知，村民们并不满意。首先，山脚平地原来是农家的耕地，由于修建安居房，农户丧失了这些耕种条件优越的耕地。其次，这些房子虽然交通通达性好了，却离山上的生产地远了，每天都要花费更多的时间上山下山，增加了生产管理的难度。再次，这些房子是政府统一设计修建的，在结构功能上与当地村民的传统习惯不相吻合，导致有些村民宁愿闲置房屋。最后，村民们认为安居房并不是他们急需解决的问题，生活贫困才应是急需帮扶的内容。可见，不按当地村民实际需要确定扶持内容，必定会带来事倍功半的后果。

9.1.3　产业项目选择精准化

《中华人民共和国国民经济和社会发展第十三个五年规划纲要》把产业扶贫放在脱贫攻坚八大重点工程之首。2016 年 4 月，农业部等 9 部门联合出台了《贫困地区发展特色产业促进精准脱贫指导意见》，指出发展特色产业是提高贫困地区自我发展能力的根本举措，并强调要坚持因地制宜、产业精准，科学设计、项目精准。产业扶贫、脱贫是贫困地区实现长期稳定增收的根基，也是打赢脱贫攻坚战，实现 3000 万以上农村贫困人口脱贫的可靠保障。产业扶贫能够成功的先决条件是产业项目选择的精准化。

根据新结构经济学理论，收入的增长来源于劳动生产率的提高，劳动生产率提高的一个重要原因是产业结构的升级，产业结构得到升级是因为该地区按照比较优势选择产业并扶持发展该产业，而比较优势又是由该地区的要素禀赋及其结构内生决定的。笔者认为，按此理论，产业扶持项目精准化的含义是，农村产业项目瞄准定位符合由当地要素禀赋决定的比较优势时，农村的生产结构调整与比较优势相匹配。这样的产业扶持项目遵循了由当地要素禀赋决定的比较优势，而遵循了比较优势的产业结构将得到升级，因此，当地经济收入得到增长，产业扶持项目成为实现脱贫致富的有效措施。反之，则不然。

可见，产业扶持项目精准化是指项目能够遵循当地要素禀赋比较优势来选择，进而增强项目实施效果，让产业发展成为贫困地区脱贫致富的动力之源。例如，德宏州户撒乡“十二五”以来实施了烟草种植项目，这一项目的选择实施就充分遵循了符合当地要素禀赋比较优势的原则。首先，烟草种植在历史上就一直是户撒乡的传统种植产业，村民有种植烟草的基本技术与习惯。其次，户撒乡的土地资源、自然资源条件、物质资本条件也十分适合种植烟草。因此，户撒乡农户积极地投入到这一项目中，使这一项目实现规模化、集约化生产，农户收入也不断得到增收，农村经济发展迅速。

9.2 加大产业扶持力度，促进产业结构升级

9.2.1 加大产业项目扶持资金投入比例

产业扶持项目被认为是“造血式”扶贫开发的重要形式，以减贫脱贫为目标，通过扶持贫困地区发展产业项目，提升扶贫对象的自生能力，使其获得长期的可持续的脱贫致富的产业根基。

人口较少民族扶持政策已实施了两轮，现正处于第三轮扶持期。如前所述，人口较少民族聚居地区的交通基础设施、农田水利设施、教育医疗基础设施等在前面的扶持期得到了较大的扶持，资金投入相对较多，而且提升幅度也较大。人口较少民族扶持政策的提升效应十分明显。相对而言，产业发展的扶持力度较小，投入资金较少，产业发展也相对缓慢，而

产业发展却是长期脱贫致富的内生动力之源。可见，下一阶段的人口较少民族扶持政策在资源配置上应该有所调整，加大扶持资金投入比例，加大产业扶持力度，以产业发展带动农村经济持续发展，提升农民内生发展能力，实现农民收入不断增加。

9.2.2　优先扶持具有比较优势的产业项目

新结构经济学强调在进行战略选择时应该选择优先发展当地有潜在比较优势的产业，因为当某一产业所使用的生产要素遵循了比较优势匹配原则，该产业整体的要素生产率会提高，但生产成本较低，那么该产业产品会最有竞争力，该产业的发展会较好。这一原则同样适用于贫困地区的经济发展。提高贫困人口收入最根本的办法是调整产业结构，使其不断升级与优化。

两个州 6 个乡都是以农业第一产业为主的山区农业乡。如前所述，德宏州 3 个乡致力于引导与扶持发展农业，农业收入占比较高，这 3 个乡的减贫效应都较好，调整农业产业结构对于以农业为主的农村经济发展尤为重要。

农业经济学认为，一方面，农业内部结构的优化是种植业比重逐渐降低，畜牧业比重不断上升；另一方面，种植业的生产结构调整也是农业生产结构调整的重要内容，因为种植业是农村经济中重要的基础性产业，受到农村区位、土地、气候、水利、技术、劳动力等多种因素的影响与制约，但是种植业的多样化与优化升级能够带来农村经济的持续增长。按照农业经济学理论，农业结构是不断演进的，种植业结构由种植粮食作物的一元结构向种植粮食作物与经济作物的二元结构升级，再向由粮食作物、经济作物与饲料作物组成的三元结构升级，这将会持续增加农民的收入，有助于经济长期可持续地增长。

结合以上理论，人口较少民族发展政策在制定产业发展政策时应该优先引导与扶持发展符合当地要素禀赋比较优势的产业，使其内部结构多样化，资源配置更加优化。

9.3 重点培育有效市场，加速区域经济发展

9.3.1 继续加强基础设施建设

德宏州与怒江州地处云南西部边境，地理区位偏僻，交通不便，特别是怒江州。怒江州至今没有通高速公路、铁路、飞机，交通与信息都十分闭塞。显而易见，这样封闭的状况成为市场进入的限制性条件，导致市场发育程度十分低下。

新结构经济学强调，经济体的基础设施包括交通、能源与信息，基础设施是经济发展的基础与前提条件。某一地区基础设施的完备程度较高，能为市场的形成与完善提供基础条件。“大推进”理论与“贫困恶性循环”理论都主张政府通过投资建设大规模的公共基础设施来改进不发达的状况，这些理论也把基础设施建设水平视为经济起飞的关键条件。改善人口较少民族地区基础设施包括交通、能源、通信状况，一方面，可以加强农村、农民与地区市场的联系，促使农民参与贸易与服务，降低运输成本与交易成本，还可以使农民便利廉价地获取市场信息；另一方面，可以为农村与农民获得政府提供的服务提供便利。

所以，人口较少民族扶持政策应该继续加大对这些地区基础设施的扶持力度，为培育有效市场奠定坚实基础。

第一，继续加强交通基础设施建设。虽然人口较少民族地区在“十一五”与“十二五”时期重点投资建设了交通基础设施，但由于这些地区的交通基础条件十分落后，现在看来，与本区域其他地区相比，交通

状况还是其发展的“短板”。例如，怒江州现在还没有通高速公路、火车、飞机，更不要说怒江州的人口较少民族地区。另外，人口较少民族乡村虽然大部分实现了村村通，但通路的等级较差，大部分为弹石路、沙石路，就连县乡间的农村公路的路况也十分差。笔者去兰坪县河西乡调研时，县乡公路路面坑坑洼洼，几十公里的路因路况较差而行驶了三四个小时。听村民说，这样的路况导致很多采购老板不愿意进乡，最近几年的商贸交易也越来越冷清。可见，应继续加大对人口较少民族交通基础设施的建设投入力度，不断扩大农村公路网络，提高县与乡村之间的公路等级，加强农村危桥改造，为群众出行、乡村商贸交易、经济发展提供便捷、高效的途径。

第二，重点加强农田水利建设。如前所述，两个州6个乡目前还是以第一产业为主的农业山区乡。农业发展的一个基础条件就是农田水利工程，包括水利灌溉、排水、中低产田改造等，这些工程对于农业生产、生态环境等有着重要作用。虽然怒江州水资源丰富，但水资源的利用率较低。德宏州有些地区缺乏水资源，如三台山乡。虽然扶持政策里有人畜饮水工程，但是投资金额与项目规模都比较小。所以，为进一步加快人口较少民族地区的农业发展，有必要重点加强这些乡镇的农田水利建设，进一步加强中低产田改造、耕地改造、坡改梯等工程，以减少水土流失，保持土壤肥力，促进农业发展。

第三，加快综合信息基础设施建设。包括电话、光缆干线、移动网络、宽带通信建设。现在人口较少民族聚居村基本完成了农村电网改造，用电问题基本解决。但是除此之外的信息建设比较滞后。所以，应进一步加强综合信息基础设施建设，以提高人口较少民族地区的信息网络覆盖率，达到通信信号与宽带全覆盖。

9.3.2 大力培育农村新型合作经济组织

农村新型合作经济组织区别于传统的合作社组织，它是经济主体基于自愿、平等、互利互惠的原则，以农民专业合作、社区股份合作、土地股份合作为主要形式，具有一定组织架构与管理流程的经济合作组织形式。

农村新型合作经济组织具有组织化、集约化、规模化等特点，在农村经济中已显示出发展生机与活力，成为我国传统农业向现代农业转型的有效载体，也是促进农村经济发展与农民增收的核心主体。农村新型合作经济组织在农村经济发展中具有如下优势：第一，帮助农村小生产者及时掌握千变万化的市场信息，及时作出生产决策。第二，新型合作经济组织的规模生产，能够使小生产者在市场的价格谈判中享有一定的议价权。第三，新型合作经济组织有利于实现专业化生产。专业化生产包括经营项目的专业化和农业生产布局的区域化，它能合理配置生产要素，充分发挥区域比较优势，提高资源利用率，从而走出各村生产结构雷同的困境。第四，新型合作经济组织从信息、技术、生产、加工、营销等方面进行合作，能使小农户摆脱传统分散经营的发展困境，不仅能扩大农业产业链，提高农产品附加值，而且能有效推动农村一二三产业融合发展。因此，对人口较少民族地区来讲，大力培育新型合作经济组织成为对这些地区进行扶持的重要内容。对此，本书提出以下几点建议：

（1）制定与实施发展新型合作经济组织的优惠政策，例如，有利于发展农民专业合作社的优惠政策。地方政府应该制定更为有力、详细的扶持措施，完善申报、备案、财政支付、贷款、税收、管理等环节的制度规章，放低进入门槛，扩大覆盖范围，积极引导，加速建立有效的多层次的新型合作经济组织。

（2）加大资金扶持力度，拓宽筹资渠道。第一，政府财政可以投入一定数量的资金，为合作经济组织提供贷款担保和贴息等服务。第二，政府的扶持优惠政策应该倾向于新型农村合作经济组织建设项目，并加大资金扶持力度。第三，实行税收优惠政策。在国家有关税收政策的规定内，对合作经济组织销售的农产品或加工品给予少征或免征各种税费。

（3）政府应鼓励多元的组织合作模式。第一，大力引进龙头企业，引导龙头企业发挥资金与营销优势，建立“公司 + 农户”的合作经济组织，保障农民收入不断增加。第二，鼓励农村致富能手牵头创办农民专业合作社。通过致富能手在信息、技术、生产、销售上的指导，带领社员共同生产劳动，公平分配收益，实现村民共同致富。第三，依托科技协会，以推广科技为纽带，创办“科技 + 基地 + 农户”的合作组织。

（4）加大宣传教育力度。通过开展通俗易懂、形式多样的宣传活动加强宣传教育。通过宣传教育，提升传统农民的合作意识。同时，通过广播宣传、发放宣传材料、走访座谈等形式，将政府关于鼓励建立新型农村合作经济组织的规章制度、政策内容等向广大农户进行介绍，做到家喻户晓。

9.3.3　加快建设现代农业市场体系

人口较少民族地区市场发育程度较低、传统农业发展效率低下、传统农产品流通方式单一、信息化程度滞后等，已成为促进现代农业、农村产业结构转型与农村经济发展的重要约束条件。要真正使市场机制在农业资源配置中起决定性作用，打破以往的农产品经营流通方式，建立农村市场并扩大其规模，实现农业生产经营效率快速提升，最好的方式就是加快建设现代农业市场体系。为此，笔者提出以下几点措施：

（1）重点抓集贸市场建设。

由于人口较少民族聚居的村寨大部分都远离市场，一般情况下，人口较少民族群众出售农产品都会在集贸市场上进行。目前，各人口较少民族地区纷纷建设了集贸市场基础设施，但集贸市场建设中存在规模小、交易次数少、经营主体少、市场层次低等问题。为充分发挥集贸市场的作用，政府应该首先培训一批素质高、有经验、有能力的带头人，让这些人成为集贸市场的经营主体。其次，大力招商引资，鼓励民营经济与个体经济进入市场。最后，制定相关政策激励一批有能力的农民自主创业，使他们成为市场活动的创新主体。通过这些措施使集贸市场真正成为人口较少民族地区市场经济发展的有效载体。

（2）全面建设农业信息服务体系。

随着信息网络的快速发展，信息化对农业市场信息传播、农业技术推广发挥着重要作用。滇西边境人口较少民族地区因为地理位置偏远，资金投入严重不足，农业信息体系建设明显落后于其他地区的整体水平。目前，人口较少民族聚居的州、县已构建了农业信息网络平台，但还存在许多问题：政府对农产品流通信息的发布不及时，政府农业信息网的更新常常滞后，时效性不强、信息失真。由于信息网络建设滞后，人口较少民族地区的农业生产者无法及时获取市场信息，导致盲目生产的农产品滞销，同时，很多农户文化素质较低，又无法从网络平台获得丰富的农业科技知识，因此，农业生产效率低下。笔者在独龙江乡走访一位村民时，村民讲，这些年他们村通了电话，可以用手机上网，他就在网上看到很多关于草果的种植技术、价格信息等内容，了解了这些信息后，他准备扩大草果生产规模，他认为这些信息对他的生产帮助非常大。可见，政府提供的信息服务较为滞后，无法满足农民获取信息的需求。

随着信息技术与通信网络的快速发展，人口较少民族地区政府应该借助现代通信技术，构建农业信息服务体系：

第一，健全农业信息服务组织体系。一方面，加强州级农业信息平台建设，另一方面，加快建设县级农业科技服务站和乡镇、村级信息站点，使农业信息服务工作得到有力的组织保障。

第二，依托互联网，全面升级农业信息服务平台。全方位地深入整合资源，利用互联网优势，建设关于农产品市场信息、农业宏观政策信息、农业技术信息、农业环境信息的数据库，为农业生产、经营提供及时、有效的服务。

第三，提供多样化的信息服务。政府应以网络、电视、电话、短信等多种信息传输技术为基础，提供多种形式的信息服务。如可以制作农业技术推广的视频，用于农业知识的快速传播与普及，还可以在网络上开通专家热线，解答农户生产、经营上的疑难问题。

第四，政府主导构建农产品电子商务交易平台。平台的主要功能是：为访客提供农产品行业信息，为供货商、经销商发布产品信息，实现农产品的在线交易如产品展示、电子交易、物流配送、售后服务等一系列交易服务，为采购商订购产品提供服务等。农产品电子商务交易平台能减少农产品流通的中间环节，增加农产品的销售流通渠道，发展新型农业经营主体，提高农户的经济效益，并且实现农民收入持续增长。

（3）着重扶持乡镇农业企业。

“农业企业为农业领域提供生产资料投入，以粮食和其他农产品的处理、加工、运输、销售和分配等方式将农业领域与消费者联结起来。”[①] 农业企业可以把分散经营的小农户集中起来，发展规模化生产，可以将初级的农产品进行处理、加工，提升农产品的附加值与延长农产品的产业链，还可以及时有效地将市场需求信息传递给农户。可见，有竞争力的、充满活力的农业企业是农村经济持续增长、农民收入多元化、农村产业结构调整升级的重要驱动力。

---

① 世界银行 . 2008 年世界发展报告——以农业促发展［M］. 北京：清华大学出版社，2008：134.

政府应该重点扶持农村农业企业的发展，增强企业的竞争力：首先，健全宏观投资环境，如提供优惠的金融服务、提供促进市场发展的公共物品与服务、构建促进竞争的公平公正的法律制度。其次，制定有利于引入中小私人投资者的支持政策，如价格补贴政策、税收优惠政策等。

9.4 加快社会资本积累，提升社会资源禀赋

9.4.1 参与式扶持让被扶对象成为主角

参与式扶持是指，通过积极引导与动员，使贫困群体具有脱贫主体的意识，真正参与到脱贫发展的各项活动中，在此过程中培养其自我发展能力，实现其收入可持续增长的一种方法。

在实施人口较少民族扶持发展政策的过程中，应进一步加强人口较少民族群众的参与。首先，应该重视农户在项目中的决定性作用。过去的扶持项目、资金的使用安排、计划的制订、项目的实施、项目的验收等主要由政府部门决定。现在应该把这些环节更多的决策权交给群众，由他们自己来决定做什么、怎么做、谁来做，由所有受扶持农户共同决定，这就能极大地激发贫困农户的主动性和积极性。

其次，引进和重视民主监督。以往扶持项目的申报、审批环节基本上是在政府机构内部封闭的状况下进行的，整个过程不公开透明。农户对项目内容、项目申请、审批程序不甚了解，也就不会参与到政府扶持项目的实施中，不能有效地监督政府的扶持工作。参与式扶持理念强调，通过制定相关政策，保证扶持项目申报与审批工作的公开透明，才能引导与鼓励农户参与到扶持项目的整个制定与实施过程中，也才能实现农户对扶持项目申报与实施过程、项目资金的使用与管理发挥民主监督作用。

最后，推动农户全面参与。参与式扶持强调通过宣传发动，鼓励农户

在政策实施的关键环节广泛参与，包括村情调查、贫困评估、讨论发展思路和检查验收等。把权力赋予群众，通过引导群众全程参与，筛选发展项目，制定扶持规划，组织项目实施。参与式扶持方法与理念关键是让扶持对象在参与中边干边学，提升自我管理、自我发展的能力，实现从“授人以鱼”到“授人以渔”的本质转变。

9.4.2　素质扶持培养人口较少民族自我发展能力

从扶持人口较少民族地区开始，政策对人口较少民族聚居地区的扶持重点就放在基础设施建设上，扶持的资金投入也是最多的，包括在人口较少民族地区的教育文化事业上，硬件的投入也多于软件。因为这些地区基础设施建设一直处于落后状态，已是社会经济发展的重要制约条件。对政府来说，硬件基础设施的扶持见效快、政绩明显，也较为容易。所以，先搞好硬件基础设施是非常重要的，也是十分必要的。如前所述，现在人口较少民族聚居地区的基础设施建设情况已有较大改善。相较而言，对人口较少民族地区人力资源教育与培训的扶持不够重视，扶持资金投入较少，人口较少民族群众文化素质的提升比较缓慢。从长期来看，只注重基础设施建设的扶持不能从根本上解决这些地区长期的脱贫问题。因为这种外部输入型扶持不能从根本上改变贫困主体内在禀赋条件，也就不能使贫困主体拥有自我发展、持续增收的能力，扶持效应的持续性就难以保证。因为从世界各国的扶贫实践经验来看，要从根本上解决一个民族地区的贫困问题，除了要积极引入外部援助，加大投入和输血，更重要的是教育与培训受援民族地区群众，使其逐渐具备自我造血的能力。所以，当前对人口较少民族的扶持应当转变到提高素质，培养人口较少民族自我发展能力上来。

新的发展观认为，人的发展、人的全面发展是社会发展的核心。社会发展不只是经济的发展，而是一个包含着人的发展、社会平等与公正、参与等价值的综合概念，人的发展是社会经济发展的最终目的。所以，对人口较少民族的扶持也应以扶持人的全面发展为核心。人口较少民族扶持政策应该制定以素质提升为核心的教育优先发展战略，具体内容应包括以下几点：

第一，提高人口较少民族教育与培训的资金投入比例。

劳动力资源与人力资本是社会经济发展的重要因素之一。提升劳动力素质、培养人口较少民族人才骨干最重要的途径就是教育与培训。

在以前的扶持中，教育与培训的扶持资金归入了社会事业扶持项目，社会事业项目资金占比最多的是户撒乡，达到17%，最少的是匹河乡，只有6%。显而易见，教育与培训项目的资金投入更是少之又少。教育优先的扶持发展战略不仅要高度重视教育与培训，还需要落到实处，即加大对教育与培训的资金投入比例，至少提高到占扶持总资金的20%。

第二，加大对人口较少民族地区基础教育的扶持力度。

基础教育是国家提供的公共产品，基础教育经费也应该主要由政府来提供，特别是人口较少民族地区。这些地区所在的县、州都是贫困地区，本身的财政收入非常少，对基础教育的资金投入更显得捉襟见肘，这使得人口较少民族地区基础教育出现刚性约束。从世界范围经验来看，在基础教育上的资金投入还是以中央政府财政支出为主，特别是在少数民族州县，更应该由中央政府与省级政府来承担基础教育经费。

此外，在人口较少民族地区应该继续实行基础教育免费政策，同时，提高人口较少民族义务教育寄宿生生活补助。因为自从我国实行撤校并点政策后，人口较少民族聚居地区的许多村小就被撤销了，统一集中到乡镇小学上学。这样的措施有利于整合教育资源，提高教学质量，降低基础设施建设成本。由于云南西部的人口较少民族乡村分散于山区，小学集中到乡镇后，每天接送孩子的时间过多，或者孩子自己上学的路途很远，这样，对这些农村家庭来说寄宿制更加合适。但寄宿费用对于这些农村家庭来说又是一笔很难承担的开支。所以，国家应该加大对人口较少民族地区基础教育的扶持力度，提高人口较少民族地区义务教育寄宿生生活补助费，使人口较少民族学生有一个良好的教育基础环境，夯实人口较少民族地区的基础教育，为人口较少民族人力资本提升奠定坚实基础。

第三，重点提升中等教育的数量与质量。

中等教育是培养具有一定科技知识的高素质劳动力和专业素质的经营管理人才、技能型人才的重要途径，对农村生产力的提高、经济的发展、人力资本的积累、产业结构转型具有重要意义。人口较少民族地区的初等教育是义务教育，国家不仅要求完成，而且有很多优惠政策来促使各地实现近 100% 的完学率，但是中等教育（包括中等普通教育与中等专业教育）的完学率不能得到保证。近年来，人口较少民族地区初中、高中的流失率逐步升高，特别是高中。加上职业教育发展起步晚，接受职业教育的人口也相当少。这样，人口较少民族地区的人口素质、人力资本的提升相当缓慢。这对农村经济社会的长期可持续发展来说是致命的。我国各级政府应该采取多种措施提升人口较少民族地区的中等教育数量与质量。

一是采取分类录取的原则，降低人口较少民族进入高中的分数线，提高人口较少民族高中录取率。同时，加强普通高中的师资队伍，提升办学质量，努力提高人口较少民族考取大学的概率。

二是各地政府应该在人口较少民族地区扶持兴办特色职业技术学校。人口较少民族地区的职业技术学校是为当地培养与输送生产、管理、服务的技能型人才的阵地。这些人才应该成为当地农村产业发展转型的中坚力量。因为各地的产业发展各有特色，相应的职业技术学校就应与当地特有的产业相结合，也就是根据当地产业发展的特点与市场的需求来制定培养目标、办学特色、课程体系、培训方式和建设适合产业发展的师资队伍。同时，针对农村当地的市场需求，举办人口较少民族地区群众实用技术培训、科技知识培训、民族手工艺技能培训、当家理财培训等，向农民传授、普及农业相关的科普知识和技术，以提高劳动者的知识水平和技能水平。

参考文献 REFERENCES

[1] 韦森 . 探寻人类社会经济增长的内在机理与未来道路——评林毅夫教授的新结构经济学理论框架 [J] . 经济学（季刊），2013（3）：1051–1074.

[2] 顾昕 . 产业政策的是是非非——林毅夫“新结构经济学”评论之三 [J] . 读书，2013（12）：27–36.

[3] 林毅夫 . 新结构经济学的理论框架研究 [J] . 现代产业经济，2013（Z1）：18–23.

[4] 杨永华 . 评林毅夫的新结构经济学：理论、政策和难点 [J] . 产经评论，2013（6）：150–157 .

[5] 林毅夫 . 新结构经济学——重构发展经济学的框架 [J]. 经济学（季刊），2011（1）：1–32.

[6] 林毅夫 . 新结构经济学的理论基础和发展方向 [J] . 经济评论，2017（3）：4–16.

[7] 林毅夫 . 五大类型产业如何转变？ [J] . 财经界，2017（9）：61–63.

[8] 林毅夫 . 新常态下中国经济的转型和升级：新结构经济学的视角 [J] . 新金融，2015（6）：4–8.

[9] 卢建锋，朱卫东，陶爱萍 . 发展战略性新兴产业的理论与政策纷争——基于新结构发展论视角的述评 [J] . 产经评论，2017（4）：

5–13.

［10］张曙光．市场主导与政府诱导——评林毅夫的《新结构经济学》［J］．经济学（季刊），2013（3）：1079–1084.

［11］张军．“比较优势说”的拓展与局限——读林毅夫新著《新结构经济学》［J］．经济学（季刊），2013（3）：1087–1094.

［12］王勇，华秀萍．详论新结构经济学中“有为政府”的内涵——兼对田国强教授批评的回复［J］．经济评论，2017（3）：17–30.

［13］朱富强．如何理解新结构经济学的 GIFF 框架：内在逻辑、现实应用和方法论意义［J］．人文杂志，2017（7）：28–38.

［14］李跃，蒙永胜．要素禀赋、基础设施、发展战略与地区经济增长［J］．贵州财经大学学报，2014（2）：19–28.

［15］张力小，梁竞．区域资源禀赋对资源利用效率影响研究［J］．自然资源学报，2010（8）：1237–1247.

［16］辛翔飞．刘晓昀．要素禀赋及农业劳动生产率的地区差异［J］．世界经济文海，2007（5）：1–18.

［17］朱玉福．扶持人口较少民族的意义［J］．广西民族研究，2007（1）：6–11.

［18］朱玉福．人口较少民族建设全面小康社会研究［J］．青海民族学院学报（社会科学版），2009（1）：62–64.

［19］张立辉．中国人口较少民族的发展与全面小康社会建设［J］．西南民族大学学报（人文社会科学版），2004（10）：41–44.

［20］李志平．景颇族山区经济发展存在的问题及对策［J］．产业与科技论坛，2011（17）：45–46.

［21］徐乾坤，李永勤，马翡玉．浅析加快怒江州贡山县独龙江乡独龙族经济的发展［J］．云南农业大学学报，2009（4）：37–54.

［22］李晓斌，杨晓兰．人口较少民族的经济发展与民族关系调适——以德昂族为例［J］．贵州民族研究，2010（5）：91–98.

［23］马楠．民族地区特色产业精准扶贫研究——以中药材开发产业为例［J］．中

南民族大学学报（人文社会科学版），2016（1）：128–132.
［24］张可云．区域政策项目评价的基本问题与分析框架［J］．地域研究与开发，2006（2）：14–19.
［25］闫沙庆，张利国．新形势下扶持人口较少民族发展差别化政策研究［J］．黑龙江民族丛刊（双月刊），2016（5）：38–43.
［26］孙光慧．民族地区金融服务与特色产业精准扶贫耦合模式探索［J］．西北民族大学学报（哲学社会科学版），2016（3）：154–159.
［27］李博，左停．精准扶贫视角下农村产业化扶贫政策执行逻辑的探讨——以Y村大棚蔬菜产业扶贫为例［J］．西南大学学报（社会科学版），2016（7）：66–73，190.
［28］邬晓霞，魏后凯．实施差别化国家区域援助政策的科学基础与基本思路［J］．江海学刊，2011（3）：84–89，238–239.
［29］陈希勇．山区产业精准扶贫的困境与对策——来自四川省平武县的调查［J］．农村经济，2016（5）：87–90.
［30］高明．产业扶贫资金如何精准到户——基于一个贫困村的扶贫实践观察［J］．团结，2016（8）：21–24.
［31］刘清荣，程文燕．产业精准扶贫的井冈山调查［J］．老区建设，2015（24）：11–13.
［32］哈正利．民族政策研究范式的转换——兼论民族政策评估的必要性［J］．西南民族大学学报（人文社会科学版），2010（6）：22–25.
［33］王铁志．人口较少民族发展的结构性差异——以德昂族经济和社会发展为例［J］．黑龙江民族丛刊（双月刊），2006（1）：24–34.
［34］崔亚虹．发展人口较少民族经济加快全面建设小康社会步伐——黑龙江省赫哲族经济发展现状、目标与思路［J］．满族研究，2008（1）：11–16.
［35］起建凌，李永勤，李永前．人口较少民族地区发展优势分析——以云南省阿昌族地区为例［J］．云南农业大学学报，2009（2）：32–36.
［36］侯丹，起建凌，金憬．人口较少民族地区经济社会发展调研报告——以云南

省德宏州陇川县为例［J］. 云南农业大学学报，2014（8）：60–64.
［37］李澜. 人口较少民族经济发展模式转型研究——以广西壮族自治区京族经济发展模式为例［J］. 学术论坛，2007（5）：91–96.
［38］刘璐琳，舒驰. 人口较少民族经济向现代经济转变的路径分析［J］. 黑龙江民族丛刊（双月刊），2007（6）：51–56.
［39］朱玉福. 人口较少民族特色经济研究［J］. 广西民族研究，2008（2）：139–145.
［40］朱玉福. 人口较少民族特色经济初探——以西藏门巴、珞巴族为例［J］. 黑龙江民族丛刊（双月刊），2008（2）：69–74.
［41］刘苏荣，孙丽萍. 人口较少民族聚居地区特色农业发展现状分析——以云南省贡山县为例［J］. 中国农业资源与区划，2015（11）：136–138，168.
［42］马秀萍. 人口较少民族与特色经济发展［J］. 黑龙江民族丛刊（双月刊），2009（4）：62–65.
［43］李岚. 人口较少民族经济发展中制度的功能［J］. 大连民族学院学报，2004（2）：62–66.
［44］李岚. 人口较少民族经济发展中的制度变迁［J］. 中南民族大学学报（人文社会科学版），2004（5）：68–71.
［45］李岚. 当代中国人口较少民族经济发展中的制度创新［J］. 西南民族大学学报（人文社会科学版），2004（2）：242–244.
［46］马丽雅. 基于非正式制度的人口较少民族经济发展研究——以撒拉族经济为例［J］. 前沿，2014（7）：116–118.
［47］青觉，严庆. 论中国人口较少民族的发展——基于科学发展观的思考［J］. 中央民族大学学报（哲学社会科学版），2009（5）：11–17.
［48］韩斌. 人口较少民族自我发展能力现状与提升路径［J］. 学术探索，2014（3）：45–48.
［49］杜琼. 云南人口较少民族自我发展能力提升问题研究［J］. 云南行政学院学报，2013（5）：155–158.

[50] 黄娟．从现实生存到文化生存——试论人口较少民族现代化问题的研究范式[J]．西南民族大学学报（人文社会科学版），2010（11）：12-16.

[51] 李晶．人口较少民族发展道路探析——以鄂温克民族为例[J]．青海民族研究，2007（1）：37-39.

[52] 王立．扶持人口较少民族经济发展问题论析[J]．前沿，2013（13）：172-174.

[53] 李学华．政府在人口较少民族经济发展中的作用初探[J]．科技情报开发与经济，2006（14）：113-115.

[54] 李岚．人口较少民族经济发展与西方区域经济理论[J]．西北第二民族学院学报，2004（1）：78-83.

[55] 耿新，李俊杰．人口较少民族聚居区发展水平评价指标体系研究——以赫哲族、仫佬族、塔塔尔族和阿昌族为例[J]．西南民族大学学报（人文社会科学版），2015（10）：131-135.

[56] 喻国华．我国人口较少民族民营经济发展初探[J]．黑龙江民族丛刊（双月刊），2006（2）：38-42.

[57] 全炯振．中国农业的增长路径：1952—2008年[J]．农业经济问题，2010（9）：10-16.

[58] 王德强，王峰．云南人口较少民族发展转型研究：特征、影响因素及实证分析[J]．西南民族大学学报，2015（9）：1-11.

[59] 马毓彤．精准扶贫背景下云南边疆民族地区贫困治理研究[J]．农业与技术，2017（2）：250-251.

[60] 朱玉福，伍淑花．中国扶持人口较少民族发展的政策及其实践研究[J]．贵州民族研究，2011（3）：22-28.

[61] 朱玉福．中国扶持人口较少民族政策实践程度评价及思考[J]．广西民族研究，2011（4）：18-27.

[62] 朱玉福．中国扶持人口较少民族的成就、经验及对策[J]．黑龙江民族丛刊（双月刊），2012（5）：37-45.

[63] 李晓斌，杨晓兰．扶持人口较少民族政策实践的效果及存在的问题——以云南德昂族为例［J］．中南民族大学学报（人文社会科学版），2010（6）：12-16.

[64] 魏后凯，成艾华，张冬梅．中央扶持民族地区发展政策研究［J］．中南民族大学学报（人文社会科学版），2012（1）：103-110.

[65] 潘红祥．统筹发展：扶持人口较少民族工作的核心理念：云南省贡山独龙族怒族自治县扶持人口较少民族发展调查［J］．中南民族大学学报（人文社会科学版），2010（4）：141-145.

[66] 赵新国，刘洁婷．人口较少民族扶持政策实施效果调查——以云南景洪市基诺山乡为例［J］．黑龙江民族丛刊（双月刊），2012（2）：38-42.

[67] 刘苏荣．论扶持人口较少民族政策在实施中面临的问题——基于对我国 4 个人口较少民族自治县的调查［J］．西南民族大学学报（人文社会科学版），2015（1）：49-52.

[68] 张银花，阿娜尔．扶持人口较少民族发展政策的持续及完善——内蒙古自治区扶持人口较少民族发展政策的实践成效调研［J］．内蒙古农业大学学报（社会科学版），2010（4）：19-21，24.

[69] 闫沙庆，隋宪忠，张利国．内蒙古扶持人口较少民族发展政策研究［J］．黑龙江民族丛刊（双月刊），2013（6）：37-42.

[70] 何晓清．国家扶持人口较少民族的政策导向研究——以内蒙古鄂伦春自治旗鄂伦春族为例［J］．新西部，2011（9）：22-23.

[71] 蔡红燕．论人口较少民族地区政策扶持实效中出现的新问题——以云南省保山市布朗族、阿昌族与德昂族为例［J］．保山学院学报，2012（1）：80-89.

[72] 李若青．云南扶持人口较少民族发展政策的实践启示［J］．云南行政学院学报，2011（3）：85-88.

[73] 李若青．人口较少民族发展政策及其经济因素［J］．经济问题探索，2008（11）：179-183.

[74] 何志鹏．我国人口较少民族发展问题研究［J］．西北民族大学学报（哲学社会科学版），2013（4）：61-66.

[75] 何志鹏，孟凡生.人口较少民族发展政策与管理机制研究 [J].贵州民族研究，2013（2）：35–38.

[76] 李晶.对扶持人口较少民族发展政策的比较研究 [J].内蒙古财经学院学报（综合版），2010（4）：68–72.

[77] 韩彦东.基于可持续发展的人口较少民族地区扶贫开发政策研究 [D].北京：中国人民大学博士学位论文，2008.

[78] 石亚洲.论民族政策制定专家参与制度的完善——以扶持人口较少民族发展政策为例 [J].中央民族大学学报（哲学社会科学版），2008（2）：12–16.

[79] 高志英，闵红云.20 世纪 50 年代以来独龙族调查研究回顾与前瞻 [J].思想战线，2004（3）：131–136.

[80] 王鉴.我国民族政策制定和落实中存在的问题与建议 [J].当代教育与文化，2014（11）：25–32.

[81] 石亚洲.我国民族政策制定的特点与优化路径 [J].西南民族大学学报（人文社会科学版），2008（5）：12–15.

[82] 谢蓉.国外区域经济政策的特点及其启示 [J].外国经济与管理，1997（7）：35–37.

[83] 陆志东.论国家区域经济政策向民族地区倾斜 [J].西北第二民族学院学报（哲学社会科学版），1996（3）：87–90.

[84] 吴丽丽，李谷成，周晓时.要素禀赋变化与中国农业增长路径选择 [J].中国人口·资源与环境，2015（8）：144–152.

[85] 里昕.西藏产业升级与政府作用：基于新结构经济学的分析 [J].西藏研究，2013（4）：72–79.

[86] 林政.现代农业生产力演进路径的经济分析——基于生产要素禀赋的农业实践 [J].重庆工商大学学报（社会科学版），2009（8）：28–33.

[87] 尹昌斌，陈印军，毕于运.红黄壤地区粮食生产的区域比较优势测度 [J].农业技术经济，1998（5）：4.

[88] 蓝庆新.我国农业比较优势及政策效果的实证分析 [J].经济学研究，2004

（5）：18-23.
［89］田文勇，周刚，赵圣文．贵州省种植业生产结构调整与比较优势匹配检验［J］．贵州农业科学，2015（6）：245-250.
［90］李益敏，和春庭，包雪梅．基于比较优势理论的怒江州农业产业结构调整研究［J］．安徽农业科学，2014（16）：5264-5267.
［91］张慧君．赣南苏区产业扶贫的“新结构经济学”思考［J］．经济研究参考，2013（33）：65-72.
［92］张士斌，孙小兵，李晓瑜．多种要素对农民收入增长影响的研究［J］．经济问题探索，2011（6）：69-72.
［93］孔荣，梁永．农村固定资产投资对农民收入影响的实证研究［J］．农业技术经济，2009（4）：47-52.
［94］邓金钱．农村固定资产投资对农民收入的影响研究［J］．改革与战略，2014（7）：71-74.
［95］郑长德.2000年以来中国少数民族受教育程度变化的族际比较研究［J］．西南民族大学学报（人文社会科学版），2014（5）：176-185.
［96］《中国人口较少民族发展研究丛书》编委会．中国人口较少民族经济和社会发展调查报告［M］．北京：民族出版社，2007.
［97］哈维·阿姆斯特朗，吉姆·泰勒．区域经济学与区域政策［M］．上海：上海人民出版社，世纪出版集团，2007.
［98］林毅夫．新结构经济学——反思经济发展与政策的理论框架［M］．北京：北京大学出版社，2012.
［99］林毅夫．制度、技术与中国农业发展［M］．上海：格致出版社，上海三联书店，上海人民出版社，2014.
［100］林毅夫．中国经济专题［M］．北京：北京大学出版社，2012.
［101］林毅夫，付才辉，王勇．新结构经济学新在何处［M］．北京：北京大学出版社，2016.
［102］马丁内斯·维斯奎泽，弗朗索瓦·瓦利恩考特．区域发展的公共政策［M］.

安虑森，刘军辉，皮亚彬，译 . 北京：经济科学出版社，2013.
[103] 张培刚 . 农业与工业化 [M]. 北京：中国人民大学出版社，2014.
[104] D. 盖尔·约翰逊 . 经济发展中的农业、农村、农民问题 [M]. 林毅夫，赵耀辉，编译 . 北京：商务印书馆，2013.
[105] 谢勒·F. 产业结构、战略与公共政策 [M]. 张东辉，译 . 北京：经济科学出版社，2010.
[106] 王文永，李克强 . 问卷调查及数据资料分析 [M]. 北京：中央民族大学出版社，2008.
[107] 佩尔森，塔贝里尼 . 政治经济学：对经济政策的解释 [M]. 方敏，译 . 北京：中国人民大学出版社，2007.
[108] 博德利 . 发展的受害者 [M]. 何小荣，谢胜利，李旺旺，译 . 北京：北京大学出版社，2011.
[109] 斯科特 . 国家的视角：那些试图改善人类状况的项目是如何失败的 [M]. 王晓毅，译 . 北京：社会科学文献出版社，2015.
[110] 英格拉姆，阿曼多·卡伯内尔，康宇雄 . 精明增长政策评估 [M]. 贺灿飞，邹沛思，尹薇，译 . 北京：科学出版社，2011.
[111] 托马斯·戴伊 . 理解公共政策 [M]. 台北：韦伯文化事业出版社，1999.
[112] 吴锡泓，金荣枰 . 政策学的主要理论 [M]. 金东日，译 . 上海：复旦大学出版社，2005.
[113] 弗朗索瓦·布吉尼翁，达席尔瓦 . 经济政策对贫困和收入分配的影响 [M]. 北京：中国人民大学出版社，2007.
[114] 杨聪 . 老姆登村调查 [M]. 北京：中国经济出版社，2011.
[115] 刘兴全 . 北方人口较少民族全面建设小康社会实证研究 [M]. 北京：经济科学出版社，2012.
[116] 龙远蔚 . 中国少数民族经济研究导论 [M]. 北京：民族出版社，2004.
[117] 金炳镐 . 民族理论通论 [M]. 北京：中央民族大学出版社，2007
[118] 赵学先 . 莽林中的崛起——景颇族发展探索 [M]. 昆明：云南人民出版社，

1993.
[119] 赵嘉文，马戎 . 民族发展与社会变迁 [M] . 北京：人民出版社，2001.
[120] 格桑顿珠，纳麒 .2003—2004 云南民族地区发展报告——云南蓝皮书 [M] . 昆明：云南大学出版社，2004.
[121] 何群 . 土著民族与小民族生存发展问题研究 [M] . 北京：中央民族大学出版社，2006.
[122] 郑长德 . 中国少数民族地区的后发赶超与转型发展 [M] . 北京：经济科学出版社，2014.
[123] 世界银行 .2008 年世界发展报告——以农业促发展 [M] . 北京：清华大学出版社，2008.
[124] 风笑天 . 社会调查原理与方法 [M] . 北京：首都经济贸易大学出版社，2008.
[125] 陈振明 . 政策科学 [M] . 北京：中国人民大学出版社，1998.
[126] 沈桂萍，石亚洲 . 民族政策科学导论 [M] . 北京：中央民族大学出版社，1998.
[127] 宁骚 . 民族与国家 [M] . 北京：北京大学出版社，1995.
[128] 周平 . 民族政治学 [M] . 北京：高等教育出版社，2007.
[129] 郝云宏，吕志胜，等 . 经济政策学 [M] . 西安：陕西人民出版社，1989.
[130] 袁国敏 . 经济政策评价 [M] . 北京：中国经济出版社，2006.
[131] 普永生 . 当代中国人口较少民族经济发展研究 [D] . 北京：中央民族大学博士学位论文，2004.
[132] 赵晓锋 . 农业结构调整对农民收入的影响研究 [D] . 咸阳：西北农林科技大学博士学位论文，2012.
[133] 国家民委，国家发展改革委，等 . 扶持人口较少民族发展规划（2005—2010 年）[Z] .2006.
[134] 云南省民委，省发展改革委，省财政厅，等 . 云南省扶持人口较少民族发展规划（2011—2015 年）[Z] .
[135] 德宏州民族宗教事务局 . 跨越之路——德宏州“十一五”扶持人口较少民族发展实践与探索 [Z] . 内部刊物 .

[136] FIRTH W .Primitive economics of the New Zealand Maori.new edition [M].Oxon, UK: Routledge, 2011.

[137] ROBINSON C, BAMBLETT L. The impact of Australia' s indigenous education and training policy [EB/OL] . http://www.ncver.edu.au/publications/190.html, 2013-11-12.

[138] AUSTRALIAN GOVERMENT. Evaluation of the Community Development Employment Projects (CDEP) Program [EB/OL] . http://www.anao.gov.au/—/media/Uploads/Documents/evaluation of the community development employment projects_(cdep) program.pdf, 2014-02-11.

[139] BIDDLE N. Socioeconomic outcomes [EB/OL] . http://caepr.anu.edu.au/sites/default/files/cck_indigenous_outcomes/2013/ 10/2011CensusPaper13-Socioeconomic%20Outcomes.pdf, 2013-06-18.

[140] ALTMAN J. Economic Development and Participation for Remote Indigenous Communities: Best Practice, Evident Barriers, and Innovative Solutions in the Hybrid Economy [EB/OL] .http://caepr. anu. edu . au/site s/default/files/Publications/topical/altman mcatsia.pdf, 2013-06-18.

[141] WILLIAMS D.Crown policy affecting Maori knowledge systems and cultural practices [J].Waitangi Tribunal Publication, 2001.

[142] KAWHARU M.Local Maori development and government policies [J].Social Policy Journal of New Zealand, 2001 (16) .

[143]RINGOLD D.Accounting for diversity: policy design and Maori development in New Zealand [R/OL] . Conference paper, http://www.fulbright.org.nz/voices/axford/ringoldd.html.

[144] EASTON D.The Political System [M] .New York: Kropf, 1953.

[145] JU J, LIN J, WANG Y. Endowment structures, industrial dynamics, and economic growth [J]. Journal of Monetary Economics, 2015.

[146] DOLLAR D, KRAAY A. Institutions, trade, and growth [J]. Journal of Monetary Economics, 2002(1) .

后记 EPILOGUE

本书是在笔者博士论文基础上修改完成的。回想起读博的历程，由初始考上博士的幸运、兴奋、期待，读博期间的困惑、焦虑、苦恼，到最后的论文尘埃落定，心中五味杂陈，百感交集。一路走来，有遗憾、有无悔、有愧疚、有满意、有收获、有失去、有悲切、有欢心。这一切无法用言语或思想来彻底厘清。心中有千言万语，不知如何一一道来。无论如何，博士学习是我学习生涯中最用功、最努力，也是收获最多、成长最快的时期。但本书得以完稿，离不开那些关心、帮助我的家人、老师、同学、朋友们！

首先要感谢的是我最敬佩的导师郑长德教授。郑老师治学严谨勤勉，见解独到，学识渊博。他的每一次谆谆教诲总是让我们肃然起敬，总是激励着我们在求学路上不断求索。想起读博初始，面对我们这些经济学基础薄弱的学生，郑老师总是煞费苦心地详细讲授。当我担心自己不懂计量建模，学不好专业时，郑老师鼓励我应该用最擅长的方法来做研究，计量也只是一种分析的工具而已。好的老师就是能发现学生特长，并使其发挥到极致水平的老师。郑老师就是这样因材施教的。正是在郑老师的悉心指导与不断激励下，我才得以完成博士课程的学习，才能坚持完成论文的写作！同时，要感谢师母邹老师给予我无微不至的关怀与帮助。在此，我深切地对我的导师与师母表示衷心的感谢！

其次，感谢在论文写作中给予我极大帮助的老师、朋友们！感谢刘兴全教授与张立辉教授，在他们的带领与指导下我顺利地到人口较少民族地区进行实地调研，而且确定了论文研究区域。

感谢我的闺蜜张云俊！正是在她的帮助下，我才能够在怒江与德宏的调研中收集到人口较少民族县乡的一手数据与资料。同时，感谢怒江州办公室副主任罗建国、兰坪县扶贫办邓股长、芒市民宗局股长陈杰，他们在我的两次调研及后期补充资料的过程中，给予了极大帮助与支持。

感谢在论文写作中给我提供思路、建议，随时给予技术支持的专家、老师与师兄、师姐们。他们是刘毅、姚珣、田钒平、单德鹏、刘开华、吴敏娜、马丽、曹正忠等。

再次，感谢在读博期间关照我的同事们和朋友们，如钟大能、尹邦志、戚兴宇、顾兴树、梁晓军、郎玉屏、袁颜婷、王涛、施艳丽、张宁、车桂兰、郝彧等。还要特别感谢好友们的支持与无私的帮助，如金娟、何翔、赵云玲、谭长丽、杨秀莉，正是因为有他们的帮助，我才有足够的时间与精力完成论文。在此，对所有老师们、同事们、朋友们表示诚挚的感谢！

最后，要感谢我最乖的宝贝覃雨鈊。在求学将近6年的时间里，她不仅力所能及地完成自己的学习与生活，还从不要求我为她多分散一点时间与精力。正是她的鼓励、理解与支持，让我能安心地完成学业。还要感谢我的家人们，他们给予我无限的关怀与支持。

有道是“施恩无念，受恩莫忘”，对所有帮助、关心与支持我的老师、朋友们，我将终生难忘！

王　艳

2017年9月于成都

附录 APPENDIX

指标解释

1. 通油路率，行政村通沥青（水泥）路率达到 85% 以上。

2. 通电率，行政村解决用电人口占总人口比例超过 85%。

3. 自然村广播电视覆盖率，20 户以下已通电自然村能够接收中央和地方 4 套以上的广播节目和 8 套以上的电视节目，达标率为 90% 以上。

4. 通信息率，包括通邮政率、通宽带率、自然村通电话率。村委会所在自然村接入互联宽带比例达到 95%，20 户以上已通电自然村通电话（含移动电话）比例达到 100%，村委会所在自然村通邮政比例达到 95%。

5. 清洁能源使用率，沼气、水能、风能、生物能、太阳能、海洋能等清洁能源使用率高于所在县（市）平均水平。

6. 人畜安全饮水覆盖率，行政村人畜安全饮水覆盖人口比例达到 80% 以上。

7. 有安居房的户数比率，行政村有安居房的农户比例达到 85% 以上。

8. 有卫生厕所户数比率，有卫生厕所农户比例高于 90%。

9. 适龄幼儿能够接受学前一年教育的村比率，行政村中 5 ～ 6 岁年龄阶段的幼儿上小学前在本村或附近幼儿园接受一年学前教育的毛入园率达到 85% 以上。

10. 有村卫生室，总人口 3000 人以上中心村卫生室建筑面积应在 100

平方米以上，设置独立的诊断、治疗室等；普通村卫生室建筑面积在 80 平方米以上，设置独立的诊断、治疗室等。有村卫生室的村比率为 95% 以上。

11. 有合格文化室和农家书屋的村，行政村有开展文化、科技活动的固定场所和农家书屋，并配置出版物和相应设备，达标率为 85% 以上。

12. 有体育健身和民族文化活动场地，行政村有一个混凝土标准篮球场，并配备一副标准篮球架和 2 张室外乒乓球台，达标率为 85% 以上。

13. 有办公场所，行政村有村两委及村民议事的场所，达标率为 85% 以上。

14. 有超市（便利店）和农资放心店，行政村或距本行政村 1 千米范围内有经营面积大于 50 平方米的从事商品批发或者零售业务的商店或农家超市，达标率为 85% 以上。